矽谷黑科技
×風險創投
聯手打造一支史上最強NBA球隊，
以及史丹佛商學院認證年度最佳企業！

全球

BETABALL

HOW SILICON VALLEY AND SCIENCE BUILT ONE OF THE GREATEST BASKETBALL TEAMS IN HISTORY

矽谷創投與NBA冠軍
金州勇士如何改寫歷史

艾瑞克·馬林諾斯基——著
威治——譯
ERIK
MALINOWSKI

目 錄

〈推薦序〉

創造歷史，也創造一門好生意

Jenny Wang

若你是勇士隊的球迷，你絕對要讀這本書！作者除了流暢重現熱血沸騰的比賽情節，更描述了許多令人感動的回憶。

但是我更建議每個人都要讀這本書。因爲勇士隊的奪冠故事告訴我們，整個組織的成功，不僅僅只是靠明星球員，而是靠著經營者的決心與權力下放，領導者的智慧與知人善用，更重要的，是整個團隊成員的協調與合作。彼此不爲個人，而是爲了一致的目標而努力向前。這點除了在團體運動競賽中，甚至對於任何組織與企業都至關重要。

關注NBA那麼多年，腦海中大多都是緊張刺激的比賽內容，且拜網路媒體的方便所賜，到現在我仍會上網回味許多經典鏡頭，不過，卻較少深入球隊背後的故事。這次在這本原文於二〇一七年出版的《金球：矽谷創投與NBA冠軍，金州勇士如何改寫歷史》一書中，我讀到了金州勇士隊的故事，除了熱血沸騰的比賽情節之外，更描述了許多令人感動的回憶。

自二〇一五年勇士隊獲得成隊四十年的第一座冠軍獎盃後，雖然下一個球季被騎士隊扳回一城，但是過去四年勇士已經奪得三枚冠軍戒指。勇士隊老闆、同時也是矽谷資深風險投資人的喬·拉各布甚至在頒獎典禮時伸出已戴著冠軍戒的兩隻手，自豪地再收下第三枚冠軍戒。

不過，球迷是否知道在勇士隊成爲媒體寵兒之前，又是什麼樣子呢？擁有一支球隊是許多人的夢想，但是，誰願意接手一支看似無法成爲明星強隊的隊伍？

二〇一〇年，拉各布在勇士隊不管是勝率或聲望都跌落谷底時買下了勇士隊，並致力於將勇士隊徹底革新，逐步網羅新的管理階層與潛力球員。然而，不管是內部問題乃至球迷感受的處理，一開始卻沒有想像中的順利。

也許是運氣，或者說，拉各布的商業思維指引他把眼光放長，了解到改革的過程也許艱辛，但終究會嚐到勝利的滋味。幾年下來，勇士隊幸運地簽下了許多潛力球員，包括NBA目前最受矚目的「浪花兄弟」史蒂芬·柯瑞與克雷·湯普森，以及格林和伊古達拉。拉各布更大膽的在二〇一四年聘用勇士隊現任教頭史蒂夫·柯爾與運用科技的協助，將球隊變得富有活力與創新，扮演勇士隊奪冠之路的關鍵角色。甚至在二〇一六年簽下了明星前鋒杜蘭特，現在的勇士隊已經是球員最嚮往之一的奪冠球隊，吸引明星球員爭先加入。

在這本書中，各位將會了解到，經營一支球隊並不僅僅只是期待贏球而已，爲了贏得勝利背後所花費的心力與成本也都很巨大。

勇士隊的市值從拉各布二〇一〇年買下時的三億多美元（拉各布用四・五億購買），到二〇一九年已經攀升十倍至三十五億美元，成爲聯盟市值前三高的球隊。甚至在二〇一九—二〇球季，新球場大通中心體育館將正式啓用，除了可以容納更多球迷觀賽，更可以利用商演賺取豐厚利益。用投資的角度來說，拉各布除了創造了勇士隊的輝煌歷史，也創造了一門好生意。

而這夢想成眞的故事，盡在此書，不可言喻！

（本文作者爲「JC趨勢財經觀點」版主）

〈推薦序〉

塑造冠軍團隊的視野、勇氣和運氣

盛治仁

過去幾年來NBA聲量最高的球隊，非金州勇士隊莫屬，他們不只贏得總冠軍、創下季賽勝場的歷史紀錄，更重要的是他們以三分球和小球戰術改變NBA的生態和打法。勇士隊對於NBA的影響，還在持續發展中。鑑往知來，本書作者對於勇士隊過去十年來的發展，做了很精采翔實的記錄。

這樣一個影響NBA如此巨大，甚至被有些人形容爲王朝和霸權的球隊，其實在二〇一〇年現任老闆拉各布以當時天價買下時，只是衆多長期積弱不振的球隊之一，沒有人可以料想到金州勇士隊能夠如此宰制NBA。

這樣的轉變，簡單來說，需要視野、勇氣和運氣。因爲有視野，拉各布願意打掉重練，把球隊依照新的模式和計畫重建，他希望建立一個讓球迷從購買門票、買零食到比賽結束回家過程都滿意的體驗流程，這需要球員和行政部門都具備冠軍思維。

而勇士隊精準的選秀能力，讓他們在柯瑞之後，還選到湯普森和格林等重要球星，並且抗拒用湯普森交易勒夫的誘人提議，維持浪花兄弟的陣容和默契。這一個不做交易的決定，事後看來比做了某些事對勇士隊的命運影響更大。

另外，勇士隊也專注在球員品格，希望找到把球隊放在個人利益之上的球員，例如伊古達拉，願意屈就擔任替補角色，只爲了讓球隊更好。根據作者的觀察，勇士隊內部的和諧，以及讓所有人在比賽過程中能夠樂在其中的環境，是球隊文化重要的支柱，也是拉各布希望建立的團隊精神。當勇士隊在二〇一五年總冠軍賽面對騎士隊以二比一落後時，實際工作是負責音樂和影片剪輯的二十八歲特助尤朗，從觀看前一年馬刺對熱火的比賽畫面中得到靈感，在半夜三點大膽建議教練團更換先發中鋒，改變後續比賽的結果。在一個不夠開放的組織文化中，是不可能發生這種事的。

其次談勇氣。因爲有勇氣，勇士隊才能做出許多冒險、創新，或是不受球迷歡迎的決定。例如聘用一個完全沒有管理經驗的邁爾斯擔任總經理特助，接著接任總經理。而受到最多反彈的舉動，則是把代表性球星、也是得分能力最強的明星球員艾利斯交易出去，換來一位傷痛經驗豐富，且正因腳踝骨折休養中的中鋒波格特。

這些不受歡迎的決定，讓拉各布在二〇一二年三月十九日穆林的球衣退休典禮上尷尬地站在場中央，被全場噓聲灌爆，給了他很大的震撼教育。即便如此，他還是依照既定目標，把帶領球隊大幅進步，且頗受球員歡迎的總教練傑克森開除，聘用沒有執教經驗的柯爾，繼續爲球隊發展布局。柯爾抓住了現代NBA的重要精髓，他希望尋找的架構是能夠將籃球知識用數字整合，同時能夠用籃球和數字分析的角度切入，讓大家在溝通上更加順暢。

在NBA，或是任何職場，名聲都是重要資產。爛球隊即使擁有薪資空間，也吸引不到重要自由球員願意加入。就在拉各布主導的一連串改革和進步中，勇士隊也逐漸從沒人想去的球隊，蛻變爲自由球員願意考慮的選項。

最後則是運氣。球隊努力做該做的事，勇士隊也必須感謝籃球之神對他們的眷顧。領導一個球隊或是任何團體，都必須做出許多困難的決定，然後等待難以預料的結果。特別是在NBA的世界裡，一個選秀結果的成敗，可能就會決定球隊十年的命運。而一個明星球員在關鍵時刻的受傷，也可能左右那一季的季後賽結果。任何人都可能因爲一個正確的決定、運氣或局勢而獲致一時的成功，但唯有建立好的企業文化和決策運作模式，並不斷與時俱進，才能經得起時間的考驗。對籃球迷來說，本書不只是談勇士隊的發展史，也讓讀者更瞭解NBA的發展趨勢，值得一讀。

（本文作者爲雲朗觀光集團總經理）

序幕

球一離開史蒂芬·柯瑞（Stephen Curry）的手，我就確定這球是好球。

金州勇士隊這一季的表現就以這次扭轉歷史的進攻，在NBA總冠軍賽第七戰剩下最後三十三秒的一顆長距離、甚至有些瘋狂的三分球做結。這天是二〇一六年六月十九日，過去兩百三十六天以來，全世界目睹了勇士隊打出籃球史上可說是最有宰制力的表現。

該隊先是開季二十四勝〇負，接著是三十六勝二負、四十八勝四負與六十二勝六負。到了球季尾聲，拜進入季後賽前的最後四場比賽拉出一波四連勝所賜，勇士隊最終在例行賽拿下了七十三勝，另有九場敗仗，創下NBA聯盟成立六十七年以來，首支球隊能夠達到的紀錄。

以一座冠軍來圓滿這項里程碑（就如同他們去年的表現一般），除了少數理論上的特例之外，這件事似乎已成定局。而且整個球季的例行賽勇士隊從來沒有連敗過，柯瑞是讓球隊整季保持活躍的催化劑，在二〇一四—一五球季拿下NBA最有價值球員後，他在新球季繳出更加亮眼的表現。

柯瑞先在開幕戰對上紐奧良的比賽中拿下四十分、七助攻與六籃板的驚人數據，接著在勇士隊第三場例行賽拿下五十三分後，一直到球季最後一場比賽，他都占據著這一季聯盟得分榜第一名的位置。這幾個月，柯瑞都像是無人能擋的進攻發動機，他不只打破自己保持的單季投進兩百八十六顆三分球的紀錄，還在這一季將紀錄推高到四〇二顆，同時他也是連續兩個球季抄截與罰球命中率榜首，球季結束時也在助攻榜上名列第八。這年的大多數時間，柯瑞的球員效率指標（Player Efficiency Rating，PER），也就是衡量一名球員整體效率的數值，都維持在傳奇名將張伯倫（Wilt Chamberlain）五十幾年前創下的史上最高紀錄左右。最後，柯瑞的PER值，「僅僅」以NBA史上第八的數字做結。

當柯瑞這個球季的數據在許多項目中名列前茅的同時，他也見證了自己的星度成長至超級球星的程度。勇士隊在自家主場甲骨文球場比賽前兩小時的球隊熱身時間，上千名球迷會開始爲了搶到好位置而互相推擠，且會爲了找到最好的觀看角度而伸長脖子，只爲觀賞柯瑞爲時二十分鐘的熱身，這通常成了他的一場個人秀。柯瑞會在籃下秀一手雙手運球；站在中線毫不費力的三分長射，且時常迅速地連續入網；最後壓軸，則是站在勇士隊球場側邊進入球員休息室的入場通道，嘗試三分長射的慣例戲碼。這是距離籃框四十五呎（約十四公尺）遠的長射，但柯瑞不是每次都能投進（畢竟他也是人），不過當球投進時，在比賽開始前九十分鐘便入場的群衆，會發出熱烈無比的歡呼聲。

客場球迷，也和總是對柯瑞賽前儀式痴迷的奧克蘭主場球迷一樣，貪婪地捕捉柯瑞每一刻的身影。勇士隊接連不斷的勝利以及柯瑞的精采表現，就像是在各地公演，活像是一九三〇年代棒球明星隊的全國巡迴演出。季後賽期間，美國體育頻道ESPN專門準備一台攝影機，完整拍攝柯瑞熱身時的中場投籃表現，以便能把影片發給其手機程式訂戶。在如此熱烈的關注下，所有讚揚與最高榮耀，從某種意義來說，全都是在建立……某種東西。無論是個人或是團隊，勇士隊都在短短的時間內締造了許多歷史，可能是響亮的勝利，或是深刻的震撼，那個球季似乎註定要鋪陳出某種令人難忘的結局。

而這一切可歸結於柯瑞投出的這球，看起來球以非常自然的弧度投向籃框。除了某些看熱鬧的球迷外，甲骨文球場內近兩萬名球迷都認為球會穿過籃圈。會有這樣的假設其來有自，他們一直以來已經習慣相信這樣的事情了。二〇〇九年夏天柯瑞來到灣區（Bay Area）時，就展露些許鋒芒，昭示著他會成為能夠以一場令人難忘的比賽、一節非凡的內容，甚至是從二十五呎外投出的精準投籃，決定總冠軍花落誰家的球員。

金州勇士隊如何發現自己距離在NBA史上留下不朽功名只有一球之遙的故事，就跟其許多動人心弦故事的一樣，只是簡單的開胃菜，重點在於勇士隊是如何在這麼短的時間取得這般成就。**五年前，他們還身陷NBA球隊史上數一數二長的低潮期，長年身處NBA後段班。來到二○一二—一三年球季時，過去十八個球季，金州勇士隊只打進過一次季後賽。**從這個觀點來看，NBA史上只有一支球隊經歷過更長的低潮期。從一九七六—七七到一九九○—九一年球季，洛杉磯快艇隊都沒能打進季後賽，整整十五年沒有任何拿下總冠軍的機會。如果以每年四月，西區十五支球隊有八支能進入季後賽的角度來看，無論這支球隊打得有多差，打進季後賽的機率應該都不至於那麼低才對。

對勇士隊來說並非如此，這支球隊被職業運動史上最千夫所指的人所擁有。從一九九五到二○一○年，灣區球迷每日每夜都不斷祈求他讓出經營權。有時也會冒出一些可能發生經營權轉換的八卦消息或流言蜚語，不過從未真的有具體動作，許多勇士隊球迷根本不敢想像球隊很快就會變得更好。這個經營不善且球員天賦在聯盟吊車尾的球隊，似乎不太可能在短時間內成爲一支有競爭力的隊伍。

二○一○年夏天，當新的經營團隊付出破紀錄的金額買下這支球隊，且開始改變原有文化後，一切有了轉變。**他們評估公司所有員工的狀況，但在大刀闊斧大舉改革前先等了六個月。所有不滿意目前角色的員工都立刻被送去其他球隊。辦公空間大舉翻新與重新規畫，以增進工作流程、溝通與信賴。重點項目則放在解決長期弊病的科技性解決方案，以及使用專門分析技術發掘出員工擁有的潛在優勢。**

聽起來是不是很像一間科技公司會幹的事？這是因為**金州勇士隊新的主要擁有者喬・拉各布（Joe Lacob），剛好是矽谷最有經驗且成功的創投家；球隊共同擁有者彼德・古柏（Peter Guber），曾是好萊塢最有名且多產的製作人**。再加上一支來自舊金山灣區富含科技思維的投資人所組成的團隊，他們耗費近五億美元，只為了獲得將這支職業運動史上數一數二低檔、毫無生氣的球隊，打造為一支成功球隊的機會。

前幾年進行地並不順利。入主球隊兩年，經過兩個球季仍然沒能成功闖進季後賽。對此球迷仍感到焦慮且沒有耐性，不過新的經營者承諾會讓球隊度過難關。中間走錯了幾步，犯了一些錯誤並獲得慘痛教訓，但也藉由精明的評估，看到了一點未來曙光，而要能這樣扭轉球隊的命運，似乎也只能在接收這支球隊時，正好站在不可多得的最佳位置時才有可能。拉各布與古柏兩人都透過持續創新，在體育運動外的領域獲得成功，兩人都確信自己能採用同樣的原則，打造出一支冠軍隊伍。他們**驅策員工發聲；鼓勵交叉合作；大膽投資能夠激發效能的新科技；且從來不會安於現狀**。在科技產業，這個發展階段的術語為「測試版」（beta）——從未完全成型，總是處於變動，專注卻對改變抱持開放態度。

策略成效如何？其效果遠超越他們的想像。勇士隊拿下成隊四十年來第一座總冠軍，接著是NBA史上最亮眼的例行賽成績，柯瑞成了世界級的超級球星。勇士隊賺進數十億美元收益，賺錢速度比其他球隊都快得多。而勝利來得如此輕易，就好像一切都事先寫好了劇本……

現在，到了第七戰露出頹勢的一刻，勇士隊史上最偉大的稱號正搖搖欲墜，從數十呎外投出的最後一顆三分球，將決定金州勇士隊完成了一個閃爍亮眼的故事，或是喚醒了一波幾乎沒有球隊經歷過，驚濤駭浪般的批評。比賽進入倒數幾十秒時，甲骨文球場的氣氛無比沉重，球正朝著籃圈落下，衆人皆屏息以待最終命運會是如何。這支球隊，是經過六年的歷程，才建立起來的，史上最佳隊伍。

不過，要徹底了解接下來的發展，我們需要回溯金州勇士隊是如何不顧一切，達到幾近做夢般強大，以及其發展的各個重要時刻。

CHAPTER 1
新血

從克里斯·科漢到喬·拉各布

不是在 NBA 打球，而是擁有一支球隊。

當喬·拉各布的經營團隊在二〇一〇年以天價買下勇士隊時，他們買下的不只是職業史上最積弱不振的球隊之一，還是NBA史上歷史最悠久，最具歷史意義的球隊之一。事實上，勇士隊成隊時間甚至早於聯盟。

一九四六年，正當美國從二次大戰的混沌中復原，且民眾開始將目光拉回到職業棒球與美式足球上時，橫空出世的美國籃球協會（Basketball Association of America，BAA）代表著火熱的籃球比賽成爲另一種眞實，且受歡迎的運動選擇。在所有職業隊皆位於東北部沿岸城市的情況下，BAA得要與更早建立的國家籃球聯盟（National Basketball League，NBL），這個由像是標準電器（General Electric）與固特異輪胎（Goodyear）等三〇年代末的企業巨擘創建，隊伍大多散布在中西區的聯盟競爭。之後三年，兩個聯盟各自獨立運作，爭奪同一批潛力球員。而由於球隊所在城市位置，BAA時常能夠吸引大學最優秀的球員加入。

作爲BBA特許經營組織的一員，費城勇士隊（Philadelphia Warriors，是以早期另一個職業聯盟，但已解散的球隊爲名）是支強大隊伍，一九四六—四七年開幕球季以分區第二名做收。排名在其之前的球隊，由後來接掌波士頓塞爾提克隊並成爲傳奇教頭的「紅頭」奧拜克（Red Auerbach）所領軍的華盛頓國會隊（Washington Capitols），以戰績四十九勝十一負，領先費城隊整整十四場勝差。儘管如此，勇士隊仍然在總冠軍賽以四比一擊敗芝加哥牡鹿隊（Chicago Stags），拿下BAA史上第一座總冠軍。帶領費城隊打出亮眼成績的，是出身於肯塔基州莫瑞州立大學的二十五歲新人福爾克斯（Joe Fulks），最後他打了八個球季（全都待在勇士隊），並獲選進入名人堂。

福爾克斯在第一季是貨眞價實的球星，單場平均得分超過二十三分。其招牌特色可分爲幾個層面。首先，當時大多球隊一場比賽得分差不多就在七十分上下，一名球員在任何世代一場能夠扎實地提供球隊三分之一以上的分數，都是難能可貴的現象。第二，福爾克斯平均得分比排名第二的球員，華盛頓隊的菲瑞克（Bob Feerick）還多六分，精確地說，是高了三八%。雖然福爾克斯的投球與罰球數都是聯盟最高，但這不是因爲他跟後來像是比爾·羅素（Bill Russell）和張伯倫（Wilt Chamberlain）等幾名球星一樣，擁有過人的身體條件所導致的。福爾克斯身高六呎五吋（約一九六公分），體重還不到兩百磅（約九十一公斤），在當時也算是瘦小球員（更不用說拿到現代來比了）。

沒錯，福爾克斯是BAA第一個超級球星，他曾因爲精通其他球員幾乎連試都沒試過的技巧，而被《星期六晚郵報》封爲「籃球界的貝比·魯斯」。身材瘦小且球技出乎衆人意料的福爾克斯，比當時所有職業球員都更大量使用跳投。

職業籃球初始的那幾十年，得分大抵上使用靠近籃框的上籃，或是外線站立投籃等手段。有些大學球員會使用單手投籃姿勢，不過直到懷俄明大學五呎十吋（約一七八公分）控球後衛塞拉斯（Kenny Sailors），才釋放了單手跳投的可能性——球在跳躍到最高點時，用單手手腕將球投出——籃球運動開始經歷一段典範轉移。塞拉斯是BAA一九四六—四七年球季加入聯盟的新人，球季結束時替克里夫蘭反叛者（Cleveland Rebels）取得聯盟第二名的助攻數，以及單場平均接近十分的得分，不過福爾克斯憑藉著身高優勢，能比塞拉斯更有效的開發出跳投的潛力。勇士隊的教練戈特利布（Edward Gottlieb）後來提到，福爾克斯擁有他「籃球生涯從未見過的多樣化偉大投球技巧」。福爾克斯的NBA單場得分紀錄六十三分，是在一九四九年二月所寫下，這個紀錄直到十幾年後才被艾爾金·貝勒（Elgin Baylor）以一分之差打破。勇士隊包納確立時代風格的跳投這種習性，似乎從成軍一開始的DNA中便可見一斑。

目前有好幾支球隊仍然可追溯出其興起的時間點，不過幾乎沒有球隊跟費城勇士隊一樣在NBA剛創立時就如此具有統治力。BAA第三季結束後，聯盟於一九四九年八月，在帝國大廈舉行的一場會議中同意與NBL合併，NBA就此誕生。

聯盟壯大後，勇士隊仍保持其聯盟頂級球隊之一的地位，在新聯盟前十三個球季中，有九季打入季後賽，並於一九五五—五六年球季贏得第二座總冠軍。前面提到的張伯倫，以及內特．瑟蒙德（Nate Thurmond）與瑞克．貝瑞（Rick Barry）等未來的名人堂球員都幫助球隊在遷移到舊金山（從一九六二—六三年球季開始）到隨後又搬到奧克蘭（一九七一—七二年）這段期間維持地位與競爭力。後來舊金山勇士隊改名為金州勇士隊，改名目的是為了打造出與當地共榮共存的氛圍，且在相對新穎的奧克蘭—阿拉米達郡競技場體育館比賽，此場館於一九六六年搭建完成，距離大聯盟棒球隊奧克蘭運動家隊主場非常近，當時他們正處於連續三年贏得世界大賽冠軍，建立起短暫的棒球王朝的狀態。

運動家隊的新鄰居在貝瑞的優異表現，以及當時三十九歲的總教練阿特斯（Al Attles，曾在一九六三—六四與一九六六—六七年球季以替補控球後衛身分在舊金山勇士陣中，不過卻在總冠軍賽敗下陣來）的帶領下，以贏得一九七四—七五年球季總冠軍站穩腳步。在總冠軍、穩定的經營團隊、眾多球星，以及熱情的球迷基礎下，朝八〇年代邁進時，勇士隊的未來看起來似乎無比美好。

不過貝瑞在一九七八年夏天轉隊至休士頓火箭隊，預示了這支球隊的狀況急轉直下的悲慘命運，且當NBA把重心放在魔術強森（Magic Johnson）、賴瑞．柏德（Larry Bird）與麥可．喬丹（Michael Jordan）等新進球星後，勇士隊就這樣被拋在後頭。他們連續九個球季與季後賽無緣，如果以一九八五—八六年球季（這項可悲紀錄的最後一年）為準，西區十二支球隊有八隊能取得季後賽資格，就知道這個成績有多糟糕。對金州勇士隊來說，這年有件幸運的事情，即來自聖約翰大學的潛力新人克里斯．穆林（Chris Mullin）幫這支球隊帶入了青春活力與不同的球隊風貌。在陣中有了克里斯．穆林、控球後衛提姆．哈德威（Tim Hardaway）以及得分後衛米契．里奇蒙（Mitch Richmond）和拉崔爾．史普利威爾（Latrell Sprewell）等球員後，勇士隊在其後八年五度打入季後賽。一九九一—九二年球季他們的戰績爲五十五勝二十七負，十六年來第一次單季達到五十勝。又一次，球隊看起來在不遠的將來，即使不是頂尖強隊，也能維持好一陣子的競爭力。

一九九三—九四年球季取得五十勝三十二負的戰績後，隔年勇士隊掉到谷底，比前一年少了二十四勝。在一個此刻聯盟湧入大量具宰制力的中鋒，像是奧蘭多魔術隊的俠客歐尼爾（Shaquille O'Neal）、聖安東尼奧馬刺隊的大衛．羅賓森（David Robinson）到休士頓火箭隊的哈金．歐拉朱萬（Hakeem Olajuwon）等球員後，勇士隊再次淪落到聯盟昏暗無光的後段班行列中。西區只有打出歷史級糟糕表現的洛杉磯快艇隊，與明尼蘇達灰狼隊戰績排在勇士隊後面。

而這段突然的沉淪，正好與新主要股東接手同時發生，這位股東，也很快地成爲所有金州勇士球迷的一大憂患。

一九九四年夏天，勇士隊正沉浸於某種復興的氣氛之中，雖然不是完全回到七〇年代中期穩定的日子，不過如果你是勇士迷的話，這時也沒有太多好抱怨的地方。例行賽戰績重回五十勝的行列，且在八年中五度打入季後賽，隊上球員包含了令人信服的資深得分手與看起來像會讓球隊未來邁向成功的年輕球星。有穆林、史普利威爾以及選秀狀元克里斯．韋伯（Chris Webber）帶領下，觀賞勇士隊的比賽彷彿像是純然的狂喜。他們連續五年都是聯盟得分前五名的球隊，並有兩次占據第一名位置。這要感謝總教練唐．尼爾森（Don Nelson）熱力四射、積極進攻的「尼式球風」戰術（Nellie Ball），很少球隊可以像勇士隊一樣，讓球迷在觀賞比賽時總是維持著興奮情緒。

這支球隊是由董事長吉姆．費滋傑羅（Jim Fitzgerald）與球隊總裁丹．芬南（Dan Finnane）所掌控，一般來說，他們廣受聯盟相關人士敬重，也會避免發生不必要的新聞，不過他們並未擁有過去球隊擁有者富蘭克林．米爾利（Franklin Mieuli）那種受人喜愛的要素，他於一九六二年促成將球隊從費城搬遷至舊金山，接著並成爲球隊主要擁有者，直到一九八六年將球隊賣給費滋傑羅與芬南爲止。因經營電視與廣播產業而致富的米爾利，他的招牌獵鹿帽，是灣區一大特色。他是勇士隊可見且受人喜愛的奧祕之一，時常可以看到他在主場比賽時坐在第一排，就算在他將股份出售後仍然如此。而儘管勇士隊在這幾年間仍能保持競爭力，費滋傑羅與芬南在財務上仍捉襟見肘，壓力大到讓他們渴望出脫一小部分球隊股份，好注入一份熱錢。

來到克里斯．科漢（Chris Cohan）的部分。這名有線電視巨擘於一九七七年創辦聲波通訊公司（Sonic Communications），將一間小型、地區性寬頻系統變成美國最大有線電視經營商之一。父母離異後，科漢童年時期都在蒙特瑞郡的核心地區薩利納斯區生活，後來北漂至灣區。一九六八年他從洛斯蓋托斯高中畢業，並於一九七三年在亞利桑那州立大學取得休閒遊憩學學位。他的父親約翰在幾個月後過世，留下一筆錢財，以及一個通信設施，根據《舊金山紀事報》幾年後所做的調查，這個設施價值一千萬美元。科漢把這份可觀的先機轉變成散布各地的集團，這樣的資金規模讓他能夠在打休閒高爾夫時穩穩拿下一支NBA球隊二五％的股份，而這也是一九九一年春天時科漢跟費滋傑羅所達成的交易。科漢付了兩千一百萬美元取得這份權利，現在他是NBA的一名小股東了。

更重要的是，科漢與勇士隊高層達成口頭協議（且從未有白紙黑字的合約），保證他能在未來約兩年間取得球隊剩下七五％的股份。等事情破局後，科漢控告費滋傑羅與芬南來解除他們與球隊的企業合作關係，努力從他們手中強行取得球隊控制權。

一九九四年七月這項訴訟消息傳開時，就像一顆震撼彈。科漢聲稱費滋傑羅與芬南不只不守信打破協議，還發給自己豐厚的紅利，並積極嘗試規避NBA的薪資上限。勇士隊宣稱這次訴訟是「妄動行爲」，舊金山高等法院將這次審判排在十月十一日，也就是哥倫布日（Columbus Day）假期隔天。

不過十月八日，審判日前的週六，勇士隊擁有者宣布他們將球隊剩下七五％的股份賣給科漢。後來有報導指出，售出金額爲一億一千萬美元，將科漢的總投資額提升到大約一億三千萬美元。金州勇士相關人士，從球迷、其他球隊擁有者到勇士隊的職員都驚呆了，並隨即向所有對球隊新擁有者有所了解的人打探消息。身爲球隊小股東的三年間，科漢對奧克蘭人來說，是個如同鬼魂般的存在。儘管他擁有四分之一股權，他的名字並未出現在球隊的媒體手冊上。

同時私語變成了謠言，說科漢要盡最大努力平息球隊新擁有者可能帶給大家的顧慮。「我要跟衆多球迷保證，」他在聲明中說道，「我承諾會把球隊留在灣區，並期待以各種方式繼續與唐·尼爾森以及球員和隊職員合作，確保持續將勇士隊經營成爲第一級隊伍。」兩天後，科漢首次以勇士隊單一經營者身分公開發表演說，並再次尋求緩和大家消之不去的恐懼。「我想自己經營事業夠久了，」他站在體育館地板上說道，「而我不會嘗試修復任何並未故障的東西。」

五個星期後，科漢世代遇到了第一個災難。新人球季就成爲勇士隊先發中鋒，每場平均拿下十七分、九籃板與兩火鍋的克里斯·韋伯，與尼爾森發生公開衝突，宣稱總教練在練習時對他做出不必要的言語虐待。韋伯在新人球季前就與球隊簽下一紙十五年的合約，不過他只打一年就選擇跳脫合約，成爲受限自由球員。當勇士隊並未提供一紙更短、對球員更友善的合約後，他在新球季一開始便堅持跳脫合約。最後科漢與韋伯會面，並確定無法化解這個問題後，就將他交易到華盛頓交換得分後衛古格利奧塔（Tom Gugliotta）以及三個未來的第一輪選秀籤。科漢公開承認韋伯的不滿只是針對總教練，這樣的行爲對尼爾森造成傷害，而最後勇士隊也失去一位未來十五個球季入選五次全明星隊，且單場平均能拿下二十分與接近十籃板的球員。

失去韋伯後的一個月，科漢進一步加深與球迷之間的隔閡，在一次報紙訪問中，他透漏出可能會將勇士隊搬遷至南方四十英哩處的聖荷西，勇士隊位於奧克蘭的主場，只能容納一萬五千名觀眾，比大多數球隊的場館少數千個座位。同時，勇士隊在球場上的表現也陷入掙扎，在開季打出看似前程光明的七勝一負後，接下來的十五場比賽輸了十四場。這時，NBA董事會也在一九九五年一月四日核准科漢的收購案，勇士隊深深陷入混沌。

進入二月中休息日時，勇士隊只有十四勝三十一負。明星賽在鳳凰城開打時，科漢巧妙地躲開了試圖追問尼爾森被趕下總教練一職這項流言是否屬實的灣區記者。科漢牽著妻子的手，使出了各位可能會在《神鬼認證》系列電影中主角傑森．包恩（Jason Bourne）慣用的那種穿越滿是乘客的歐洲火車站手法穿過人群，逃到了警戒區。隔天，勇士隊宣布尼爾森「步下了」總教練一職。根據科漢後來的解釋，球隊「因爲特殊原因，彷彿未能對唐．尼爾森的指導有所回應。」

衝擊持續發生。尼爾森被瑞克．艾德曼（Rick Adelman）給取代，但過了一季他便打包走人，總教練由卡勒西莫（P. J. Carlesimo）接手，他的到任帶來一股嚴厲的治軍風格。先前在他領軍下連續三年打入季後賽時期的波特蘭拓荒者隊某些球員，稱他爲「警長西莫」（Policimo）。不過一九九七—九八年球季只打了十四場球，勇士隊只取得一勝十三負時，拉崔爾．史普利威爾在練習時攻擊卡勒西莫，還掐了他，並在他脖子上留下明顯印記。科漢終止史普利威爾的合約，NBA判他整年停賽，這也是NBA史上最長的禁賽紀錄。史普利威爾替自己辯護，告訴記者說，「我只是到了再也無法忍受的程度。」

勇士隊陷入一連串爭議事件。科漢控告尼爾森，試圖要從他們的前任總教練手中討回超過一百五十萬美元的薪水（但敗訴）。球隊為了一九九六—九七年球季搬遷至聖荷西一事，同時與市議會以及奧克蘭—阿拉米達郡競技場體育館當局（實際擁有場館與土地的權利人），就支付一億四千萬美元場館整修費用契約問題對抗。接著科漢威脅要解除搬遷場館後，並未更新位置證明的季票持有人資格，這項政策使他們少了上千名季票持有人。

勇士隊也被發現因未支付租金以及頂級座位收益，而違反了與奧克蘭亞洲文化中心（OACC）之間的合約，共計約兩千萬美元。科漢甚至就不確定的土地合約告吹一事，控告勇士隊前任首席律師羅賓．巴格特（Robin Baggett），他是科漢的童年玩伴，還是他的伴郎。在《舊金山紀事報》於二〇〇二年所做的一份調查中發現，科漢擔任聲波通訊公司執行長期間，就時常把行使控訴當成武器。正如奧克蘭亞洲文化中心總裁史考特．哈格提對《舊金山紀事報》所說的，「為何不能讓哪個好人買下我們的球隊呢？」

不過科漢世代初期勇士隊真正衰敗之處，是他們在籃球場上的糟糕表現。其中最顯而易見的理由，是他們在選秀會上選到的大多數球員，都沒能成為眾人所期待的球隊基石。

- 手握一九九五年狀元籤，他們挑了喬．史密斯（Joe Smith），三個球季後卻被交易出去。
- 一九九六年，球隊總經理戴夫．塔沃德茲克（Dave Twardzik）原本可以用從韋伯交易案得到的選秀籤挑選未來名人堂成員科比．布萊恩（Kobe Bryant）或史蒂夫．奈許（Steve

Nash），但卻選了陶德·富勒（Todd Fuller）。兩個球季後，富勒便被交易出去。

- 一九九七年，他們用第八順位選秀籤選了阿多納爾·福耶爾（Adonal Foyle）。未來的名人堂成員崔西·麥葛瑞迪（Tracy McGrady），於第九順位被多倫多選走。
- 一九九八年，他們在選秀會當晚，用第五順位選秀籤（以及未來的名人堂成員）文斯·卡特（Vince Carter）加上現金，跟多倫多交易第四順位籤選了安東·傑米森（Antawn Jamison）。未來的名人堂成員德克·諾威斯基（Dirk Nowitzki）與保羅·皮爾斯（Paul Pierce）則是在隔了四個順位之後接連被選中。
- 這些高順位選秀籤如果操作得宜的話，勇士隊原本似乎註定要獲得至少一名合格的頭臉人物（甚至可能是未來的名人堂成員！），不過幾乎沒有一個球員眞正打出應有身價。

這些失利，犯下的所有錯誤，終於在二〇〇〇年二月十三日來到緊要關頭。在奧克蘭舉辦NBA全明星賽，原本可以輕易地讓科漢世代大加分，卻反而讓他的聲勢來到最低點。第四節打到一半舉行了一個由今年明星賽主辦城市將火炬傳到下個主辦城市的儀式。科漢跟主辦二〇〇一年全明星賽的華盛頓巫師隊籃球營運總裁麥可·喬丹一起站在球場中央。「爲喬丹喝采的歡呼聲一平息，提及科漢的名字時，」記者拉托（Ray Ratto）在《舊金山觀察家報》上寫道，「噓聲就像是灑出的啤酒瀰漫在座位間的走道，儘管科漢強裝鎮定保持微笑，但還是再次表現出明顯的苦悶。」科漢在感受體育館裡這份羞辱時，他可以看見坐在自己正前方球場邊座位的妻子，驚恐地低下了頭。科漢原本能夠接受這樣的懲罰，但眞正讓他感到傷心的，是五歲大的兒子達克斯，就站在他身旁。洪水氾濫般的恨意湧來，再加上兒子就站在身旁，深深刺痛了科漢的心。這天之後，科漢與勇士迷之間破碎的關係，再無挽回餘地。

科漢從大衆的視線中消失，他觀賞比賽時不再坐在球場邊，而是待在二樓的球隊擁有者專用包廂。他在二〇〇一年後半接受了《康特拉科斯塔時報》對此事件的延伸專訪，「我喜歡輿訟嗎？絕對不是。我盡可能試著避免這樣做。」只是他衆多經典名言之一，不過當他隱身幕後時，他的一名門下弟子站了出來，那個人是球隊總經理塔沃德茲克。我們可以輕易地將持續更換經理人的原因，歸咎於勇士隊在人事決策上不斷失敗，運動作家瓦意立（Ralph Wiley）曾經寫過一句令人記憶深刻的話，是塔沃德茲克告訴他的，勇士隊沒選科比．布萊恩是因爲高中優秀球員「進不了他的法眼」。

當科漢於一九九五年雇用羅伯特．羅威爾（Robert Rowell）擔任球隊的財務長助理時，羅威爾才二十七歲。羅威爾曾在加州理工州立大學聖路易斯．奧比斯波分校擔任球隊副總監，此大學所在區域，正好是多年前科漢的有線電視集團聲波公司開始崛起的發源地。時至今日，科漢的名字仍然高掛在加州理工州立大學聖路易斯．奧比斯波分校的表演藝術中心。

輿論普遍認爲，羅威爾儘管人際關係技巧不足，但擁有精明的商業頭腦，能夠成爲運動產業的明日之星。在負責監督體育館整修的財務工作後，羅威爾於一九九八年被任命爲金州勇士隊的事業營運副總裁。三年後，羅威爾（這時也才三十三歲）被任命爲營運長。且於二〇〇三年勇士隊勝場數進步十七場後，羅威爾升任球隊總裁，此後他待在奧克蘭的日子都擔任這項職務。最關鍵之處在於，職位提升給了羅威爾控制此事業與籃球事務上所有面向的掌控權。大致來說，科漢已不再插手勇士隊的營運，沒有羅威爾的同意，命令便不會執行。

對任何人來說，重建勇士隊都是一項龐大工程。從一九九七到二〇〇二年，勇士隊的勝場數都在十七到二十一勝之間遊走，至今仍在勇士隊史上最糟的七個球季中占了五個位置。二〇〇〇—〇一年球季更是其中特別恐怖的一季：全明星賽假期結束後，金州勇士隊先是八連敗，拿下一勝；接著再十一連敗，又贏了一場；然後再連輸十三場結束這一季。二**勝三十二負也創下了下半季的敗場紀錄，是現代籃球史上最臭名遠播的紀錄之一**。

因此羅威爾除了進步也沒有別的可能，而他也確實辦到了——一段時間。接下來三個球季，金州勇士隊每季最少拿到了三十四勝。接著就來到十分出色的二〇〇六—〇七年，也就是大家所熟知的「我們相信」（We Believe）球季。尼爾森再度回歸擔任總教練，且由一群擁有雄心壯志的核心球員，像是貝倫·戴維斯（Baron Davis）、麥特·巴恩斯（Matt Barnes）、傑森·理察森（Jason Richardson）以及蒙塔·艾利斯（Monta Ellis）等人帶領下，勇士隊在球季最後十場比賽中拿下九勝，擠入了睽違十三個球季的季後賽。而身爲西區第八種子，他們打出了聯盟最難發生的下剋上，在第六戰擊敗了季賽六十七勝的達拉斯獨行俠隊（由前勇士隊後衛艾佛瑞·強森（Avery

Johnson〕所執教）。

猶他隊在下一輪終止了金州勇士隊的奇蹟之旅，勇士隊也很快回到他們的老樣子。這年夏天最熱鬧的消息圍繞在奧克蘭與明尼蘇達灰狼隊之間，牽涉到超級球星凱文・賈奈特（Kevin Garnett）的交易案，不過科漢阻止了這件事。而儘管二〇〇七—〇八年球季進步到四十八勝，金州勇士隊仍舊成了西區列強激烈競爭下的受害者，以兩勝之差錯過了季後賽。

勇士隊未來看似一片光明，且艾利斯在隊上也扮演著重要角色，因此勇士隊在七月與他簽下了六年，總金額六千六百萬美元的合約。不過當艾利斯向勇士隊報告於休賽期在密西西比州的家中訓練時弄傷左腳踝後，此前一切光明的展望便煙消雲散。診斷結果爲韌帶撕裂，他得養傷三個月。

此後不久，艾利斯說他其實是打鬥牛時受傷的。接著ESPN報導說艾利斯不是只有這個通常並非籃球而造成的傷勢（三角肌韌帶撕裂加上高位腳踝扭傷），這名二十三歲球員的腳也出現非籃球相關的刮擦傷。十月時，艾利斯終於對球隊據實以告，坦誠他的腳是騎電動自行車時受傷的，而這個活動在他新簽下的合約中有明文禁止。金州勇士隊其實能夠宣告整個合約無效，但後來決定將艾利斯禁賽三十場且不得支薪。

這個事件也暴露出羅威爾與克里斯・穆林以及唐・尼爾森兩人之間的裂痕越來越大。羅威爾確實利用了這次公開禁賽聲明來責怪遊說降低懲處內容的穆林。「一開始克里斯．穆林向科漢先生與我清楚表達了他不認為這是什麼大事，」羅威爾說，「我們認為這對我們的球迷來說是件大事，對我們的季票持有者來說是件大事，對我們的商業夥伴是件大事，對勇士隊整個組織來說是件大事。」艾利斯於一月底回到球隊出賽陣容，並打了二十五場球，不過這一季早已輸掉了。二〇〇八—〇九年，金州勇士隊比上一季多輸了十九場比賽。

羅威爾在勇士隊的時光中，好日子從未持續太久，主要是因為他並不十分擅長評估籃球才能，而他的誤判通常會導致災難性的商業選擇。二〇〇一年，科漢與安東．傑米森簽下六年價值八千三百七十萬美元的延長合約，是灣區職業運動史上最大的一筆合約，簡單的簽個名，就比克里斯．穆林、大聯盟名將貝瑞．邦茲（Barry Bonds）、美式足球傳奇球星喬．蒙坦拿（Joe Montana）與傑瑞．萊斯（Jerry Rice）的薪水都多。兩年後，羅威爾上任球隊總裁後第一個動作，就是把傑米森和其他三名球員跟達拉斯交易來范艾克索（Nick Van Exel）與其他三名球員；接著他在二〇〇八年夏天，用五年總值約五千萬美元的合約簽下了馬蓋蒂（Corey Maggette）。

不過羅威爾真正令人困惑的行動是他在二〇〇八—〇九年球季打了十場比賽後，跟史蒂芬．傑克森簽下一紙三年總價接近兩千八百萬美元的延長合約，這時傑克森原本的合約還剩下兩年。在NBA，這樣的行為相當於管理階層的不當行為。「我們將這次簽約視為一種雙贏。」羅威爾在一次聲明中這樣說道。差不多過了一年，傑克森在要求球隊將自己釋出後被交易到夏洛特。「我實在很想離開，」傑克森這樣表示，「一切都很糟糕。我被所有人責罵。我無法與球隊的人正眼對視。我在開季前遭到罰款，這實在太荒謬了。一路下來有太多我無法苟同的事情發生了。」

而就在羅威爾支付不滿現狀的球員不符身價的高薪時，勇士隊陣中的最佳球員時常打得很掙扎，然後就被甩賣到其他球隊，而金州勇士隊往往幾乎什麼也換不回來：

- 在俠客與科比領軍的湖人隊擔任控球後衛並拿下三座冠軍的德瑞克・費雪（Derek Fisher），於二〇〇四年七月與勇士隊簽下一紙六年總金額三千七百萬美元的合約。開幕賽當晚，唐・尼爾森將他放在板凳席擔任史皮迪・克拉斯頓（Speedy Claxton）的替補。那個球季費雪只有三十二場比賽擔任先發，下個球季在被交易至猶他前也只有三十六場先發出賽。
- 「我們相信」球季的主力球員貝倫・戴維斯，是在二〇〇七年二月時用克拉斯頓和戴爾・戴維斯（Dale Davis）跟紐奧良交易過來的。不過二〇〇八年他收到的三年延長合約報價，總值卻只有三千九百萬。隔年夏天，洛杉磯快艇隊以六千五百萬美元簽下他。
- 傑森・理察森是二〇〇一年第一輪入選的強力新秀，不過六年後，他在選秀會當日被拿去和夏洛特交易第八順位選秀布蘭登・萊特（Brandan Wright），萊特沒能在這支球隊待超過三個球季。
- 二〇〇一年第二輪被選中的吉爾伯特・亞瑞納斯（Gilbert Arenas），經過兩個球季的洗禮後蛻變爲能得分、傳球與防守的多功能控球後衛，不過他在二〇〇三年以六千五百萬美元的代價前往東區的華盛頓，而此事就發生在羅威爾向季票持有者承諾這支球隊「不會連報價都不提，就讓那個球員離開」後的五個月。

- 二流球員獲得豐厚報酬；潛力基石最後都逃跑。那段日子的勇士隊便是如此。

總結二〇〇九－一〇年球季的狀況，這時的勇士隊陣中只有幾名隱約有些希望的重點球員，但被其他還沒證明自己身手的新秀，以及高薪低能的球員給吞沒了。他們是NBA得分第二高的球隊，但也是防守第二差的球隊。這些球員中可能有幾名是砂礫中的珍珠，不過當你的球隊在八十二場比賽中只拿到二十六勝，達成了NBA史上第四差的戰績時，實在很難從陣中找出真正的好球員。

克里斯．科漢買下勇士隊經營權至今已超過十五年，從他承諾要讓勇士隊保持在「第一級球隊」起，他們只打進過一次季後賽。**長達二十年期間，勇士隊都背負著美國職業運動中最差（且長期表現最差）球隊之一的惡名**。

第一次出現科漢可能開始認眞考慮賣掉球隊的新聞，是二〇〇九年美國國慶日那個週末在當地報紙上刊登出來的。不過球迷早已激動地討論用某個潛在人選（任何人都可以！）永遠取代科漢的位置，這並不算是什麼驚人的進展。而科漢不只是在二〇〇三年把日常事務的控制權交給羅威爾，還在二〇〇四年把球隊二〇％的股份賣給一個由四名投資人組合而成的團體，他們都是科技產業知名執行長，但並未擁有球隊事務的決定權。這是科漢在一九九八年以兩億美元將聲波通訊公司賣出後的另一筆現金收入。不過接下來，國家稅務局（Internal Revenue Service）就在二〇〇五年時找上門來，宣稱他使用了三個違法的避稅管道來處理資金的轉移。政府更發現實際違法的金額比科漢帳面上的金額更高，因此從售出勇士隊股份獲得的意外之財對他來說會有很大的幫助。再加上這十幾年來球迷與媒體持續不斷的批評聲浪，很容易就能理解為何科漢會想將球隊脫手。二〇一〇年春天，潛在買家開始提出他們的報價。

最合邏輯的買家候選人，是財務軟體巨人甲骨文公司（Oracle）執行長賴瑞．埃里森（Larry Ellison），這時他已擁有勇士隊主場球館的冠名權。埃里森身價淨值兩百八十億美元，是美國第三有錢的人，很難想像有什麼價格對他來說會是太高。埃里森對運動抱持極大熱情，那年二月才剛贊助美洲盃帆船賽獲勝隊伍，過去也曾試圖擁有一支NBA球隊。根據報導，埃里森嘗試以四億兩千五百萬美元的代價買下西雅圖超音速隊，並將球隊搬遷至聖荷西（不過最後球隊在兩年後以三億五千萬美元售出，並搬遷至奧克拉荷馬市）。

商業是埃里森的生計，但運動是他真正的熱情所在。而一旦考慮到他的身家，所有投入競標程序買家的心情，就像是二〇〇六—〇七年球季第八種子的勇士隊，而且不只得擊敗達拉斯，還要拿到冠軍賽才行那般令人沮喪。

二〇一〇年七月十五日，**球隊宣布科漢正式將金州勇士隊以四億五千萬美元售出。這個金額比他當初的投資額高了三倍，且比NBA史上任何球隊擁有權的購入金額都要高。**

並且，贏得競標的並非埃里森。

勇士隊賣給了以資深矽谷創投家喬·拉各布；好萊塢知名製作人彼德·古柏；以及包含YouTube創辦人查德·赫里（Chad Hurley）、網路鞋店Zappos創辦人尼克·斯維蒙（Nick Swinmurn）、TIBCO軟體公司創辦人維維克·拉納迪夫（Vivek Ranadivé）、慈善家艾莉卡·葛拉瑟（Erika Glazer）以及許多小股東，像是Juvo資本的哈利·曹（Harry Tsao）、橡樹投資夥伴公司的佛瑞德·哈曼（Fred Harman）、橡樹資產管理公司的布魯斯·卡許（Bruce Karsh）、梅森堡資產的丹·澤曼（Dan German）、紅點創投的約翰·瓦勒卡（John Walecka）以及金斯佛資產管理公司的戴夫·塞利（Dave Scially）等灣區優秀創投家組成的所有人集團。

埃里森發表了一段聲明，說明科漢沒接受他的報價，轉而接受拉各布與古柏的報價一事：「雖然我是出價最高的投標者，克里斯·科漢卻決定賣給其他人。就我過去的經驗來看，這件事有點不尋常。」替科漢處理此次出售事宜的企業顧問加拉蒂奧特（Sal Galatioto）向當地報紙解釋說，埃里森的投標來得太晚，而他承認埃里森的報價確實高了幾百萬美元，在這個狀況下考慮這個報價並非得體的行爲：「我和克里斯都覺得，我們感到很榮幸能在這次交易中展現道德與倫理。交易不應違背道德。」

且因爲埃里森的出價並未明顯超過其他投標者（並未超過五億美元），所以能夠輕易按照投標截止日期的規定執行。不過根據科漢身邊關係人士提供給我的消息指出，埃里森提出報價時，他原本想給埃里森多一點考慮時間的：「我認爲假使價格明顯較高，克里斯絕對會考慮的。」

其他投標者，灣區當地企業家，24小時健身創辦人馬克·馬斯特羅夫（Mark Mastrov）以及舊金山當地的私募股權公司TPG資本創辦人大衛·邦德曼（David Bonderman），兩人的報價都超過四億美元。不過在拉各布與古柏提高他們一開始的投標價後，加拉蒂奧特便通知他們贏得了競標。

文書作業定案時，拉各布和他的未婚妻妮可·庫蘭正在希臘度假，且剛要在德爾菲搭乘直升機，而此地曾以擁有強大力量、全知全能的神諭而聞名（編按：「神諭」的英文，與甲骨文公司的英文都是oracle）。

現在，拉各布下一個目的地將是甲骨文球場。

喬瑟夫·史蒂芬·拉各布（Joseph Steven Lacob）生於一九五六年一月，在麻薩諸塞州的新伯福長大，此地位於波士頓南方，四周被工人聚集的海岸包圍，非常接近羅德島的普羅維登斯，且很容易被認爲是這裡的一部分。超過一世紀以來，新伯福都是東岸主要捕鯨中心之一，第二次世界大戰後，這裡就不是一個適合生長的所在。拉各布的母親瑪琳在雜貨店工作，工時很長；他的父親席德，在當地的紙廠工作。多年來，地圖上星羅棋布的數十間紡織廠便是這座城市的代名詞，不過工作機會是日漸稀缺。拉各布一家人住在一間醫院附近，有次喬回想這個地方時曾說，「這裡不是個好過活的環境。」

如同許多一九六〇年代的新英格蘭青年，拉各布深深陶醉於他鍾愛的塞爾提克隊那段輝煌時期。當他九歲第一次踏上附近體育館裡的硬木地板時，感覺就像是瞬間移動到北方五十八英哩外波士頓花園廣場那代表性的鑲木地板，跟比爾·羅素、約翰·哈維切克（John Havlicek）、山姆·瓊斯（Sam Jones），以及許多偉大球員站在同個球場一般。拉各布很喜歡說一個故事，就是那一刻，他知道自己有一天會擁有一支NBA球隊。

不是在NBA打球，而是擁有一支球隊。

這比一般他這個年紀的小孩會祈求實現的願望荒唐許多，不過這個不太可能實現的願望，在拉各布十四歲，而他父親的工作得轉換到西方三千英哩外的加州安那翰後開始動了起來。「這是我人生中最棒的轉機之一，」拉各布曾這樣說。「加州是新事物的發源地，對吧？上帝不允許我就這樣一直待在新伯福。」

對拉各布而言，搬至安那翰這個動作意味著前往一個充滿新可能性的世界，而他也完全沉浸其中。由於他們家就位於安那翰體育館一英哩外左右的地方，拉各布找到了在加州天使隊（California Angels）（譯按：美國大聯盟球隊之一，目前已改名為洛杉磯天使隊）比賽時的特約商店工作機會。在他專心賣花生前，先是賣可樂，接著是冰淇淋和三明治，花生的獲利比其他東西豐厚許多，原因不只是花生可以拿來丟，而是裝花生的袋子可以裝比其他東西要多兩到三倍的量，讓拉各布可以一次帶更多商品到安那翰體育館的看臺兜售，並賣得更多。由於每一筆銷售他都可以從中賺取一四%的佣金，花生的確可以讓他在每場比賽中賺到更多錢。

身為安那翰卡特拉高中的優秀學生，拉各布是籃球二軍代表隊的一員，後來又加入網球代表隊，不過他在課堂上則是著迷於科學。一九七四年畢業時，他選擇就讀加州大學爾灣分校，並攻讀生物科學。幾乎整個大學時期，拉各布仍繼續做著晚上在安那翰球場的那份工作（七年來販售花生的收入就是他學費的來源），而他也不只成為天使隊的球迷，見證了諾蘭．萊恩（Nolan Ryan）異於常人的全盛期，還成了死忠湖人隊球迷，當時正是蓋爾．古德里奇（Gail Goodrich）、張伯倫與傑瑞．威斯特（Jerry West）稱霸論壇體育館的時期。

在爾灣分校時，拉各布大一跟大二為了存錢所以住在家裡。他知道將會成為家族第一個大學畢業生，想好好把握這樣的求學機會。他也修了一堂由傳奇數學家愛德華．索普（Edward O. Thorp）授課的數學課，索普於一九六二年出版了《打敗莊家》，這本書或許是史上銷售最佳的博奕主題書籍，他在書中撰寫了算牌背後的方法，以及能夠幫助玩家在玩牌時打敗大賭場的演算法模型。拉各布上課時，索普會陪著學生到拉斯維加斯做田野調查，將課堂上的內容付諸實行，比傳統研究預測二十一點A牌出現的機率有更進一步的成果。索普的想法深深影響了拉各布面對風險、報酬，以及這之中所產生的內在壓力時的反應。「最大的興奮，來自於學得世上尚無人知之事。」索普曾這樣說道。

一九七八年從加州大學爾灣分校畢業後，他把重心放在進入醫學院並爭取成爲醫生的機會（他甚至以共同作者身分，在精神藥理學與生理心理學期刊上發表過研究文章）。不過他這項計畫有兩個問題。首先是沒有一間學校接受他的醫學院入學申請。兩年間，他申請了好幾十間頂級大學（根據他自己的計算，共四十七間）。他拿到一間備取（位於聖路易的華盛頓大學），最後決定放棄。第二個小問題是他並不是眞的想當醫生了。他的女友（與未來的妻子），蘿瑞直接了當地跟他說，他會是個糟糕的醫生。「眞是個要命的好建議。」多年後拉各布坦誠道，但他也很清楚這件事。大學時他做過很多工作，其中包括在太平間做事，這也堅定了他需要一個新方向的想法。「我喜歡科學，」二〇一二年時拉各布這樣說道，「但我實在不喜歡治療人這類的所有事情。」這麼多年來，拉各布第一次面臨到不確定的未來，不過一九七九年他在UCLA拿到了公共衛生碩士學位，且到了當時美國少數的大型健康維護組織，FHP國際（FHP International）工作。

接著拉各布遇到了他自認是人生轉折點的事情。受到他認爲如果自己要達到自己所設想的某種成功狀態，就需要某程度管理經驗的想法鼓勵下，拉各布開始申請商學院，而這次確實有幾間學校錄取他了。這次他在灣區落腳，且等到他於一九八三年在史丹佛大學拿到MBA學位時，他已經在一間叫做賽圖斯（Cetus），前途大好的生物科技公司擔任行銷總監了。

賽圖斯位於愛莫利維爾這個日漸茁壯的奧克蘭郊區，以及強大的動畫公司皮克斯（Pixar）未來的大本營，當他們在一九八一年三月實現了《紐約時報》報導爲美國企業史上最大的首次公開上市募股（IPO），於公開交易第一天就籌得接近一億兩千萬美元後，在科技圈便大大出名了。這個數字刷新了由另一間雜亂無章的灣區新創公司在幾個月前創下的一億零一百二十萬美元紀錄，這間公司的名字叫做：蘋果電腦。

雖然科學家詹姆斯·華生（James Watson）、佛朗西斯·克里克（Francis Crick）與羅莎琳·富蘭克林（Rosalind Franklin）發現DNA的基本元素要回溯到一九五三年，但生物科技產業一直到八〇年代中期，投資人傾瀉數百萬美元投資在這個產業後，才終於蓬勃起來。就是這樣的熱錢注入，讓賽圖斯能夠完成生物科技史上最具突破性的進展。一九八三年，賽圖斯中一位叫做穆利斯（Kary Mullis）的科學家，構想出一種複製DNA並可以只透過單鏈合成無數的遺傳物質。這項稱爲聚合酶連鎖反應（polymerase chain reaction）的技術，後來讓穆利斯獲得諾貝爾化學獎。「我在對的時間來到對的地點，在對的情況下接受了對的教育。」拉各布後來說道。

在種種偶然下，拉各布於一九八七年五月，接受矽谷知名創投公司凱鵬華盈（Kleiner Perkins Caufield & Byers，KPCB）雇用，成爲他們的總監與合夥人。身爲沙丘路（Sand Hill Road）（譯注：位於史丹福大學後方，全美國一半以上的創投公司皆位於此地）上最具成就的創投巨人之一，凱鵬華盈讓拉各布將他生物科技與生命科學的背景充分運用在商業世界之中，而運動也時常成了他一小部分投資標的。拉各布很快就藉由鼓勵支持合理的固有風險，進而做出幾筆穩當的投資而建立起自己的名聲。他是新聞網站SportsLine.com（目前此網站由CBS電視台所擁有與經營），以及電子商務網站Autotrader.com最早期的援助者之一。此後二十多年，拉各布會將凱鵬華盈的資金投入於數十間主要項目為生命科學、替代能源與醫療設備的公司上。

在矽谷，沒人能夠擁有完美的打擊率。你只能祈禱手上公司的失敗不會被渲染為重大醜聞。不過在二〇〇九年，拉各布就被一間叫做大地聯盟（Terralliance）的石油瓦斯開採新創公司給燒到了，這間公司宣稱他們運用衛星影像，更有效率地找出地表下尚未開採的石化燃料礦藏。他們收到了大量公司與投資者提供的數百萬元資金，前國務卿也在他們的顧問名單之中。到了二〇〇六年，這間公司的價值約略為十億美元。隔年，後來成為大地聯盟董事會成員的拉各布，屏住呼吸引用了《時代》雜誌中一篇關於投資在一間仰賴生產化石燃料的公司，其實並未損害凱鵬華盈對環境友善的投資承諾的文章：「我們極其致力這樣的投資論點。」

大地聯盟有兩個主要的問題。一是消耗資金的速度太快了，有名記者說，這個速度就像是「一名酒醉的水手」。不過更糟糕的或許是，其衛星影像科技呈現的結果並不如他們向凱鵬華盈以及其他投資人說的那樣好。結果到了二〇〇九年，這間公司的狀況就如同自由落體般直直下墜。其執行長因管理不當而遭解雇，後來又因盜取公司智慧財產並創立競爭公司遭到起訴。大地聯盟於二〇一〇年初更名，隔年再次更名。如今它仍是二〇〇八年金融危機以來最大破產事件之一。因此當拉各布買下球隊的消息公開後，也可以理解《華爾街日報》的頭條會直接寫道：希望喬．拉各布的金州勇士隊不會是大地聯盟。

拉各布也曾在一次高調的運動創投中遭到三振出局。一九九七年十一月，他率領一個投資人團隊，投入三百萬美元在美國籃球聯盟（American Basketball League，ABL）這個橫空出世，後來將與WNBA對抗的女子職業籃球聯盟。運作了一個球季後，拉各布成爲聖荷西雷射隊（San Jose Lasers）主要控股股東，而他的團隊則持有聯盟二〇%的股份。他說這筆投資的靈感來自於他出席一九九六年於亞特蘭大舉行的夏季奧運會，觀看美國男子籃球代表隊大勝，且從女子組比賽中獲得更多樂趣所萌生的想法。「我們在凱鵬華盈時，每天都要跟比爾．蓋茲競爭，」拉各布告訴《洛杉磯時報》，「在這裡，我們要跟大衛．史騰（David Stern）競爭。」

ABL，以及其位於帕羅奧圖（Palo Alto）的辦事處，在一九九八年聖誕節前幾天提出《破產法》第十一章的破產保護，並隨即停止營運。他們的資金已然耗盡。ABL預定於一九九九年一月在聖荷西舉行的全明星賽，也未能實現。

後來拉各布才學會在運動投資上變得聰明些。二〇〇六年，他購入了少許他的家鄉球隊，波士頓塞爾提克隊的股份。「我很高興歡迎我長久以來的朋友喬．拉各布加入我們的擁有人集團，」塞爾提克隊共同擁有者之一葛羅斯貝克（Irv Grousbeck）在一次聲明中說道，「他對運動有股熱情，且在商業上有許多卓越成功紀錄，我知道他將會是個無比優異的搭檔。」拉各布滿足地待在西岸，且大多數在遠方觀賞塞爾提克隊在保羅．皮爾斯以及剛剛獲得的凱文．賈奈特與雷．

艾倫（Ray Allen）的帶領下，建立起自己的超級強隊，並挺進二〇〇八年總冠軍賽，與洛杉磯湖人隊捉對廝殺。對拉各布來說這一刻有如天人交戰，他坐在史坦波中心場邊第一排座位替讓他愛上籃球的球隊加油，而這支球隊要對上的是，他還是南加州小夥子的時候所支持的隊伍。波士頓塞爾提克在第六戰贏得冠軍。

在他學習成為NBA球隊擁有者的期間，拉各布仍是另一支球隊的長期季票持有者，這支球隊要到兩年後才會上架兜售。那時候，拉各布似乎已經做好開啓人生新篇章的準備。他已經從事創投業二十三年之久。他和妻子蘿瑞已經離婚，他們的四個孩子——柯克（Kirk）、肯特（Kent）、凱莉（Kelly）與凱西（Kayci），都已經到了上大學的年紀。雖然他在這件事情上並未造成什麼影響，但他以小股東的身分贏過一次總冠軍。且身為資歷接近三十年的灣區居民，拉各布知道取得勇士隊的所有權，並且大膽地夢想這支球隊拿下總冠軍，代表著什麼樣的意義。

他已盤算過買下勇士隊的種種風險，這也是拉各布職業生涯最大的挑戰。拉各布和他的投資人耗費了將近五億美元，他無法承受失敗後的結果。

球隊售出消息公布當天，科漢也最後一次以勇士隊擁有者身分發表聲明：「總結我身為勇士隊擁有者這段期間的感想，我想趁這次機會表達我最誠摯的感謝之意，而我個人要對你們這些運動界中最棒的球迷說聲謝謝。這個詞彙時常掛在所有運動聯盟的球員、教練、管理階層與擁有者口中，不過我能毫無保留且堅信的說，勇士隊的球迷們是唯一特別有資格獲得這等榮耀的存在。感謝你們讓金州勇士籃球隊實現如此美妙的球迷體驗。」這天以後，科漢再也沒有公開發表談話。

爲了慶祝此事，拉各布也發表了一段充滿樂觀與希望的聲明：「擁有成爲下一個管理這個史上赫赫有名的NBA球隊的機會，我感到極度興奮。這讓我實現了自己的夢想。我和彼德打算盡我們所能地創新與建構基礎。讓勇士隊回到偉大球隊的行列中是我們的熱情所在，只有打造出冠軍球隊，才能讓我們所有灣區的球迷感到驕傲。」

當拉各布在同一天回電，並強調這次購買球隊對他和古柏而言並非浮華的計畫時，隨隊記者們都嚇到了。「我們已做了充分的盡職調查。我認爲我們比其他人更想買下球隊，而且我覺得我們比其他買家都更懂籃球，」他跟記者說道，「我們認爲做爲一家企業，這是個非常好的機會，而且球隊的潛力十足。不過重點是要贏球。我們會改變這支隊伍前進的方向。」

不過要扭轉這支職業籃球隊中數一數二不幸的球隊，最需要的，就是一個場上的領袖，能夠讓其他球員在場上配合他各司其職的明星，一個他們可以推銷給大衆的代表人物。要做出這般NBA史上最棒的扭轉乾坤，所有的關鍵就在於找到這名球員，並把他弄到奧克蘭來打球。

然而拉各布和古柏並不知道，其實這個人已經在他們的陣容之中了。

CHAPTER 2

以父之名

2009—2010球季

這位教練對ESPN說，「我看到洋溢的才華。」

二〇〇九年十月二十八日，沃德爾·史蒂芬·柯瑞二世（Wardell Stephen Curry II）身穿勇士隊球衣首度在NBA亮相時，距離他改變我們觀賞與思考職業籃球的觀念還有數年之久。當時機來臨，柯瑞會運用令人屏息的多樣技術、無懼與氣勢，精釀成讓全世界籃球迷陶醉的表現。在NBA整體實力提升前，他會打破聯盟紀錄，接著再打破他自己創下的紀錄。柯瑞的跳投會成爲他無比可靠的武器，且他會持續產出精采動作，在未來的日子裡也註定會不斷被大家拿出來討論與分析。如果過去幾年你看的籃球夠多，心裡至少會留下一兩個他令人難忘的經典時刻。

不過當勇士隊選他時，史蒂芬·柯瑞只被視爲一位骨瘦如柴的大學球星，而他在大學的優異表現無法複製到職業比賽中。柯瑞能夠得分、傳球，且有防守能力，不過他的能力距離蓋過他父親職業生涯的表現，似乎還很遙遠，而且從各種方面來看，幾乎都不可能達成。

戴爾．柯瑞（Dell Curry）是出自維吉尼亞理工大學的傑出球員，曾獲選全美大學第一隊，並在十六年NBA生涯中待過五支不同球隊。大學時戴爾是個令人信賴的外圍射手，並且在一九八六年進入聯盟後，比一般新人更快在三分線變成一種在聯盟賴以生存方式的新浪潮中占有一席之地。當鳳凰城太陽隊的丹．馬爾利（Dan Majerle）於一九九三—九四年球季，以一百九十二球設下NBA單一球季三分球進球紀錄時，戴爾以一百五十二球排名聯盟第三。他也擁有很強的心臟，一九九六年戴爾在比賽後段的兩記罰球，打斷了芝加哥的四十四場主場連勝紀錄。他於二〇〇一—〇二年球季退休時，是夏洛特黃蜂隊隊史得分王，並在NBA史上最多三分球命中數排名第三（一千二百四十五顆）。

柯瑞有位如此成就斐然的父親，因此從一開始，他似乎就註定會踏上NBA之路。他生於一九八八年三月十四日，跟三年多前勒布朗．詹姆斯（LeBron James）在俄亥俄州阿克倫市出生的醫院同一間。但有鑑於詹姆斯生長在只有母親的家庭，且過著長期居無定所與地獄般的童年——「我見過毒品、槍枝、殺人；那實在太瘋狂了。」詹姆斯對《運動畫刊》說道。柯瑞的生長過程則是十分幸福。戴爾第一個孩子出世時，他二十三歲，在克里夫蘭騎士隊擔任得分後衛。不過史蒂芬三個月大時，黃蜂隊在擴張選秀時選了他父親，於是柯瑞一家便前往南方五百英哩外的北卡羅萊納州，拋下家族的根，定居此地直至今日。

戴爾在夏洛特打了十年球，所以小史蒂芬時常能看到他以聯盟最致命的外線射手身分在場上奔馳。戴爾雖不是配角球員，但也算不上明星球員，生涯一〇八三場出賽，只有九十九場擔任先發，不過也以第六人的角色叱吒球場。戴爾的三分球命中率連續八年都達到四〇%的水準，有一年還以四七．八%的命中率領先全聯盟，他的罰球命中率亦十分出色（戴爾在罰球線上的表現，穩穩排在NBA史上一百傑之中），抄截數也優於平均水準。在大多時間裡，六呎五吋（約一九六公分）的戴爾，都是個經驗老道且可仰賴的球員。而且在一個球員平均待不到五年的聯盟，能在NBA待上十六個球季，不是一件簡單的成就。光是球員合約，他的職業生涯就賺進了接近兩千萬美元。

戴爾比賽時史蒂芬大多都在場，無論是在夏洛特主場比賽時，或是戴爾以自由球員身分簽約到別隊打球時，先是跟密爾瓦基簽約（打了一季），接著是多倫多（打了三季，這也意味著他時常在暴龍隊比賽開打前跟文斯．卡特打鬥牛）。史蒂芬十分崇拜像是艾倫．艾佛森（Allen Iverson）、史蒂夫．奈許和瑞基．米勒（Reggie Miller）這些後衛，並練就了一種能讓大人們看得目瞪口呆的跳投絕技，他拔起跳投的樣子，讓人第一眼看到時，就能讓勇士球迷回憶再三，不斷描述當時的模樣。「我發現自己無意識地挑了我父親過去使用的招式。」柯瑞後來回憶道。

不過當時他在體能與投球機制上都有問題。用任何方式來衡量，柯瑞的身材都算是瘦小的。

八年級時他穿鞋後身高爲五呎五吋（約一六五公分），在夏洛特基督教學校念高二時也只有五呎八吋（約一七三公分），體重差不多一百五十磅（約六十八公斤）左右。那時他是明星球員，儘管他的跳投起始點低過腰，且手上舉的樣子，沉重得活像條輸送帶，這樣的出手方式，讓一般水準的防守者也能輕鬆封阻他的投球，但他還是帶領夏洛特基督教學校拿下區冠軍。身體條件可能會隨著時間到位，可能不會，但他父親很清楚菁英水準的學校，不會看上像他這樣投球的球員（更別提NBA了）。

二〇〇四年夏天，從聯盟退役滿兩年的戴爾，有大把時間教導他年紀最大的兒子跳投方式。訓練基地就在他們位於夏洛特的家附近的一個半場，兩人每天都花上好幾個小時打造一種新型跳投，這種更接近傳統跳投的動作，仰賴的是跳到最高點時快速轉動手腕的動作，大多NBA球星都偏好這樣的投球方式，這也讓史提芬擁有了眞正的致命武器。他控制球的能力、場上的視野與傳球，全都明顯達到你預期一名前NBA雙能衛之子要達到的水準，不過看到他的人通常會表現出他缺少良好跳投能力的態度。練習的整個過程都帶給他十分痛苦的體驗。「淚水之夏」，他們替這個夏天取了名字。

不過這個籃球訓練營確實有效。現在柯瑞投籃順暢、弧度優美，且還帶著一份不理性的自信做爲燃料。在教練的眼中，他專注與成熟的態度，掩蓋了他那稚嫩的面容，而夏洛特基督教學校的戰績，也在能力提升後的他帶領下，在他高三期間，取得三十一勝三負的戰績。柯瑞高中畢業時，三年參與校隊期間，打出了投進一百七十顆三分球與拿下兩百三十二次抄截的校史紀錄。他高中時的教練修恩．布朗（Shonn Brown）有次曾說，「他擁有這樣的天賦，我眞心相信，他的表現就像是在說，『上帝，您賜給我這些天賦與能力，我必定善盡自身能力好好善用它們。』」他在畢業紀念冊上留下一段引用自麥可．喬丹的格言：「我永遠相信，如果你下了功夫，就會看到成果。我不會用敷衍的態度做事。因爲我知道，如果我這樣做，就會得到敷衍的結果。」他也將這樣的道德標準延伸至課堂中。上課時，柯瑞表現出的風趣態度，中和了他在球場上時常散發出的那種嚴肅態度。「如果我要用一個字來總結史蒂芬．柯瑞這個人，」他的戲劇老師費爾（Chad Fair）說，「那會是愉悅。他所到之處，都散布著他的愛。」

柯瑞願意付出一切抓住進入第一級大學的機會，在那樣的體系下能夠發展他很清楚自己能達到的那種，NBA層級的技巧與模式。以他父親在夏洛特一帶的家世與受尊敬的地位，那似乎是最可能的結果。不過僅有六呎身高以及才剛開始變壯的上半身，使得所有強校都忽略他的存在。他父親的母校維吉尼亞理工，也只是稍微觀察了一下柯瑞。除非柯瑞一年級時先坐板凳，不然維吉尼亞理工不會提供他獎學金（這之後，這家人就不像過去一樣固定去看他們的比賽了）。柯瑞仍持續尋求提升他的籃球視野的機會。「有時候，」教練布朗後來回憶道，「孩子們就是無法通過他人只看外表這關。」他的母親桑雅曾經更直言不諱的說道：「很多第一級大學應該都很擅長評估球員的才能，但這些學校卻把他給漏掉了。」

有間學校注意到他。戴維森學院（Davidson College）是間小型的文理學院，學生數不到兩千人，從傳奇教練德里澤爾（Lefty Driesell）執教期間於一九六八與一九六九年連續兩年打入菁英八強（Elite Eight）後，在現代籃球期間就再也沒有擠入頂級籃球強隊之林，不過它是第一級大學，而且距離柯瑞位於夏洛特的家只有二十分鐘車程。

從一九八九年開始執教野貓隊（Wildcats）的麥吉盧普（Bob McKillop），從差不多十年前就注意到柯瑞的運動潛能。他的兒子布藍登（Brendan）十歲時，跟同齡的柯瑞在同一支夏季聯盟棒球隊打球，且一起贏得州冠軍；這位教練還記得柯瑞當時在中外野跑去接飛球的景象。於是，在柯瑞高一升高二，打算專心打籃球後，麥吉盧普就開始了他的長期招募行動。有鑑於其他學校大多都抱持柯瑞這種小個子後衛，在面對較高大的高年級球員時，在進攻上會有麻煩這樣的看法，麥吉盧普卻不因此卻步。這位教練對ESPN說，「我看到洋溢的才華。」

柯瑞的決定會落在戴維森學院、維吉尼亞理工、維吉尼亞聯邦大學與溫索普大學其中之一。二〇〇五年九月十六日，麥吉盧普和他的助理，坐在戴爾和桑雅．柯瑞家的客廳進行最後遊說，史蒂芬口頭承諾會去戴維森。兩位教練在房間裡高興地手舞足蹈，因爲鬆了一口氣而無比興奮。像柯瑞這樣的球員能把戴維森這種雜亂無章的球隊帶到新的高度。在NCAA（全美大學體育協會）的球場上，你只需要一名球星等級的天才球員，就能在場上掀起一陣浪花。

一年後，柯瑞進入戴維森，開始爲他的大一球季做準備。上個球季野貓隊戰績二十勝十一負，打入了NCAA錦標賽，在第一輪敗給了俄亥俄州立大學，不過這年有七名大四學生離隊，意味著麥吉盧普缺少可用之兵。也因此，柯瑞從季初就擔任先發雙能衛，並在客場面對東密西根大學的開幕賽時，為球隊燃起了熊熊烈火。

柯瑞的處女秀上半場是一場大災難，祭出九次失誤。打完上半場野貓隊落後十六分，連麥吉盧普也懷疑是不是他評估柯瑞擁有優於他人的成熟度，其實是看走眼，不過他相信這個大一生，下半場仍然讓他先發。柯瑞則以一波幫助球隊追平比數的十八比四攻勢來回應。東密西根大學打起精神，並再將比分拉到領先十分，不過柯瑞不會就這樣被守住。他在比賽剩下兩分三十五秒時投進一顆空心三分球，讓戴維森取得領先且沒有再被翻盤。

柯瑞最後拿下十五分與發生十三次失誤，但野貓隊仍以八十一比七十七獲勝。隔天晚上，面對強悍的密西根大學，柯瑞拿下三十二分，且在戴維森學院最終以十分落敗前，幾乎打出另一場史詩級的下半場大逆轉。

柯瑞與戴維森學院的表現，隨著球季進行漸入佳境。除了季初輸給了像是密蘇里大學和杜克大學這樣的頂級強校，野貓隊席捲了他們所在的南方聯盟（Southern Conference）。在分區冠軍賽對上查爾斯頓學院時，柯瑞打滿四十分鐘，並拿下全場最高的二十九分加上八籃板與三助攻（這場他只有兩次失誤）。野貓隊戰績為二十九勝四負，且分區戰績為十七勝一負。不過這樣的好成績，只能讓他們以第十三種子的身分進入NCAA錦標賽，且以八十二比七十，敗給了第四種子馬里蘭大學，然而柯瑞繳出全場最高得分三十分的驚人表現，並讓戴維森學院整場比賽都跟對方保持拉鋸。

這個球季，柯瑞每場平均拿下二十一．五分，足以排到全國第九名，以及大一生第二名，在大一生中只輸給德州大學一個高瘦的傑出球員，他叫做凱文．杜蘭特（Kevin Durant），投進一百二十二顆三分球刷新NCAA史上大一生的紀錄，平均四．六籃板以及二．八助攻也顯示出他打球是有深度的，不只是靠著大量出手累積無效的分數。雖然因爲競爭力不足而輸給了馬里蘭，但這場比賽也讓史蒂芬．柯瑞成爲全國知名球員。「他有眞材實料，」賽後馬里蘭大學總教練蓋瑞．威廉斯（Gary Williams）這樣說道，「比賽結束後我跟他說，『你到哪裡都有球打。』」

儘管大家對柯瑞二年級的表現期望更高，但他的表現甚至比大家預期的還棒。野貓隊在分區無人能敵（二十勝○負），並再次贏得南部聯盟冠軍，以二十九勝六負，其中包含二十二連勝的戰績挺進NCAA錦標賽。可是就算柯瑞這個球季大部分時間都擔任得分後衛，且是全國前十名的得分手，大家還是不看好第十種子的野貓隊能走多遠，畢竟他們只是個無名分區的小學校。他們的第一個對手，是第七種子的貢薩加大學，這些年來這間學校因爲兩件事情而變得名滿天下：產出名人堂控球後衛約翰．史塔克頓（John Stockton），以及總是讓其他學校在NCAA錦標賽對上他們時感到不安。

儘管如此，野貓隊在柯瑞下半場三十分的爆炸性表現帶領下，以八十二比七十六，拿下首輪比賽的勝利。這是戴維森數十年來首次在NCAA錦標賽獲勝，而柯瑞也成了這次三月瘋（March Madness）表現最突出的球星。兩天後的晚上，他在對上第二種子喬治城大學拿下全場最高的三十分，以七十四比七十獲勝，確保戴維森學院在甜蜜十六強（Sweet 16）占有一個席次。五天後，柯瑞又灌進全場所有選手之冠的三十分，讓戴維森學院以七十三比五十六以一面倒姿態力壓第三種子威斯康辛大學（這場比賽打到中場，野貓隊還沒爆發前，兩隊還是打成平手）。正如ESPN《體育中心》播報員佩爾特（Scott Van Pelt）的讚譽，柯瑞是「這次錦標賽的明星，而他的傳奇正持續綻放光輝。」這八天發生的事情永遠改變了柯瑞的人生軌跡，將他的狀態從吸引人、但還沒受到注目的潛力球員，轉變為職業生涯走向可能與他父親相似的未來NBA選秀樂透區球員。

野貓隊接著得對付被視為全國最佳隊伍的第一種子堪薩斯大學。先發陣容中有四名未來NBA球員的傑鷹隊（Jayhawks），正在尋求成為第四支打入錦標賽最後四強的第一種子球隊（不知為何，過去從未發生四支第一種子球隊全數打入最後四強的紀錄），而柯瑞與他的隊員則是尋求戴維森校史最偉大的一場勝利。

上半場打完堪薩斯大學只領先兩分，下半場則是瘋狂的互換領先，直到比賽快要結束前都無法確定哪一隊會獲勝。在堪薩斯大學領先五分時，柯瑞利用單擋跑出空檔，從二十四呎的位置投出一顆三分長射，把戴維森學院落後的分數減少到五十九比五十七。

剩下最後五秒，要贏得比賽只能靠壓哨三分球的情況下，柯瑞受到雙人貼身包夾，被迫把球傳給隊友傑森．理查斯（Jason Richards），他的二十五呎跳投往籃框左邊偏了。這個結局令人洩氣，柯瑞拿下全場最高（是啊，又一次）的二十五分，卻沒機會投出最關鍵的最後一擊。「我們預期會贏的。」輸球後總教練麥吉盧普這樣說道，「原因在於最後一次進攻。那也就是我們進行的這項運動其美妙之處。」八天後，堪薩斯大學贏得全國冠軍。

總結來看，柯瑞的數據已達到極致。他以每場平均得分二十五．九分排名全國第四（也幫助隊友先發控球後衛理查斯在助攻數上領先全國），且被選入全美第二隊。柯瑞的一百六十二顆三分球也成了NCAA史上單季最高紀錄。更重要的是，他在全國觀眾面前證明了，他的技巧能轉用在NBA。

然而，締造歷史的那個球季，尚未出現。

雖然柯瑞整個大二球季三十六場比賽全以先發身分出場，但他在這一季最開始時，這個球季就差點毀於一旦。在開幕賽以六十四分的差距大勝埃默里大學後，教練團發現柯瑞左手腕軟骨撕裂。這個傷不是發生在他用來投球的手，而且有可能自行復原，不過疼痛會持續整個球季。再者，因爲還是球季剛開始，柯瑞能夠動手術，且根據NCAA的規則，能夠以紅衫（redshirt）的身分休息一年，從而保留一年的比賽資格（譯注：柯瑞當時的情況稱爲「醫療紅衫」〔medical redshirt〕，因爲美國大學球員最多只能出賽四個球季，因此當球員出賽不到當季五分之一的場次便受傷時，可以這樣的資格延長球員的比賽年限）。經過麥吉盧普、醫療人員、史蒂芬與戴爾．

柯瑞，還有野貓隊四年級球員共同討論後，大家做出了決定：柯瑞不進行手術。他們會在柯瑞的手腕與拇指綁上繃帶，讓軟骨隨著時間自行復原。

戴維森學院下一場比賽是在客場對上第一名的北卡羅萊納大學，由ESPN進行全國電視轉播。對上未來選秀樂透區成員泰勒．漢斯布魯（Tyler Hansbrough）以及柯瑞還是高中潛力球星時夢想能進入的柏油腳跟（Tar Heels）隊，柯瑞前四次出手盡墨，且盡可能以右手運球。如同往常，柯瑞得分全場最高，拿下二十四分，但三分球投十二次只命中兩球，野貓隊也以七十二比六十八落敗。然而，他的非慣用手完好撐過去了。柯瑞能在受傷的情況下出賽，而且到了球季中段，手腕的復原程度就好到不用再包紮固定了。

毫無疑問，柯瑞大三球季會回到戴維森學院，唯一的謎題是一年後他會如何選擇。又一個健康的球季過後，柯瑞有可能會離校加入NBA，於是麥吉盧普將他的位置改爲控球後衛。這樣柯瑞更能展現他的傳球與防守能力，並更熟悉他進入職業球壇後可能會打的位置。六呎三吋（約一九一公分），體重一百八十磅（約八十二公斤）的柯瑞，跟NBA等級的得分後衛相比，他的個子實在太小了。

不過儘管將柯瑞換成讓他能更好傳球的位置，他的進攻火力仍然兇猛。他的平均得分二十八．六分領先全國，且平均助攻幾乎倍增至五．六次。他的效率稍微下降了一些，不過整體比賽表現更符合NBA對他的預期：一名身材稍差的控球後衛，但擁有爆炸性的得分潛能，以及優於平均的傳球與防守能力。當戴維森學院以二十六勝六負的戰績，在南方聯盟錦標賽準決賽落敗時（意味著他們今年無法參加NCAA錦標賽），柯瑞的未來便就此底定，大學籃球界也少了一名數一數二受歡迎的球星。「柯瑞不像運動員，更像個素人英雄，」記者克拉格斯（Tommy Craggs）在時事網路雜誌《石板》上這樣寫道，「是一個跟世界上的擲刀術高手、神槍手與撞球扎竿高手擁有同一串DNA的球星。」

柯瑞在戴維森學院的三個球季，球隊總戰績爲八十五勝二十負，其中包括令人震驚的五十五勝三負分區戰績。柯瑞被選入全美第一隊，且離校時成爲NCAA男子籃球史上排名第二十五名的得分手。投進四百一十四顆三分球爲史上第四多，僅落後第一名，杜克大學的J・J・瑞迪克（J.J. Redick）四十三顆。柯瑞在野貓隊出賽一〇四場比賽，有一〇二場得分拿下雙位數。戴維森學院這個球季結束僅一個月，柯瑞和他的家人都同意，學校這裡他幾乎沒有什麼目標好完成了。他宣布參加NBA選秀。

「我在心智和體能上都做好跨步向前的準備了，」他告訴記者，「這是我打從孩提時期的夢想。」夏洛特當地好幾家電視台都直播這場記者會。他們家鄉的英雄正式前往NBA了。

「他的第一步至多就是平均水準，而考慮在籃框附近受干擾時，他那瘦小的體型以及貧乏的爆發力，使他在NBA得到罰球的機會不太可能跟大學時一樣多。」上述評論出自公認爲NBA

選秀分析權威網站《選秀速遞》（DraftExpress.com）的球探報告，刊登時間爲二〇〇九年二月二十八日，柯瑞大學籃球生涯只剩幾場比賽的時候。在五月初後續登出的評估報告內容比較仁慈些，不過它總結柯瑞在NBA的前景，至多也只是「一個有趣的案例」。《NBA選秀網》（NBAdraft.net）的球探報告更加苛刻：「就爆發力與運動能力來看，遠低於NBA標準……他不是可以讓NBA球隊仰賴他帶領的那種天才後衛。」而ESPN的運動評論員戈特利布（Doug Gottlieb），在承認柯瑞能讓隊友變得更好的同時，仍列了一長串他察覺到的缺點：「柯瑞在大學時有能力運球切過防守者嗎？沒有。他高大到足以在NBA球員前面投籃嗎？沒有。他在NBA水準的比賽中有明確的定位了嗎？沒有。他有好的防守嗎？沒有。」

不過這些結論並未反映出賴瑞．萊里（Larry Riley）對柯瑞的看法。他注意到柯瑞在控球與得分後衛這兩個位置之間的彈性，完美地切合唐．尼爾森的持續跑動、快節奏的進攻風格。賴瑞相信柯瑞會是金州勇士隊垂涎無比的建隊基石。

勇士隊無法承擔搞砸這次選人的風險。二〇〇九年選秀，拜二十九勝五十三負的戰績所賜，他們擁有第七順位選秀籤，而擁有數十年NBA與大學球探與教練經驗的賴瑞，這個球季結束後升職爲總經理。這個選秀籤會是他掌管球員人事的第一個重要決定，且勇士隊需要許多幫助。

到了選秀會前幾個星期，賴瑞仍然沒決定好要選那個球員。選進控球後衛他會很開心，不過他也想要補強前場，也許是個能夠在籃下執行戰術的體能型中鋒。賴瑞也考慮過幾個大四畢業生，在越來越多球員在大學前幾年就宣布參加選秀的情況下，這種人變得非常稀有。勇士隊擁有全NBA第五年輕的球員陣容，於是更精鍊過的潛力新人可能更符合他被要求要培養的「計畫」球員。

賴瑞的壓力並不小。「一個選秀籤，就是一份資產，」他說，「你得同時把目標放在明年跟五年後。」在奧克蘭的選秀前測試會上，賴瑞跟記者開了一個關於這個令他無從施力的選秀籤實在太後面了的笑話。「七，是個很棒的數字，」他對某個記者說，「我不知道是不是很棒的選秀籤就是了。」

這不只是賴瑞職業生涯中最重要的決定，還是他在事業上幾乎從未發生過的高潮。

賴瑞和他的雙胞胎兄弟麥可（Mike），在印第安納州的白水鎮的農夫家庭中長大，他們種植玉米、小麥和大豆，同時飼養肉牛與乳牛。兄弟倆人高中畢業後沒有繼承家業，而是進入位於要開車往西一千一百英哩才能到達的內布拉斯加雪準州立學院就讀。如同他們那戰後就讀於懷俄明大學的父親一般，賴瑞與麥可都精通棒球與籃球，兩人都在雪準州立學院打球。接著賴瑞又橫跨美國，前往東南密蘇里州立大學念研究所，並在印第安納州當了幾年的高中籃球教練。接到過去他在雪準州立學院教練，提供他一個總教練的工作前，他接連在許多大學擔任助理教練。他接受了二五%的減薪，從喬治亞州的梅瑟大學，回到了內布拉斯加。這份工作是擔任東新墨西哥大學的總教練，賴瑞在這裡執教了十個球季。這段時間，賴瑞曾執教過密爾瓦基公鹿隊總教練戴爾．哈里斯（Del Harris）的兩個兒子，而幾年前哈里斯在印第安納州某個小型大學時，曾雇用他的雙胞胎兄弟。一九八八年，哈里斯雇用賴瑞擔任公鹿隊的影片球探，他很快就成了哈里斯的第一助理，不過一九九四年時，總經理史杜·傑克森（Stu Jackson）雇用賴瑞至剛加入NBA的溫哥華灰熊隊擔任高級行政人員。賴瑞被視爲NBA最具天賦的頂級分析師之一，而他的工作也讓他在全國各地往來奔波。

一九九七年一月九日，賴瑞的人生以一種無法衡量的方式徹底轉變。在一次替灰熊隊物色球員之旅途中，他那班從辛辛那提飛往底特律的班機，因爲當地每小時三十英哩的強風與酷寒的大雪而誤點。到了登機門時，賴瑞正心情愉悅地跟其他旅客閒聊。當你不耐煩到已經想回家，而腦中又冒出一個聲音說：「回家」，這時候你就會這樣做。第一次他漠視這個聲音，接著這個聲音再次出現。身爲一名虔誠的教徒，對剛剛發生的事情，賴瑞不會聳聳肩就算了。他請艙門櫃檯人員將他的機票改成回家的班機。

當賴瑞的班機在西雅圖塔科馬國際機場短暫停留時，他一下飛機打開手機，電話便開始響個不停。電話另一頭是他的老闆史杜·傑克森，聲音聽起來十分驚慌。

「你在哪!?」傑克森在告知賴瑞，他原本搭乘的那輛班機在飛往底特律時，在乳白天空（編按：地面與天空均是一片白茫的景象）的情況下失事，機上二十九名人員全數身亡前這樣問道。

賴瑞仍然得搭乘小型的區域性航班前往溫哥華，不過他卻是在理論上不應該存活的情況下這樣做，並成功回到家中。那天晚上他擁抱女兒與妻子，立誓要善用這段人生，絕對不要讓他身邊最親近的人失望。「這件事強化了我的信念，」幾年後他這樣說，「並強化了自己應該盡量善待每個人的想法。」

二〇〇〇年，唐．尼爾森把賴瑞帶去達拉斯獨行俠，而他在這裡待了六個球季，大多擔任助理教練與球探。二〇〇六年八月，尼爾森重新受雇於勇士隊並擔任總教練，兩天後賴瑞便追隨他的腳步而來。在擔任三年助理教練（包括二〇〇六—〇七年「我們相信」球季）後，賴瑞也在克里斯．穆林下台後高升至行政部門。

身爲總經理，六十四歲的賴瑞主導著勇士隊的選秀策略。

他有六個星期的準備時間。

雖然沒有太多奢侈的閒暇時間，賴瑞還是決心花時間，務必用這個籤挑到對的人。「對我來說，最糟糕的決定，就是像反射一樣用直覺判斷。」他在選秀會前這樣說道，「我們不會選進我們沒有機會評估的球員。」然而，儘管有二十四名潛力新秀前來他們的訓練設施試訓，柯瑞卻沒有前來，也沒有跟勇士隊進行單獨試訓。他們能做的就是，在距離選秀會不到一個月時，在芝加哥舉辦的NBA新人體測會上與其他球隊在這幾天的訓練與測試中公開觀察他。「柯瑞看起來動作流暢、聰明，且在他展現的一切動作中顯現出他極具天賦。」有份報告下了這樣的結論，而且，戴維森學院三年的比賽內容剪輯就不斷在重複這些事情了。

賴瑞也曾當面偵查柯瑞，當時是柯瑞的大三球季，野貓隊在聖誕節前五天，前往印地安納州對戰普度大學。蒸汽火車頭隊（The Boilermakers）是支強悍的隊伍——全國排名十三，而柯瑞打得很糟，外線投二十六球有二十一球不進，其中包括三分球投十二球十球不進。戴維森學院以十八分之差落敗，不過賴瑞對柯瑞以一名全美第一隊球員，在他表現數一數二可怕的比賽中，展現出的自信與風度留下了印象。

選秀日當天，賴瑞對於柯瑞可能落到金州勇士隊的七號籤這件事稍稍樂觀了些。因爲明尼蘇達坐擁了他們前面的五號與六號籤，這要感謝他們不久前與華盛頓巫師隊做的交易。灰狼隊必定會用其中一支籤挑選西班牙球星瑞奇·盧比歐（Ricky Rubio），勇士隊的算盤是，灰狼隊選了一名年輕控球後衛之後，就能阻止他們挑選柯瑞的想法。或許，在那時候灰狼隊可能會選擇像是喬丹·希爾（Jordan Hill）這位來自亞利桑那大學，破壞力十足的大前鋒。而這時勇士隊可能就會從柯瑞與希爾之間選擇。賴瑞擺出勇氣十足的表情，不過本能告訴他，會是希爾。勇士隊的官網甚至在網路上做了一次模擬選秀，大肆宣傳可能的選秀人選，像是希爾、UCLA的朱·哈勒戴（Jrue Holiday）、義大利來的布蘭登·詹寧斯（Brandon Jennings）、曼菲斯大學的泰瑞克·伊文斯（Tyreke Evans）、雪城大學的喬尼·弗林（Jonny Flynn），以及亞利桑那州大的詹姆斯·哈登（James Harden）。看似想不到柯瑞有什麼可能掉到第七順位。

當勇士隊的智囊團聚集在他們位於奧克蘭的戰情室時，柯瑞正從旅館離開，前往位於麥迪遜花園廣場的選秀會。他能感覺到自己的胃正不斷翻攪著，且知道他的人生在未來幾個小時內會無情地產生重大改變，不過對此他也無能爲力。賴瑞自己也持續了好幾晚無眠之夜。無論如何，再過不久一切終將塵埃落定。

NBA總裁大衛．史騰步上講台，宣布明尼蘇達的第六順位籤選擇的不是史蒂芬．柯瑞，而是雪城大學控球後衛喬尼．弗林時，尼克隊的球迷發出豪雨般的噓聲，他們知道柯瑞將會被排在他們球隊前一個順位的金州勇士隊給選走。尼克隊只得退而求其次選擇喬丹．希爾，而這名來自亞利桑那大學的大前鋒，新人球季只打了二十四場沒什麼內容的比賽就被交易出去。那一刻，他們的球迷很清楚，他們沒法拿到柯瑞了。然而，尼克隊還是厚著臉皮說勇士隊沒必要選柯瑞，他們已經有艾利斯了，爲什麼還需要再一名小個子控球後衛呢？

當弗林被選中時，遠處的奧克蘭立刻陷入一陣迷惘。接著，大概一秒鐘後，歡天喜地的慶賀。在「我們相信」那個球季身爲教練團一員的總經理助理崔維斯．席列克（Travis Schlenk），笑得合不攏嘴，在他右手邊，賴瑞與羅威爾兩人擊掌歡呼。唐．尼爾森熱情地拍手，房間後面則有人喊著：「哇哇哇哇哇，寶貝！」賴瑞鬆了一口氣。好幾個星期的擔憂與盡職調查全都沒有白費。「大家幹得好。」賴瑞說，但不是特別說給誰聽。

五分鐘後，大會宣布柯瑞是第七順位，將前往金州勇士隊，噓聲再次充斥整個麥迪遜花園廣場。尼克隊球迷原本堅信，十二月時在麥迪遜花園廣場帶領戴維森學院以逆轉勝拿下西維吉尼亞大學，以勝利時擺動身體慶祝的動作深深映入球迷心中的柯瑞，在這天結束後可能會是他們的人。當紐約的奚落聲平息時，賴瑞步出金州勇士隊位於奧克蘭的選秀中心，像是終於戰勝賭場的賭客。柯瑞很快就會搭乘飛機來到奧克蘭，認眞地展開他的職業生涯。

不過，他眞的會認眞嗎？檯面下，柯瑞的經紀人傑夫．奧斯丁（Jeff Austin）動用他所有的力量來阻止他的客戶成爲勇士隊的成員。他不讓柯瑞私下爲勇士隊試訓，希望能勸阻賴瑞和其行政部門選他。奧斯丁對柯瑞有別的安排。「我十分尊敬你，」選秀會前某次機會下，奧斯丁對賴瑞說，「不要選史蒂芬。這裡不適合他。」賴瑞也回想到戴爾對他的態度很「冷淡」。父親和經紀人都希望成爲百老匯最新的球星，以麥迪遜花園廣場爲主場出賽。最關鍵之處在於，史蒂芬．柯瑞看到麥克．狄安東尼的高得分進攻風格後，自己也偏好替尼克隊打球。奧斯丁懇求尼克隊把籤的順位往上交易到勇士隊之前。

當賴瑞拒絕奧斯丁不斷重複的提議時，他也祕密與鳳凰城討論可能的重磅交易，而這會將柯瑞（若是他掉到第七順位）送到太陽隊，換取以阿瑪爾．史陶德邁爾（Amar'e Stoudemire）這個二十六歲時已經四度入選全明星賽，正處於全盛時期，打出生涯最佳成績（假使他的膝蓋狀況良好）的球員爲主的包裹。反之，太陽隊則視柯瑞爲兩度拿下聯盟MVP的史蒂夫．奈許繼承者的可能人選。

最後，這次交易因爲種種原因而從未實現，不過其中有一段時間，太陽隊的總經理史蒂夫．柯爾（Steve Kerr），曾試著用欺瞞哄騙的方式讓這個交易成爲既定事實，認爲他們本質上已經完成交易了。「賴瑞和我討論了很久。」多年後柯爾說道，「直到聯盟當局批准前，都不能算數。不過，現在我們覺得這個結果相當棒。」

有趣的是，當宣布弗林為第六順位時，太陽隊的記者群可以發誓，他們聽到了兩層樓以外的球隊戰情室發出的歡呼聲。隔天早上《亞利桑那共和報》體育版下了一個充滿希望的標題：「計畫中的新面孔」（A NEW LOOK IN THE WORKS）。

隔天與柯瑞一起抵達舊金山後，奧斯丁就接到太陽隊行政部門打來強烈希望他們不要參加加盟記者會的電話，說交易只剩下紙上程序而已。不過勇士隊並未向他們表明有此事，而事實上，史蒂芬．柯瑞心中也早已經有了在可見的未來會替勇士隊效力這樣的想法。那天稍晚在記者會上，他大力稱讚唐．尼爾森，宣布自己（跟在戴維森學院時一樣）會穿上背號三十號的球衣以表達對父親的敬意，並說他很興奮能待在灣區。

憑藉著賴瑞以外所有人的最大努力，至少在柯瑞開始他四年新人約時，不是在太陽隊，也不是在尼克隊，而是在勇士隊。不過即使最後柯瑞帶領金州勇士隊進入新局面的想法逐漸加溫，但跟他共用更衣室的球員之中，有個人的想法並非跟他相同。

進入二〇〇九—一〇年球季時，奧克蘭的招牌球星是蒙塔．艾利斯。時間拉回到二〇〇五年，艾利斯是勇士隊首次在選秀會上挑選的高中畢業生，當時他跟現在的柯瑞很像，是個能控球、得分的雙能衛，且除此之外，時常在人類投射極限的遠距離投出長射取分，但他的投球命中率從來沒有好到足以撐起他的投球數就是了。二〇〇六—〇七年「我們相信」球季時，艾利斯二十一歲而且是先發球員，並成長為一場比賽能夠輕鬆拿下三十到四十分，同時繳出任何可仰賴的好控球後衛應有的助攻數。柯瑞在選秀會上被選中時，艾利斯是勇士隊陣中最高薪的球員，而他那帶著渾厚的密西西比長音調，在隊上相當具有分量。

不過陣中同時放上艾利斯與柯瑞在理論上有點難度。觀察顯示，問題在於他們扮演的角色相同。兩人都是投球第一、傳球第二，且實際上在場上的體型站位完全相同，兩人皆為六呎三吋與一百八十磅。他們的抄截能力值得信賴，不過整體防守能力就是另一件事了。此外勇士隊似乎也不需要把柯瑞當成接班人來培養；這個球季開打時，艾利斯也僅是二十四歲。

沒等多久，勇士隊、球迷與當地的記者團就收到了艾利斯的反應。九月底媒體日時，眾人齊聚一堂想談論柯瑞的到來，艾利斯告訴記者，他不認為兩個人同時上場的時間太長是正確的方式，勇士隊「無法以這樣的方式取勝。」顯然，球季還沒開始，事情就已經變調了。「在這個聯盟中，你沒辦法在面對對方有兩個高大後衛時，把兩個小個子放上場，並試著讓一個人打一號，另一個人打二號，」他補充道，「你不能這樣做。」

事實上艾利斯的論點其來有自，高大得分後衛已是聯盟顯學，聰明的球隊會把球隊高度放在優先考量，不過所有人都只聽到他說他和柯瑞不應該同時上場，這樣的搭配並非勝利方程式。更別說唐·尼爾森執教多年中，使用了大量的三後衛陣容，以及其他面對輪調問題時採用的那些充滿創意的解決方案。這個球季一場球都還沒開打，烏雲就已聚集此地。

爲平息外界雜音，艾利斯隔天練習結束後接受勇士隊網站專訪，他強調每個人都希望球隊變得更好，且如果他們兩人要競爭同一個位置，那也就是他們選擇了這項職業的現實面。「大家都知道，這是一門生意。」他說。艾利斯裝做若無其事，並說了他該說的，不過很明顯地他感受到柯瑞帶給他的威脅，而他用這段訪問來彰顯他不僅是勇士隊的資深球員，也讓大家知道這支球隊仍然是誰在當家。

除了艾利斯對柯瑞冷淡的歡迎外，金州勇士還要處理不滿的史蒂芬·傑克森，一年前他才簽下延長合約（儘管他原本的合約還有兩年），卻公開要求被交易。「我已經三十一歲了，只剩下四、五年可打，我想去一個讓我能持續打入季後賽且拿下另一枚冠軍戒指的環境。」他在訓練營開始前一個月某次接受專訪時這樣說道。NBA就上述言論罰了他兩萬五千美元。接著傑克森在季前賽對上湖人隊時做出非常嚴重的犯規動作，被吹了第五次犯規加上一次技術犯規，這一切都在比賽打不到十分鐘時發生的。後來他快步走回球員休息室，再也沒回到場邊。傑克森也因爲這件事遭到尼爾森下令季前賽禁賽兩場。

這是尼爾森擔任總教練三十一年來，首次將球員禁賽。傑克森也放棄他的隊長身分，這可能是這一連串事件中，他最聰明的舉動。「我無法擔任那些跟我賺一樣多錢的人的榜樣，」他告訴記者，「我不想當榜樣。」他也幾乎藏不住對柯瑞那優渥生長環境的怨恨，「我有點嫉妒，因爲我從小就是媽媽養大的，而他的雙親健在，」那個球季初，傑克森對《紐約時報》說，「我得工作，沒辦法上大學，很辛苦才爬上來的。」

季賽來臨前，球隊的氣氛詭鞫多變，柯瑞甚至在球隊公開練習時，帶領大家替艾利斯唱生日快樂歌，完全搞不清楚狀況，困惑的艾利斯拿著氣球和超級大蛋糕站在球場中央，而開幕賽也已近在眼前。艾利斯這場半公開的慶生會後兩天，勇士隊開幕賽在主場對上火箭隊。柯瑞是先發控球後衛，艾利斯則是得分後衛。擁有手感火燙的新人站一號，而無可置疑的球隊領袖站二號位置，勇士隊立志在季初時找出這個球隊的風格。

跳球後幾秒鐘，柯瑞拿到球，跟傑克森跑了一個擋切，傑克森往禁區走，拿下這一季的前兩分，以及柯瑞在NBA的首次助攻。

目前爲止，一切都好。

爲其處女秀感到坐立難安的柯瑞，下午睡了三個小時，幫助他將緊張的心情冷靜下來。他的母親桑雅，在他開車至甲骨文球場前，幫他煮了比賽前必吃的義大利麵。交通狀況出乎他的預料，等到他終於到達球場後方的球員入口時，NBA.com 的拍攝組正等著他。等到他在跳球前九十分鐘完成賽前熱身時，柯瑞感覺自己已經上緊發條了；他十分興奮，期待比賽開打。整個夏天接受父親的訓練、從高中到大學所有質疑他的人、所有的汗水與痛苦掙扎引領他來到此刻。從他有記憶以來，他就想跟父親一樣，進入NBA。

終於，這一刻到來了。

比賽開打兩分半鐘，柯瑞移動至三分球線弧頂位置，在亞瑞查（Trevor Ariza）防守下往右側胯下運球，藉由比耶德林斯（Andris Biedriņš）高位的掩護下找到角度切入，並在罰球線附近跳投，球空心入網。柯瑞在NBA拿下的前兩分看起來就跟他在戴維森學院時一樣輕鬆且自信。NBA的節奏對新人來說非常快，就連那些備受期待的高順位新秀亦然。對柯瑞而言，在場上的感覺就跟過去那些比賽一樣。

半場時勇士隊取得十分領先，不過休士頓在第三節打出一波三十五比十九的瘋狂大反擊，讓勇士隊在剩下的時間中都處於落後。勇士隊仍然有機會在比賽倒數幾秒鐘時，在主場拿下再見逆轉，成爲勝利者。最後六．六秒落後三分，史蒂芬．傑克森在場邊發球傳給安東尼．莫羅（Anthony Morrow），莫羅在三分線弧頂出手投出一顆絕望的三分球，球直接彈到籃下的柯瑞手上。在時間只剩下幾秒鐘的情況下，柯瑞合理的行動是把球傳出去給站在底線且有空檔的艾利斯。不過柯瑞心不在焉地直接把球放進籃框，讓金州勇士隊取得兩分……只是現在需要三分。

時間終了的嗡嗡聲響起。艾利斯與傑克森默默離開球場。勇士隊以一○八比一○七輸球。最後柯瑞拿下十四分、七助攻與四抄截，他這場球三分球只出手一次但沒投進。

當天晚上柯瑞回到他奧克蘭的公寓時，感到沮喪，但並未動搖。他的女友——他在教會的舊識，以及是位滿懷抱負的女演員——艾莎．亞歷山大從洛杉磯過來替他烹調賽後餐點，而柯瑞則是在觀看電視播放的賽後精華時睡著了。還有八十一場比賽要打，而勇士隊這些充滿天賦但功能失調的球員，很快就要測試所有人容忍度的底限了。

前五場比賽拿下四敗後，史蒂芬．傑克森受夠了。在勇士隊令人氣餒的以一二〇比一〇七於客場敗給沙加緬度後，傑克森的經紀人馬克．史蒂文斯（Mark Stevens）接受ESPN專訪，譴責唐．尼爾森，且再次嘗試迫使球隊把他的客戶交易出去。兩天後，尼爾森在印第安納波利斯一間酒吧中，一邊啜飲著蘇格蘭威士忌，一邊在電話裡告訴KNBR電台，球隊會盡一切所能加快傑克森離開的腳步，不過「要把這個傢伙交易掉簡直是難如登天。」

同時，勇士隊的排名直直掉到最低點。一〇八比九十四在客場輸給印第安納的比賽中，傑克森只有死氣沉沉地打了十八分鐘。尼爾森說那是因為傑克森跛腳的狀況復發。賽後傑克森則重申他很健康，而且只想離開這座城市。「大家都清楚這裡的狀況。我就是繼續打球。我知道當教練讓我下場時，有很多人都預期我會暴怒，但我為什麼要這麼做？事情就是這樣。」正如《舊金山紀事報》所寫的，「這個事情可能是件垃圾事，而這種態度正蔓延到其他球員身上。」

前六場比賽先發出賽後，對上溜馬隊時柯瑞被移出先發陣容，且從板凳出發上場二十一分鐘只拿下六分，他沒投進三分球，而且七場比賽也只投進五顆三分球，所有報紙都刊登了他在印第安納波利斯時坐在板凳上的身影。那天晚上，柯瑞發了一條推特，「對所有勇士隊球迷保證……我們會找到原因……就算這是我們最不想做的事情，我們也會把它找出來。」金州勇士隊下一場比賽，是在麥迪遜花園廣場遭遇尼克隊，也是他曾經非常希望效力的隊伍，在二十五位家人與朋友要到球票坐在麥迪遜花園廣場看臺的情況下，柯瑞被深藏在球員席之中，整場比賽他只在勇士隊確定獲勝的情況下打了不到三分鐘的垃圾時間，而且一球未投。然而，柯瑞祭出了生涯第一次火鍋，封阻了尼克隊的大前鋒大衛．李（David Lee）。不知道那一刻柯瑞對李喊了什麼，讓這個全明星隊大前鋒走到他面前念了幾秒鐘，讓比賽一度暫停。

隔天晚上在密爾瓦基，新人後衛布蘭登．詹寧斯在這場比賽打出讓他快速成名的五十五分表現下，帶領球隊以一二九比一二五擊敗勇士隊。柯瑞再次未能先發，不過他投了九球，得到十四分。隔天早上練習時，尼爾森向球隊宣布，傑克森在勇士隊的時光終於到了盡頭，他被交易到夏洛特山貓隊。勇士隊換來的球員並未擁有亮眼的天賦（貝爾〔Raja Bell〕與雷曼諾維奇〔Vladimir Radmanovi〕），不過這個交易的目的只是爲了讓傑克森離開而使球隊變得更好罷了。艾利斯並不因爲他的朋友傑克森被拋棄而感到興奮，不過對柯瑞來說則是好事。

這位新人在經紀人的建議下，觀看他過去在戴維森學院的比賽影片來增強自信心。且在巴士駛達克里夫蘭後，稍晚柯瑞與一名爲他加油鼓舞的熟人會面，那個人就是：勒布朗．詹姆斯。

柯瑞在戴維森學院大二球季結束那個夏天，球隊結束神奇的菁英八強之旅後，他參加了Nike舉辦的勒布朗・詹姆斯技術學院（LeBron James Skills Academy），是一個邀請高知名度潛力球員的訓練營，在阿克倫大學舉行。詹姆斯與柯瑞都是阿克倫當地人，當詹姆斯去觀看柯瑞在底特律打甜蜜十六強時，兩人就已一見如故——隔天晚上騎士隊在這裡與活塞隊比賽，而在下週克里夫蘭騎士隊前去夏洛特時，柯瑞也回以熱情的款待，這便是聯盟現在與未來的明星萌發深厚友情的開端。而詹姆斯也熟知柯瑞喜歡逞英雄的個性。在夏令營第一場比賽時，詹姆斯與紐奧良黃蜂隊的克里斯・保羅（Chris Paul）一隊，柯瑞則是在另一隊，柯瑞在被防守的情況下投進致勝三分球。

所以在金州勇士戰績慘澹，且柯瑞就要進行他職業生涯在克里夫蘭快貸球館的第一場比賽時，這位新秀爲了稍稍消解壓力，在比賽前一天拜訪詹姆斯的家。他們聊了那晚在電視轉播中出賽的球員，以及他們最愛的電視節目。他們在詹姆斯自家的保齡球道比了幾局。他們什麼都聊，就是不聊隔天的比賽。對柯瑞而言，透過一窺頂級球星在打籃球以外的時間如何生活，讓他能夠好好穩住季初時的沮喪情緒。這也是個溫馨提醒，除了籃球以外，也要有自己的生活。

對上克里夫蘭時，尼爾森重新把柯瑞移回先發陣容，他也以十四分與七次助攻回應。勇士隊以六分落敗，不過柯瑞已經恢復精神了。接下來八場比賽，他每場都投進至少一顆三分球。在全明星賽假期的前一場比賽，柯瑞在艾利斯因膝蓋扭傷休戰療養的情況下，拿下他在NBA首次大三元（三十六分，十籃板，十三助攻）。他以四三%的三分球命中率被選入三分球大賽（他父親過去曾參加過兩次），並在第一輪後到決賽輸給波士頓隊的保羅·皮爾斯前，分數都領先其他球員。

全明星賽假期後，柯瑞單場平均得分超過二十二分，接近八次助攻，以及兩次抄截，每場比賽皆先發出場。

三月份輸給亞特蘭大隊的那場比賽中，柯瑞拿下三十一分與十一次助攻後，隊友馬蓋蒂意識到這名新秀十分特別。「在隧道的盡頭，尚有一絲明亮，」比賽結束後馬蓋蒂說，「即使在黑暗中，你還是會注意到史蒂芬比賽時的身影。你看到優異的表現閃耀著光芒。我們正看著一位全明星球員逐漸成形。」

最後，唐·尼爾森僅僅贏得他要成爲NBA史上最多勝教頭所需的二十四勝，不過還是無法把勇士隊當成一支有競爭力的隊伍。受傷的球員多到迫使球隊在某段時期，得使用被稱爲「傷病額外補充條款」（hardship waiver）的方式來簽下球員，這樣他們才能滿足出場球員需求。羅威爾在他爲數不多的公開聲明時，對於這日漸嚴重的災難似乎並未操太多心。「此刻我們有些小問題，」他在十一月中一場輸給密爾瓦基的比賽結束後，對ESPN記者這樣說道，「我會說我的問題有很多，而沒有一個健康的中鋒是其中最大問題。」

勇士隊這一季以二十六勝五十六負做結，比去年多輸了三場比賽。除了柯瑞的表現外，球隊從開季到球季結束都顯得雜亂無章。他三度獲選單月西區最佳新人；助攻與抄截領先所有新秀，同時得分以第二名做收；與沙加緬度隊的伊文斯角逐年度最佳新人；在抄截榜排名前十，同時排名前十的還有三分球與罰球命中率。且除了在三月中因為扭傷左腳踝缺賽兩場外（這跟他在十三個月前，還是戴維森學院大三學生時受傷的部位相同），這個球季每場球賽，柯瑞都有上場。

球季最終戰，柯瑞打滿全場四十八分鐘（另外還有三名勇士隊球員也是），並拿下四十二分、九籃板與八助攻，是自一九六一年名人堂球員奧斯卡．羅伯森（Oscar Robertson）後，第一個拿下這種數據的新秀。「這場比賽也替我們這個球季的狀況做了總結，」後來他說，「在我的新人球季，為球隊打出這樣的關門戰，且考量到這一年所發生的一切，這絕對是值得追憶再三的一年。」

打出了勇士隊從十六年前的克里斯．韋伯以來，帶給球隊最多影響的新人表現，柯瑞超越了球隊總經理賴瑞原本的期待，並證實他的頑強信念，即以第七順位籤挑中的新人，搶下了那屆選秀會最佳球員的位置，而非加入洛杉磯快艇隊的第一順位球員布雷克．葛里芬（Blake Griffin）。

然而，柯瑞的表現甚至不是這支球隊這一季最令人開心的發展。那件事發生在三月二十二日，勇士隊在主場以一三三比一三一，敗給了勇士隊前主將傑森．理察森拿下三十四分，以及原本幾乎要拿來交易柯瑞的阿瑪爾．史陶德邁爾拿下三十七分所帶領下的太陽隊前幾個小時。

有一條新聞，內容不到兩百字，卻足以讓人幾乎忘了勇士才剛又輸掉一場比賽。標題是，「勇士隊聘請加拉蒂奧托體育投資顧問公司（GALATIOTO SPORTS PARTNERS），處理球隊出售事宜。」

CHAPTER 3

數字籃球

2010—2011球季

對某些人而言，這象徵著NBA的未來。

雖然四億五千萬美元的勇士隊出售案，直到十一月十二日，克里斯．科漢同意報價四個多月後仍未拍板定案，喬．拉各布與彼德．古柏已經開始在檯面下按照自己的想像重新制定勇士隊的運作方式了。事實上，他們第一個人事動作，就發生於他們在技術上擁有這支球隊的前幾天。

二〇一〇年七月八日，整個運動界都被從位於康乃狄克州，格林威治的男孩與女孩俱樂部（Boys and Girls Club）發出的消息驚呆了，勒布朗．詹姆斯於此地，向一千三百萬收看ESPN的觀眾以及主持人金．格雷（Jim Gray）宣布，他要把他的天賦帶往南邊，替邁阿密熱火隊效力。這是NBA史上數一數二令人震撼的時刻，這個事件的迴響一直延續至今。不過當天稍晚，在俄亥俄州以及其他地區的體育記者們還在追蹤勒布朗這條新聞的後續時，也爆出了另一條沒那麼戲劇化的交易案。

勇士隊與尼克隊，這兩支在二〇〇九年選秀會後就踏上各自分歧宿命的球隊，完成了一次先簽後換交易，勇士隊將安東尼．蘭道夫（Anthony Randolph）、羅尼．圖里亞夫（Ronny Turiaf）、凱蘭納．阿祖布克（Kelenna Azubuike）以及未來的選秀籤送至尼克隊，換取得分、籃板皆爲雙位數的全明星大前鋒大衛．李。他那兩個雙位數的數據，反映出了勇士隊前場一直以來都極爲缺乏的表現。且儘管是在賴瑞的努力下促成這次交易，但這次交易卻是在公布拉各布爲球隊新擁有者的前一個星期，由拉各布本人親自簽字通過這個交易案的。最重要的是，拉各布希望以強調防守與籃板的方向來重建勇士隊，而且在他心中，李是他完美的第一步。然而，眞正諷刺的是，尼克隊會把李交易出去，只因爲他們剛剛才付給阿瑪爾．史陶德邁爾一億美元，他那破舊的膝蓋，活活嚇到了去年差點用柯瑞交易他的勇士隊。藉由避掉史陶德邁爾且等待一年獲得李後，勇士隊仍然得到了一名可仰賴的前場球員，不過伴隨而來的是一份高額、年限長的合約（李同意在與金州勇士隊簽下一份六年，總金額八千萬美元合約的情況下，進行這次交易），以及一對可靠的膝蓋。

更棒的是，勇士隊不用送出柯瑞就能得到他。

李的到來，這個引人注目的場上球員調動，確立了拉各布世代的開端，與科漢那滿目瘡痍的過去畫下一條明確的界線，不過其他關鍵動作，即球場下的變化，是在訓練營開始前幾天發生的。拉各布想要以板凳席站著新教頭，來創造出一個嶄新的開始，於是買斷了唐．尼爾森最後一年要價六百萬美元的合約，有效率地迫使這位NBA史上最多勝教練提早退休。在此同時，他將過去七年都待在奧克蘭，最高曾擔任助理教練的基斯．史馬特（Keith Smart）升爲總教練。最爲人所知的事蹟是在一九八七年NCAA冠軍戰替印第安納大學投進致勝球的史馬特，十分熟悉這支球隊，他年輕、深受喜愛，而且在最壞的情況下，他在接下來的球季也能做好維持目前戰績的任務（再加上，他要價一定遠低於六百萬美元）。尼爾森永久退休移居夏威夷，他在那裡可能會坐在後門廊抽著雪茄，一邊看著鯨魚游過，或許也會跟好友與鄰居打場撲克。同時，史馬特則陷入了聯盟中最混亂難解的執教狀態之中。

儘管球迷與員工們預期拉各布會用最快速度來個大掃除，不過那並非他的風格。拉各布**重視資料與情報勝於一切**。風險，特別是對創投業者來說，是絕對不可能完全消除的，不過你可以藉由累積手下員工負責的工作內容、業務面的效率如何，何處有成長的潛力等資訊，確實地將影響降到最低。以上所有問題與相關事務，都將迅速地……在接下來六個月中提出。所有人都有一個球季的時間來展現自身價值，讓接下來的新管理部門看看他們能做什麼。羅威爾仍然擔任球隊總裁，但已被拔除決策權。賴瑞也繼續擔任總經理，不過拉各布的長子柯克，這名在比利．比恩（Billy Beane）擔任美國大聯盟奧克蘭運動家隊總經理時期的「魔球」世代長大的二〇〇一年史丹佛大學畢業生，被任命爲籃球營運部門總監。

拉各布不想一頭栽進任何勇士隊過去犯下的那些衆所皆知的錯誤之中。這個組織明顯需要新的領導者，不過拉各布援引二〇〇四年勇士球團雇用穆林為執行副總裁做為警世寓言。這位前勇士隊球星，在那年夏天以如今看來有欠考慮的舉措，因交易及自由球員簽約而掀起一陣浪花，這段記憶隨著時間流逝，只令人感到更加失望。

此外，跟做出必要改變同等重要的是，拉各布也得知道什麼地方不要改變。他知道柯瑞是勇士隊長期成功的重要關鍵，開心的艾利斯則是短期球隊化學效應最重要的一環。他想避免重複二〇〇九－一〇年球季開季時的狀況。身為一名從一九九八年開始就是勇士隊季票持有者的球迷，他目睹了那個球季早在季賽開打前就陷入混亂的情況。在球隊出售的消息宣布後，拉各布在發表言論時，不只是把重點放在艾利斯的天賦，還有他的領導能力與成熟度。「他令人印象深刻，」拉各布對記者說道，「現在他非常以球隊為先，你們得對這件事感到敬畏。」拉各布甚至在那年秋天邀請艾利斯、他的妻子朱妮卡以及他的兒子小蒙塔觀賞美式足球四九人隊的比賽，努力要增進與他和他家人之間的了解。

柯瑞結束了延續他在戴維森學院時，那種如電流竄動般的亮眼新人球季後，急切地渴望新賽季的開始。他憑藉著代表美國參加在土耳其舉辦的二〇一〇年世界盃籃球賽，得以比其他勇士隊球員更俐落地揮去去年的臭名。從八月底到九月中，為期兩個星期的賽事，柯瑞與像是昌西・畢拉普斯（Chauncey Billups）、安德烈·伊古達拉（Andre Iguodala）等資深球員，以及像是凱文·杜蘭特、凱文·勒夫（Kevin Love）和羅素·威斯布魯克（Russell Westbrook）等同樣是明日之星的球員攜手奮戰。儘管柯瑞平均只上場十分鐘，拿下五分，美國隊仍然輕鬆拿下金牌。他在開幕戰以三十七分大勝伊朗的比賽中送出了全場最高的五次助攻，不過全部八場比賽只投進七記三分球。然而，這次國際賽的體驗，對柯瑞快速建立信心、以及勇士隊未來的人事動作，有著不可估量的價值。他和伊古達拉、杜蘭特成爲了好友，如果時間允許，柯瑞時常與他們一起參加教堂的禮拜儀式。

伊斯坦堡的錦標賽結束後幾個星期，訓練營就要展開，柯瑞得重新習慣較低品質的球隊陣容。不過即便仍不預期他們能打入季後賽，勇士隊無疑已經是支比去年更好的球隊。他們發現把兩個薪資過高的球員，史蒂芬·傑克森與寇瑞·馬蓋蒂交易出去，讓球隊在挑選球員上有更多彈性。李，這名前全明星球員，讓球隊陣容小了一些。艾利斯邁入了與柯瑞建立良好化學效應這項實驗的第二年。史馬特是個帶著稚氣、充滿能量的總教練。自由球員，後衛多雷爾·萊特（Dorell Wright）簽下了一紙三年一千一百萬美元，十分合理的合約。賴瑞希望加入了這名有天賦的球員後，籃板與防守會變得更好，同時得分也更有效率。

在售出案核准這段時間（僅僅是程序問題），勇士隊在第一次客場之旅五戰呑下三敗前，他們先以前五戰拿下四勝的戰績開啓了今年的賽程。艾利斯拿出了絕佳表現，平均二十六·五分、五次助攻與接近三次的抄截，而萊特看起來已經是個眞正的勇士人，平均十五分的得分，有六〇%是從三分線外投進的。

李也以每場平均超過十四分與十一個籃板，打出了強力的開局表現。不過在對上老東家尼克隊並以五分之差獲勝時，他意外地用手肘撞到了尼克隊前鋒威爾森·錢德勒（Wilson Chandler）的牙齒，造成了令人毛骨悚然的傷害。錢德勒有一顆牙齒釘在了李的皮膚上，過幾天後那個傷口開始感染。李需要嚴格的抗生素療程（再加上兩次手術）來治療這個問題；醫生甚至警告他，如果感染擴散到他三頭肌的特定部位，那就需要截肢，他的職業生涯可能會就此結束。有一段時間，這件事帶給人的感覺，就如同勇士隊過去二十年所經歷的那種令人難以置信的厄運。李缺陣了幾乎三個星期，不過身體完全康復，且很快就回到他那雙十機器的狀態，球季結束時，以三十三次雙十排名全聯盟第七。

柯瑞在季初時也遭遇一段需要克服的陣痛。季前賽後段一場在聖地牙哥對上湖人隊的比賽中，柯瑞在防守時腳踝扭了一下，診斷結果爲扭傷。柯瑞缺席了幾次練習，不過在主場對上休士頓的開幕賽時歸隊，比賽中他在一次三分球投射落地時，踩到艾倫·布魯克斯（Aaron Brooks）的腳。接著他在下一場對上快艇隊的比賽時，第三次傷到同一隻腳，這次他是在跨過布雷克·葛里芬的掩護時，因身體的重量壓力而扭到腳踝。這場比賽之後，他的小腿貼上了厚厚的繃帶，看起來就像是腳踝戴上了護踝一般。接下來兩場比賽他都缺陣，但很快就重拾他每晚拿下二十分的可靠身手。

最終，在二〇一〇年十一月十二日，NBA全票通過，批准勇士隊賣給拉各布與古柏團隊的銷售案。拉各布稱這件事爲「對我與我的家人來說是個美好的日子，也是勇士隊球迷的一個美好的日子」，並說他實在是「極其焦慮與興奮地接下這掌控權」，雖然他早在幾個月前就已經做了許多關鍵決定。

這對好友花了好多年的時間希望能買下一支NBA球隊，現在終於辦到了。他們可以開始跟勇士隊球迷自我介紹了，**這個第一印象，他們花了漫長的四個月來形塑。**

「我不覺得自己可以寫出一個比現在這樣更好的劇本。」拉各布坐在球隊共同擁有者，備受讚譽的好萊塢製作人彼德．古柏對面的凳子上說了這句話，這句話也表現出他五十年來的夢想獲得滿足的心情。拉各布訴說了他是如何盼望擁有自家球隊的故事，而當地的媒體與上流人士則品嚐著由得獎名廚詹恩．伯恩邦（Jan Birnbaum）所準備的豐富正餐。從知名的愛匹克牛排館餐廳的窗戶往外望，用餐者還能享有灣區大橋令人驚嘆的美景。

不過這場精美的晚宴並非在奧克蘭舉行。

搬回勇士隊發源地的灣區家鄉，一直都是他們計畫的一部分；那天被問到這個問題時，拉各布甚至承認搬遷是「可能的」。他從未隱藏這份意圖，且顯然會這樣做。「我們身處世界上最偉大的城市之中。」拉各布指著他身旁窗戶外的景色說道，「看看，那個景象令人難以置信。誰會不想待在這呢？」

停了一拍，他再一次強調：「誰會不想待在這呢？」

然而，這個事件的主題並非重新安置，更像是恢復往日榮景。「這個舉動並非靈丹妙藥，」古柏對來賓說，「它可能是治癒科漢這個病的解藥，但並非靈丹妙藥。」

拉各布說他們兩人會「涉入很深」，不會像是那種「一個月去一次」的擁有者。古柏的部分，則是聊到要增加「球迷體驗」且渴望檢視並增進到場觀看勇士隊比賽時的每個面向，從購買門票、買零食到第四節終了啟程返家，都讓你不會有受騙的感覺。這個部分是古柏的專業所在，同時拉各布的課題則是將這支球隊的場上陣容與行政部門都打造成菁英團隊。「沒道理我們不能把這支球隊變成一支冠軍隊伍，」他說，「就從這裡開始。從今天開始。」

那天晚上，他們兩人在甲骨文球場與球迷會面，第一次以擁有者身分站在球場。「你們是NBA的最佳球迷，」拉各布說，「如果你抬頭看，那裡有支非常孤單的旗子。我們想要另一支！」古柏接下麥克風並宣布他新的最愛顏色會是藍色和黃色，而他新的最愛字母會是W——「很多很多的W（勝利）！上啊！勇士隊！」

拉各布感謝球迷後，兩人回到他們場邊的位置。古柏轉過身朝向拉各布。「一切榮耀皆稍縱即逝。」當然，這是電影的經典台詞，奧斯卡獎得獎電影《巴頓將軍》結尾的最後一句台詞。

勇士隊在第一節取得十三分領先，到了半場結束前已領先了有三十二分之多。然而，底特律活塞隊在終前場幾秒鐘時把差距縮小到了兩分。金州勇士隊僅尷尬地以一〇一比九十七獲勝。柯瑞與艾利斯聯手拿下四十八分，且整場比賽勇士隊的籃板、抄截與火鍋數都高於活塞隊。

然而，當金州勇士隊的領先優勢慢慢縮小時，拉各布朝向古柏並咕噥著說爲何二十年來，那麼多勇士隊球迷都還是喜歡大聲尖叫呢？

「呃，你得把頭低下來，不然你就入鏡了。」

崔維斯・席列克身上散發出一種不怒而威的氣勢。粗壯且頂個光頭，喜歡穿牛仔靴而非設計師鞋款，當我們於二〇一一年四月十三日會面時，席列克正要待滿他在勇士隊的第七個年頭。這時是他擔任球員人事總監的第二年。兩個月後，他會升任總經理助理。這對一位生長於堪薩斯州塞爾登市的人來說，是個令人難忘的升遷機會，他先是在邁阿密熱火隊擔任影像分析員（video coordinator）四年，才被金州勇士隊延攬過來。過來後他先後在勇士隊擔任影片球探與助理教練。或許是基於在中西區成長的背景，席列克總是惜字如金，根據傑瑞・威斯特的說法，他是那種「時常被忽略的人」之一，而這樣沉默謹慎的個性，也讓他在拉各布底下工作的前幾個月，悠游地成了勇士隊團隊中的數據宅。在表面上負責建立球隊尚不成熟的數據分析資料的人，不代表當他不在那個位子後，就應該把這些數據訴諸媒體。

不過那天當我們走在吊起來距離甲骨文球場地板八十呎高的狹窄吊橋時，席列克就是這樣招待我的。二〇一〇—一一年例行賽勇士隊最後一場主場賽事開打前幾個小時，在晚上七點三十分與波特蘭隊開打前最後一分鐘的練習時間，下方場上啦啦隊正奮力表演著。拓荒者隊坐擁四十八勝，展望季後賽，他們要面對到達拉斯獨行俠隊，這時三十五勝的勇士隊正展望夏天的高爾夫，對於會有什麼改變降臨在這支球隊上還有許多不確定。

此刻，席列克主動給我看我要求的資料。就在拉各布準備前往波士頓參加麻省理工史隆管理學院運動分析論壇的前幾個星期，我就讀過一篇新故事，內容是勇士隊在甲骨文球場安裝了多鏡頭攝影追蹤系統，是一個資料蒐集研究技術的內容之一，這項技術稱爲SportVU。他們盼望這個新進科技，或許是個能帶動籃球分析革命，以及能如何藉由比賽資料，教導下個世代的球員更洞悉這項運動。

對某些人而言，這象徵著NBA的未來。

儘管它的名字SportVU裡頭有運動（Sport），但它最開始研發時與運動毫無關連。這間公司是由米奇·塔米爾（Miky Tamir），這名擁有物理學博士學位，並爲位於以色列的索雷克核研究中心（Soreq Nuclear Research Center）工作長達十年的以色列企業家所創立的。他的專長是高級光學識別與影像處理，且塔米爾是爲了他研發的飛彈追蹤科技才創立這間公司的。既然能以動態捕捉科技爲基礎來追蹤飛彈，當然也能在運動賽事中追蹤球員或球的動態，而且這樣做似乎更像個有利可圖且實用的軟體。

SportVU 進行足球比賽分析時，會以超過每秒十二次的速度，紀錄球與球員的動作。影像會透過SportVU 的專利演算法，將資料轉換成3D 網格。結果不只能夠轉換成自定動畫以及特製的偵查報告，也能轉換成視覺化試算資料，讓球隊能更進一步分析球賽內容，提供大量資訊以供使用。

大部分人可能是在二〇〇八年總統大選時第一次知道SportVU，當時它跟維斯（Vizrt）軟體公司合作，提供CNN電視台，在播報時替其播報員耶林（Jessica Yellin）製造如同絕地武士般的全像投影。巴拉克．歐巴馬當選總統後一個月，已不需要政治性的全像投影後，SportVU被一間在運動與數據專業上已有三十年歷史的公司所取得。Stats公司，這間由美聯社（Associated Press）與梅鐸（Rupert Murdoch）的新聞集團（News Corporation）共同擁有的公司，買斷了塔米爾與其他小股東的股權。這一年來，這間位於芝加哥的軟體公司Stats一直在尋求進入動態捕捉技術的機會，只要他們能獲得對的公司。這間公司，就是SportVU。

第一個課題就是決定要以那一項運動爲目標。棒球已經被矽谷一間叫做Sportvision的公司給壟斷，他們以在冰球賽讓冰球「發光」、NFL播報時將第一擋線（first down line）視覺化，以及每場大聯盟棒球賽每次投球的球速與進球點而著名。美式足球是個選項，不過這項運動的變數實在太多。一次攻防牽涉到數不盡的方位，有太多影響必須在事前便考慮進去。最好那項運動的市場要能站穩八十五億美元的水準，這樣的話NFL就出局了。

不過NBA這個當時有四十億美元市場，且市場仍在擴大的產業，存在著許多機會。這項運動的動作變動大但規則明確（一顆圓形的球？每隊上場五名球員？與其他運動相比，簡直是分析天堂）。球場大小以數據角度來看也很容易監控，只有四千七百平方呎，相較之下，NFL的球場包含球門區共有五萬七千六百平方呎。而且有些球隊已經進場作爲早期採用者了。隨著二〇一〇—一一年球季的到來，這個課題就落到了Stats公司策略與發展副總裁布萊恩．科普（Brian Kopp）的身上，至少要讓幾支球隊承諾使用。要辦到這件事，首先他得說服球隊這些數據的效用。「你不會想要走進去然後說，『看看這個酷炫的科技。看看這些數據能吐出什麼，』」科普對我說，「一般人會覺得這樣很酷，不過球隊會有下列兩種反應。一種是，『這很棒，不過我不了解這個科技的意義。』另一種是，『我要用這個東西做什麼？』」

最初有四支球隊在二〇一〇—一一年球季簽約作爲SportVU的實驗對象：達拉斯獨行俠隊、休士頓火箭隊、奧克拉荷馬雷霆隊以及聖安東尼奧馬刺隊。對於一項力圖打進NBA的新科技，一開始有四支球隊可以運作，是個堪稱完美的開始。對聖安東尼奧這種運用不同於現代NBA策略與球員養成模式來維持他們當代王朝地位的球隊而言，這個舉動與他們的邏輯相符。達拉斯的擁有者馬克．庫班（Mark Cuban），是個靠網路致富的億萬富翁，對於分析公司的投資相當積極。休士頓是由總經理戴瑞．莫雷（Daryl Morey）這個麻省理工學院畢業生與史隆管理學院論壇共同創立者所帶領的。而奧克拉荷馬雷霆則是在總經理山姆．普雷斯蒂（Sam Presti）的操盤下成爲一支多年來都具有競爭力的隊伍，他一開始是在聖安東尼奧從月薪兩百五十美元的實習生做起，直到二〇〇七年，在他三十歲時被當時的西雅圖超音速隊延攬（譯按：現在搬遷並改名爲奧克拉荷馬雷霆隊），成爲聯盟史上第二年輕的總經理。以上就是前四支希望能將球隊帶到新高點而擁抱這種科技形式的隊伍。

勇士隊，反正也退無可退了，便成了第五支使用的隊伍。

勇士隊首次聽聞SportVU是在十月中，距離二〇一〇—一一年球季開打還有十一天的時候。亞特蘭大老鷹隊總經理瑞克．蘇德（Rick Sund）之子派．蘇德（Pat Sund），時任金州勇士隊的籃球營運分析師，他那時參加了在（請深呼吸）位於富足的矽谷郊區阿瑟頓鎮的曼隆學院所舉行的北加州運動統計與作業研究研討會（Northern California Symposium on Statistics and Operations Research in Sports）。

在吸收了一名運動極客所能消化的所有資訊後，蘇德遇到了前丹佛金塊隊量化分析總監迪恩．奧利佛（Dean Oliver），他在二〇〇二年時寫了一本關於籃球分析的書《紙上談球》（*Basketball on Paper*），且後來也成了ESPN目前爲止唯一的產品分析總監。他跟蘇德解釋了一下SportVU這個系統，後來蘇德就把這項資訊帶回去轉達給席列克與拉各布。幾週後，勇士隊的人員同意使用這項科技並與Stats公司聯繫。一名技師便從芝加哥飛到甲骨文球場先進行裝配調整的工作。這是SportVU首次將設備架設在西岸。

等到一月中SportVU鏡頭能完全運作，並準備好將比賽數據回傳給勇士隊的行政部門時，球隊在新教頭史馬特的帶領下，已經來到十五勝二十三敗，努力奮戰。在開季前八場比賽拿下六勝後，勇士隊就開始打得坑坑疤疤，之後十九場比賽輸掉十六場。

不過二〇一一年一月十四日，拜三分球投二十六中十四的猛烈砲火所賜，勇士隊以一二二比一一二擊垮快艇隊時，SportVU的六支鏡頭已經完整運作，並以最快速度將球賽數據傳給位在奧克蘭的行政部門。接下來每場主場賽事，屋頂上都有SportVU的鏡頭捕捉每個動作，儘管柯瑞的投球命中率因爲三分線命中率微幅上升而提升，勇士隊還是只贏了二十場，輸掉二十三場。那時席列克告訴我，史馬特和他的教練團隊並未根據收到的數據做太多相應調整。當同時有第一年執教的總教練，以及仍在強褓期的科技時，這也是可預期的結果。不過，**勇士隊終於建立起能讓他們在未來善加利用的數據基礎**。

而SportVU也在勇士隊打出他們最佳表現這幾年的開端，在對的時間，捕捉到了勇士隊的數據。

⁂

拉各布剛取得所有權時，試圖維持讓大衆有感的存在感，特別是讓球迷有感，而長年擔任好萊塢製作人與工作室首腦的古柏，更是看重說出一個好故事的價值。這兩人最想要的就是幫助球迷忘記那些年來，克里斯．科漢在甲骨文球場看球時，總是偷偷躲在自己那球隊擁有者包廂裡的事情。他們**設了一個電子郵件信箱**，讓球迷可以把自己的問題直接寄給他們，而且拉各布還在勇士隊的旗艦廣播電台KNBR開了一個長達一小時的解答問題節目，回答範圍從他如何面對長年輸球（「我會回家然後有點沮喪」）到吸引重磅自由球員加盟的策略（「我們會把這座城市賣掉……我們會把一切資源出清……我們會賣掉彼德．古柏和他那能幫你在好萊塢呼風喚雨的能力」）以及他對基斯．史馬特的評價（「我認爲他已經做了自己爲了贏得比賽所能做的一切事情」）。

最重要的是，拉各布提出承諾要繼續同時留下史蒂芬．柯瑞與蒙塔．艾利斯，以及無論如何最後有一個人得要走的話該如何：「除非我們收到的合約金額太過驚人（像是我們得花掉所有的獲利），史蒂芬．柯瑞哪都不會去。蒙塔．艾利斯哪都不會去。這兩個傢伙我都欣賞。我愛他們。他們是超棒的球員。他們是籃球界進攻能力最強的後場。」

實在很難反駁拉各布最後一句話。雖然勇士隊的戰績爲十九勝二十六敗，艾利斯仍然是聯盟頂級得分手之一，每場平均接近二十六分，而柯瑞則是隊上第二得分手，每場接近十九分。他們的投籃命中率約略相同，柯瑞的三分球命中率高了一些。艾利斯更常刻意碰撞、製造犯規，站上罰球線，柯瑞則已是聯盟罰球最棒的球員。事實上他那九三．四%的罰球命中率，是NBA史上打第二季球員的最高紀錄，打破了他去年夏天世界錦標賽美國隊隊友畢拉普斯所創下的舊紀錄：

九一．三％。艾利斯是個得分高手，柯瑞則是年輕的門徒。

在籃球這項運動中，有條不證自明的眞理，特別是在NBA的層級，即無論你陣中擁有多少有天賦的球員，球都只有一顆。而此刻，這顆球是屬於艾利斯的。

至少這支球隊目前本質上是沒有內鬥的。上個球季那些讓球隊在各處征戰時看起來像是馬戲團雜耍的種種插曲，在史馬特的到來後一切都消失了。做爲球隊擁有者，拉各布上位者的身分沒法做太多事情。保持更衣室內的和平、保持場上的緊張狀態與自信不受影響，取決於總教練的態度，而史馬特嫻熟地讓所有人各司其職，並善盡他們的職責。

不幸的是，這種圓滑的策略手段無法打造出最成功的球隊。這支新興勇士隊並未如同拉各布預期的那樣強調防守與籃板。沒錯，艾利斯與柯瑞是強力得分手，不過當他們兩人在場上時，勇士隊的失分就是高於對手。整個球季，這個雙人組的淨得失分爲負一．八，代表有他們兩人在的陣容，每一百次攻防，對手會多得將近兩分（這看似並非太大的赤字，不過拉長到一整個球季來看，就有意義了）。他們最常使用的先發五人——艾利斯、柯瑞、李、萊特和比耶德林斯，淨得失分是負四．六。他們的團隊防守效率值（每一百次進攻對手攻下的分數），只比去年進步一分，仍然在聯盟三十支隊伍中排名二十六。他們已經是連續第五年聯盟中被對手抓下最多籃板的球隊。進攻方面，即使他們投球出手與命中數都是聯盟最高，進攻效率值還是從第二掉到第七。這種因史馬特無法拿出一套有凝聚力的比賽計畫導致的缺乏效率，毀掉了他們這個球季，雖然最後他們以比上季進步十場的三十六勝四十六負做收，但距離季後賽仍有十場之遙。

不過就算勇士隊又以如此低迷的表現蹣跚度過了一個球季，拉各布仍然保持著希望。畢竟，這一年是過渡期。球員與行政部門仍有重要的人事動作。此外一月開始正式運行的新SportVU鏡頭，很快就會產出大量的原始資料，提供給球隊的數據分析師來運用。

而能夠眞正強化勇士隊這項迅速發展的科技的，就是從二〇〇七年開始，每年三月都會在波士頓舉辦的麻省理工史隆管理學院運動分析論壇。這個論壇是科技與運動交會的中心點。如果你正在經營運動隊伍，又沒有派幾個行政高階人員參加這個論壇，就會被其他球隊拋在後頭。休士頓火箭隊總經理與麻省理工學院畢業生戴瑞・莫雷，就是這個論壇的共同創立者且頻繁參與各個研討會。拉各布則因他與波士頓根深柢固的關係，在史隆管理學院一直都是風雲人物，並受邀在二〇一一年論壇中一個名爲「新運動經營者：挑戰與機會」的研討會上發表演說。他成爲擁有者的前幾個月都與當地媒體緊密接觸，現在是拉各布第一次以勇士隊老闆身分，在業界人士面前公開講話。

這次亮相並不順利。在研討會期間，在場的幾名記者在推特上發出幾則對於拉各布提到關於球迷忠誠的評論。「有許多來自媒體、來自網路部落客要我快速做出交易的壓力，」他說，「我去看了看他們是不是擁有季票；但通常沒有。有許多壓力出自於這些人。不過我們認爲我們擁有好的核心，我們會花點時間看我們能以目前的陣容做點什麼，並在這個基礎上再做點事，對於接下來要怎麼做，我們已經有了計畫。」

「在經營面，我本應接手並在第一天把所有該走人的人解雇掉。有許多媒體也希望我這樣做，因爲有許多人基於各種原因認爲球隊需要改變。再次強調，我們得花個一年，先走過這個球季，就像在經營其他事業時一樣，評估你所擁有的，接著在適當的時間，如果需要的話，做出一些改變。所以我不會覺得有任何需要匆促行事的必要。」

「我們有個幸運之處在於，儘管擁有一支並非持續獲勝的球隊……我確實認爲，球隊應該在接下來每一年達到職業籃球賽的平均實力，進入季後賽，畢竟每年三十支球隊中有十六隊能打進去。就我們的狀況，過去十六年只打進一次，這著實可悲，表現不佳。所以我認爲我們確實要對修正此事有著莫大壓力，但我們還是踏了進來，我們擁有廣大的球迷基礎。而我們在經營面不會有任何太過匆促的舉動，以及做出大幅度的調整。所以我會從容行事，如同我在經營其他事業時一般，評估、訂定出可靠的計畫，讓我們提升至那個境界。」

有許多報導做了解讀拉各布演說內容的評論，不過散布最快的是他暗諷那些人（這裡指的是部落客），如果沒有買季票，就不是「眞正的球迷」的內容。隔天拉各布寫了澄清說法的電子郵件反擊記者，並做了控制損害的專訪，不過他和勇士隊球迷之間的蜜月期已然結束。

不只是季票成了決定球迷忠誠度的失言，拉各布也帶給大家「球隊把球迷的熱情視爲理所當然」的印象，且既然球迷無論如何都會跟在科漢在位那段糟糕的日子一般乖乖來看球，他也不會感覺到有需要做出大膽調動球員的壓力（就如同他在上任第一天所承諾的）。那年勇士在交易截止日前毫無動靜，似乎滿足於以目前擁有的陣容打完這個球季，不過除了柯瑞、艾利斯和李，這支球隊也沒剩下什麼了。

拉各布那天大約午餐時間離開波士頓會議展覽中心前，在大廳接受衆人提問。這樣的場景，因爲種種理由是很難發生在克里斯．科漢身上的，不過現在是拉各布當家。

研討會後五個星期，球季結束，球隊在其位於鬧區的總部，奧克蘭會議中心停車大樓的五樓與六樓進行檢討會議。這個耗費一百六十萬美元重新翻修，佔地一萬七千平方呎的辦公空間，是爲初期評估期正式結束的象徵。這個意義大於只是在人事與辦公室文化上做出改變。這是拉各布過去在矽谷熟悉的新創公司致勝法則之一。你得要替員工設置一個正面積極的工作環境，才能讓他們有貢獻最佳表現的機會。隔間也重新安排過，移除了隔間牆，裝設了省電、高亮度的燈光。大而寬廣的中央會議室也已搭建完成（各處都有些設計上的巧思，像是整個牆面到天花板都放上比賽時甲骨文球場的照片，休息室地上也畫了迷你版的罰球線，讓人在丟垃圾或資源回收時，可以用柯瑞在罰球線上罰球的樣子來丟）。走廊上也掛滿了勇士隊豐功偉業的相關紀念物。拉各布希望球隊職員能夠以他們的工作爲榮，讓他們感覺自己參與了一部分讓球隊越來越好的過程。**在勇士隊需要讓大衆感受到他們好的一面時，拉各布首先得讓自己人知道勇士隊的好。**

選進柯瑞確實是筆好買賣。他的平均得分從十七．五分提升至十八．六分，而且進攻效率也全面進步了。不過右腳踝仍然令人困擾，球季開打期間他的右腳踝多次扭傷，讓他總共缺陣八場。後來柯瑞終於在五月二十五日，球季結束後六個星期，於夏洛特動了第一次腳踝手術。總部的球隊人員們都希望他能以準備周全且健康的狀態迎接秋天。

先不管他那反覆發生的下肢問題，當柯瑞恢復靈活的身手時，似乎也找回新人球季期間消失無蹤的那種享受籃球的態度。更衣室的氣氛不再那麼劍拔弩張，且球員陣容漸趨穩定後，柯瑞也更放鬆、更能表現出自然純粹的那一面。二月，一次練習時他試著胡鬧犯傻，站在球場另一端，從九十呎（約二十七公尺）外的距離將球如同丟回力球般往對面籃框拋，而球乾淨俐落刷網進籃。他往一名勇士隊的媒體關係人員身上跳，並開始叫喊著，「我跟你說過會進吧！就跟你說！」

「這可沒有攝影後製、沒有視覺特效、沒有Photoshop後製，」柯瑞在恢復鎮定後這樣說道。「什麼手腳都沒動。那純粹是……」

他突然不說話，接著聳聳肩，就好像他在腦中搜索著能夠解釋這件事的詞彙，不過卻一片空白。

「我猜是運氣吧，不過，嘿！」

CHAPTER 4

成長之痛

2011—2012球季

重建正式展開。

即使比上一個球季進步了十勝，在二○一一年四月，勇士隊仍然是一支沒有明確方向的隊伍。柯瑞與艾利斯的搭檔組成了一對可怕後場，可在任何一場球賽中拿下四十、五十甚至六十分，是能在NBA拿下勝利的致命雙人組。再加上一場能拿下接近十七分與十籃板的李，突然間，勇士擁有了稍微能仰賴的核心。

在場下，拉各布終於開始建立一個新的行政部門團隊。四月十三號，勇士隊本季最後一場比賽結束後，新聞透漏了勇士隊將會雇用新的總經理特助，這個人應該會在這個職務上待個一兩年，學習怎麼樣在奧克蘭做事，接著取代賴瑞，而據推測賴瑞會調動至其他職位或是退休。不過這樣的舉動並未引起軒然大波。

而這個新雇用的人選並沒有太多管理經驗一事，也沒讓大家感到訝異。拉各布很早就明確指出，他會從相關領域找尋新面孔。在新創產業的文化中，是沒辦法預測與會的哪個人會突然出聲告訴你下一個好點子。可能是你的科技長，或是距離擁有自己的辦公室尚有數年之遙的初階工程師。

不過這個雇用消息最令人震驚的部分是，這位新人曾經是位時常在談判桌上坐在勇士隊對面，試圖替客戶把每一分錢都搜刮進來的人。

新的總經理特助包柏·邁爾斯（Bob Myers），曾經是位球員經紀人。十四年的經紀人生涯，邁爾斯建立起了業界最傑出的青年運動經紀人名號，不過他的成長過程與籃球和灣區息息相關。他生長在丹維爾附近，是個鐵桿勇士迷，並在蒙特維斯塔高中打球。邁爾斯進入加州大學洛杉磯分校（UCLA）後，便加入總教練哈雷克（Jim Harrick）執教下的籃球隊。邁爾斯大二時，UCLA贏得一九九五年全國冠軍。大四時，他們晉級至菁英八強，不過邁爾斯一直是個角色球員，大學生涯以棕熊隊（Bruin）球員出賽的七十六場比賽中，總共只拿下一〇四分。

在取得經濟學學位畢業時，邁爾斯陷入一陣困惑。一九九七年春天，哈雷克安排他與傳奇超級經紀人泰倫（Arn Tellem）會面，兩人一拍即合。沒過多久，邁爾斯面臨抉擇。他可以在知名投資銀行貝爾斯登（Bear Stearns）實習，一個公認能快速賺進大錢的機會，不過泰倫提供了一個初階經紀人的約聘工作，一個月兩千元薪水，沒有津貼。一個選擇提供了穩定與七位數薪水的捷徑，另一個則充滿了不確定。

邁爾斯選擇加入泰倫的公司，並開始向這個產業最優秀的人學習。邁爾斯第一天上班時，柯比·布萊恩正巧到辦公室到訪，於是這份工作從一開始就深具教育意義。布萊恩雖然只是一介籃球新秀，卻謙恭有禮且對自己的能耐深具信心。「你過得如何？」他對邁爾斯說，邁爾斯也跟他打聲招呼。「不錯，」布萊恩回道，「我會贏下十座總冠軍，然後我就要退休了。」邁爾斯待在UCLA時體驗過豪門球隊的文化，不過這裡，是個全新世界。

邁爾斯向泰倫證明他是個冷靜、具談判手腕的人，擁有只在最有名的超級經紀人身上才看得到的特質。邁爾斯也利用晚間在羅耀拉瑪麗蒙特大學取得法律學位（常有人看到他穿著勇士隊運動衫在校園出沒），且在最後成爲泰倫合夥公司（Tellem & Associates），後來更名爲SFX運動公司的副總裁。當沃瑟曼媒體集團（Wasserman Media Group）於二〇〇六年據報以一千兩百萬美元買下這間公司時，邁爾斯更以管理執行聞名。到了二〇一一年春天，他成功談成了共計五億七千五百萬美元的合約。他的客戶包含了NBA球員像是羅伊（Brandon Roy）、羅賓與布魯克·羅培茲（Robin and Brook Lopez）、帕金斯（Kendrick Perkins）、小喬丹（DeAndre Jordan）、萊特（Dorell Wright），以及科林斯（Jarron Collins）。他也代表伊文斯這名一年前力壓柯瑞，成爲年度最佳新人的沙加緬度隊後衛。

這樣不符傳統的人選建議，是花了幾個月時間決定的。在勇士隊銷售案即將塵埃落定時，拉各布意外地接到安吉（Danny Ainge），這個在拉各布還是小股東時代就來往頻繁的塞爾提克隊總經理的來電。安吉說如果拉各布接下來這幾個月在尋找任何高階主管層級的人，應該要認眞考慮邁爾斯。事實上，是邁爾斯要求安吉幫他跟拉各布說些好話的。有可能替他從小就熱愛的球隊工作，而且球隊一有了似乎想要大展身手改變球隊的擁有者拉各布，這樣的條件極爲誘人。拉各布從未聽過邁爾斯，不過古柏因爲他與UCLA深刻的連結，而知道這個人的事情。

邁爾斯與拉各布最後於二〇一〇年十二月會面。雖然兩人相談甚歡，不過當時仍處於拉各布自己堅持下達的六個月人事凍結期。這段期間，他也思考著這種非正統人選雇用的風險。確實，拉各布承諾要以大膽、新鮮的手段經營勇士隊，不過引入運動員經紀人做爲高階管理幹部人選似乎有些古怪。邁爾斯意識到這份抗拒感，在會面後打給父親，跟父親說，儘管面對面時兩人相處愉快，但他不認爲勇士隊有可能雇用他。

不過就在接下來幾個月拉各布面試了其他可能更適合的候選人後，他無法停止思考邁爾斯這個選項。邁爾斯的年紀就是本錢；再加上他那青春的面容與苗條的身形，邁爾斯看起來更像是半月灣衝浪店的老闆，而非奧克蘭行政部門主管。他還是擁有在大學時期打球時形成的倨傲神態，卻也深諳推動一次交易完成所需的細膩外交手段。不過缺少實際NBA行政部門經驗讓拉各布無法全然放心，但也許有方式可以化解心裡這道坎。拉各布向邁爾斯提出一個類似學徒期的建議：在賴瑞手下工作一或兩年，擔任總經理特助，如果一切看來運作順利，總經理的位置就是他的。

邁爾斯邀請泰倫於洛杉磯共進晚餐，私下向這位長久以來的導師透露他即將離開經紀公司的消息。泰倫像是發揮出讓經紀人在工作上如魚得水的直覺，知道發生什麼事情。「你要去NBA

球隊工作了。」他說。

邁爾斯嚇呆了。當泰倫問誰是那個幸運的老闆時，邁爾斯要他自己猜。這位超級經紀人馬上就知道只能是勇士隊。對這位門徒來說，這一步的重要性遠遠超過職涯的下一個動作。這是早就應該發生的歸鄉行動。

消息在四月十三日，勇士隊本季最後一戰在主場對上波特蘭時傳開，這位老經驗的經紀人會加入，成爲拉各布第一個主要雇用人選。

雖然這條新聞已在籃球界鬧得沸沸湯湯，任何在消息宣布前知道邁爾斯這些日子以來的心理狀態的人，都不會覺得這個消息有多令人震驚。或許是大家都心知肚明他離開專業運動經紀人的日子即將來臨的關係，不過邁爾斯早就公開表現出對他花了超過十年時間的職場生活已經無比沮喪。就在邁爾斯接受聘請的消息公布前五天，他在洛杉磯的西南大學法學院運動法研討會上現身，參加一個名爲「身處業餘世界的準職業運動員：NCAA規則、州法、經紀人與額外保障」（Pre-Professional Athletes in an Amateur World: NCAA Rules, State Laws, Agents and Extra Benefits）的討論會。與會人士中有人描述他看起來明顯就是受夠了當經紀人，特別是當邁爾斯談到媒體圍繞著楊百翰大學風雲人物佛雷戴特（Jimmer Fredette）的無止盡熱情，以及爲了保住他代表這位客戶的那種心煩意亂時。

不過邁爾斯的存在除了意味著這支球隊未來的展望外，他降臨奧克蘭也表示球隊擁有者已經進入下一個階段。這一季已經拍板定案，評估也已經底定。有人會被炒魷魚。該是拉各布與古柏開始以自己的想法形塑勇士隊的時候了。

重建正式展開。

球季結束後過兩個星期，史馬特卸下總教練的職務。做爲後尼爾森時期的替代人選，他的表現十分能幹，不過拉各布不相信他是總教練這個位子的長遠解答，所以球隊並未執行他教練合約的選擇權。拉各布長期以來看過太多公司因上位者太慢置換領導者而陷入掙扎，對NBA來說也是如此，所以勇士隊擺脫了史馬特，並再一次找尋新總教練。

行政部門方面，拉各布雇用了邁爾斯這個相對無經驗的高階主管後，隨即引進一名資歷在NBA史上最令人印象深刻的人。當時距離他七十三歲生日還有一星期，且他的身影正是NBA的標誌，與籃球史有著緊密關係，名人堂成員傑瑞．威斯特被聘任爲勇士隊執行董事。做爲一名球員，威斯特打了十四個球季，全都待在湖人隊且年年入選全明星隊，曾於一九七二年連勝三十三場，並贏得總冠軍，且退休時是聯盟史上總得分第三高的球員。

經過兩年的休息放鬆，以及隨著所費不貲的離婚協議而需要新的收入來源，威斯特於一九七六年回到湖人隊擔任總教練，且接下來二十四年都待在湖人擔任各式各樣的管理角色；這段時間球隊拿下六次以上的總冠軍，其中有四次是在威斯特擔任總經理或營運執行副總裁時拿下的。他是說服俠客歐尼爾從奧蘭多前來西岸的關鍵人物，也是後來把曼非斯灰熊隊打造成NBA中流砥柱的推手。

到了二〇一一年春天，威斯特在籃球上已經沒有盼望能夠達成的目標了，於是他退隱休息了四年。這時長期擔任勇士隊首席公關（以及前湖人隊公關組成員）的里德（Raymond Ridder）牽線讓他的前老闆，與他最新的老闆接觸。

事後證明勇士隊提供的條件十分誘人，不過威斯特對這次招募開出條件。他直接向拉各布與古柏報告，但不擁有任何最終決定權；威斯特經由過去合約談判的過程中認識且尊敬邁爾斯，不想干預他的學徒期。他也認識賴瑞多年，並認爲他的決策無可非議。再加上，威斯特已經當夠久那種可能因一句話改變整個命運的組織掌權人士了。「我從來沒想過回到過去那種晚上回到家，卻夜不成眠的日子，」他在接受招聘後說道，「擔心某個球員的某次表現可能會毀掉整場比賽。」

不過威斯特也知道，他能夠爲一支仍在襁褓狀態中的球隊貢獻眞正的指引，教他們如何贏球。他知道勇士隊已經往勝利靠攏了，或許他的球員評估技術會起到決定性作用（灣區媒體寫他可能對加入勇士隊一事感興趣也寫了將近十年了）。在某天傍晚與拉各布父子、古柏與席列克長談後，威斯特終於同意這樣的安排是可行的。

在拉各布的部分，說服威斯特加入一個剛起步的組織，是經典的矽谷風格。拉各布曾幫助幾十間公司取得亮眼成績，其中每間公司都需要收攏一群既叛逆、又合作的董事會成員。他們需要完全接受公司文化，他們需要以公司的任務爲依歸。當然，當一切進入狀況時成員中有個名聲響叮噹的人物也沒什麼不好。在籃球迷心中，威斯特的名聲響亮無比，他在球員時期打出獲選進入名人堂的表現，在行政部門任職的二十多個年頭也十分成功。且身爲聯盟史上最會評估球員潛能的人之一（威斯特在一九九六年選秀夜，替湖人交易來了費城某高中一位叫做科比．布萊恩的傑出球員，這個球員後來打破他在湖人隊創下的得分紀錄），威斯特相信勇士隊的球員已經做好全面轉型的準備了。

在柯瑞身上，威斯特發現了類似的精神。在柯瑞連續兩年獲選南部聯盟最佳球員的十五年前，威斯特也曾在西維吉尼亞大學上演同樣戲碼。兩人都是在第一輪選秀被挑中，並克服些許身高劣勢後，讓他們的名字與犀利射手畫上等號。不過威斯特在職業生涯十四個球季中五次入選年度最佳防守陣容，他也明白勇士隊要更進一步，只有增強並重新找回防守能力一途。

問題在於，誰能打出這樣的風格呢？在這個脈絡下，威斯特開始吐露他成爲這支球隊的職員後的未來策略。「我曾看過球隊將隊上的得分高手交易出去後，大家說，『你是嗑了什麼才會把這名球員交易出去？』」威斯特在他的就任記者會上這樣說道。大家都認爲他是在說艾利斯，這名得分第一、防守第二的得分後衛，很快就要離開球隊了，而勇士隊可能在觀望接下來那只剩一個月就要到來的選秀會，同時這也意味球隊要找一個在攻守兩端都能發揮作用，高大的得分後衛來與柯瑞搭配。「當我觀察這支球隊時，」威斯特說，「很明顯地，他們需要更多大號球員。」

姑且不論艾利斯何時（到那時爲止，即便還沒定案）會被交易出去，勇士隊仍然需要把總教練這個位置確定下來，而拉各布在六月初定下人選：在NBA打滾十七個球季，十四度打入季後賽，且在二〇〇四年帶著聯盟史上第二高，只落後於史塔克頓的助攻數退休的傑克森（Mark Jackson）被任命爲勇士隊總教練，結束了他持續七年的ESPN線上分析師工作。

雖然從未執教過職業球隊，傑克森曾是聯盟中最受認可與喜愛的播報員。年方四十六歲的傑克森，距離離開球員生涯的日子還沒多久，並與許多現役球員維持深刻友好的關係。拉各布考慮到他是新面孔，是個能夠幫助勇士隊形塑出快節奏、勇猛、具競爭力打法的人。而他也證明過自己贏得比賽的能力，整個職業生涯曾打過一百三十一場季後賽，比目前隊上所有球員打過的季後賽場次總和還要多一倍。

表面上來看，對拉各布而言，找一個履歷上沒有任何實際執教經驗的人是個冒險舉動，不過傑克森符合所有他需要的條件，傑克森熟知現代比賽的走向。傑克森從大學到職業球員，擁有超過二十年打控球後衛的經驗，熟知攻守兩端所有錯綜複雜之處。他的信譽備受肯定。且傑克森在二〇〇八年尼克隊總教練一直出缺時，幾乎要被其家鄉球隊雇用了，後來球隊選擇雇用在鳳凰城太陽隊成功打出五年統治級表現，剛離職的總教練狄安東尼（Mike D'Antoni）。傑克森挾著其過往功績，等到另一個好機會來臨。三年後，他來到了奧克蘭。

此刻距離拉各布與古柏宣布他們是球隊新擁有者已將近一年了，除了一個職位，其他關鍵管理職都已經確定。六月二十一日，二〇一一年選秀會前兩天，科漢世代最為人所熟知的臉孔終於除去。「一個星期前，是我第一次以勇士隊球迷身分，感覺到空氣聞起來如此清新，」當地的一名部落客這樣寫道，「我的胸中充滿希望，那份時常被現實狀況所限制的希望，已如花般盛開。」拉各布做出他身為金州勇士隊擁有者最有意義的舉動：他解雇了球隊總裁羅威爾。」

羅威爾終於結束他在勇士隊十六年，後八年皆擔任球隊總裁的職業生涯，沒有任何人因此感到訝異。沒有任何媒體報導，也沒有記者會，只有球隊與羅威爾發表的聲明。球隊這邊只簡單交代羅威爾去職，不過言外之意曖昧難明。

「我們花了很多時間來評估這項決定，且相信此刻是合適的時機，讓新團隊在整個組織上烙上完整印記。」拉各布的聲明這樣寫道。羅威爾則是感謝球隊給了他「與這個職業運動中最優秀、傑出，且敬業的工作人員共事的機會。」不過大家不會記得，他為了找出在球隊最慘澹的那段時間裡還能讓球迷入座，所使出的行銷絕技。反之，羅威爾留給大家的會是與大眾長期失和，其中包含了球員與行政團隊的紛爭、悲慘的人事決策、看起來像是以地下所有人集團的形式，執行著納粹宣傳部長的任務。拉各布仍需要在經營面重組人事，無論他選擇哪個人來取代羅威爾，那個人都要從一開始就有強烈的責任感，肩負起監督這個新舞台一切活動的關鍵角色。

秋天時，拉各布宣布，這個人會是前鳳凰城太陽隊總裁兼執行長威爾茨（Rick Welts）。因為種種原因，讓這個決定顯得無比重要。當時五十八歲的威爾茨，小時候因為父親的西雅圖超音速隊季票，進而愛上NBA，讓他這輩子都與NBA脫不了關係。他先是在青少年時期開始擔任這支球隊的球僮，後來成爲這支球隊的公關主管，最後成了位於曼哈頓的NBA聯盟辦公室中第三號人物，只位列總裁史騰與副總裁席佛（Adam Silver）之後。他是全明星賽前的年度灌籃大賽活動的背後策劃者，他也幫一九九二年美國奧林匹克男子籃球隊打造出「夢幻隊」（Dream Team）這個品牌。威爾茨於一九九九年離開NBA，不過又於二〇〇二年回歸加入太陽隊的行政部門。之後九年間，鳳凰城拿下三次分區冠軍，並五度單季拿下超過五十勝。

不過在二〇一一年五月，威爾茨出櫃承認自己是男同志後，工作與私人生活產生了衝突。在《紐約時報》的一篇文章中，威爾茨提到數十年「躲在衣櫃裡」的生活那種痛苦，感覺自己無法在一個對同性戀並不那麼友善的文化中毫無顧忌地公開此事（當威爾茨在四月時對史騰表明性向隔天，有人聽到柯比．布萊恩直接對裁判說出反同志的辱罵。布萊恩遭聯盟罰款十萬美元）。威爾茨對《時代》雜誌說他希望「成爲對職業運動，無論是在場上奮戰或是在行政部門任職抱著懷疑態度的同志的導師。」不到一個月威爾茨就辭去太陽隊的工作，搬到灣區和他的伴侶蓋吉（Todd Gage）共同生活。他希望先休息放鬆一陣子，再做下個工作的計畫，同時多跟蓋吉在前一段婚姻所生的兩個孩子熟悉一下。

這時拉各布的機會來了。威爾茨前來灣區時，拉各布一邊開始清出位置，也交由新球隊總裁挑選留在勇士球團的人，用威爾茨的話來說，要找出「眞正高評價的人」。此外，威爾茨也會從運動與企業界中招募人才。威爾茨後來回想時說，這是「運動史上最輕鬆簡單的招募工作。」兩週後，他成了美國職業運動史上擁有男同志身分的職位最高球隊決策人士，時至今日他仍保有這個名號。

隨著羅威爾的離去，科漢治下的高階管理人員已所剩無幾。還有總經理助理席列克，他幫自己建立起善於識人的名聲，以及他的主管，兩年前選進柯瑞（接著忍住沒交易他），給了勇士隊他們渴望已久的新能量的總經理賴瑞。接下來一整年的時間，賴瑞會精心安排出讓球迷憤怒到近乎起而反叛的程度，同時在不久後，讓球隊體驗到前所未有的成功。

正當拉各布做了許多建構起勇士隊場下陣容的動作時，場上陣容的部分還有許多地方需要決斷。在邁爾斯已成總經理特助，傑克森在板凳席就位，一個能夠在六月二十三日的選秀會上，幫助喬與柯克、賴瑞與席列克下一個要選進的關鍵球員人選的智囊團已然形成。

五個星期前，勇士隊知道了拉各布首次參與的選秀，他們手上的籤會落在哪個位置。金州勇士隊最後排在西區十五支球隊的第十二位，不過最後六場比賽只拿下四勝，意味著他們最後會以NBA史上第十一糟糕的戰績做收。這使得他們只有不到一％機會能獲得第一順位選秀籤，不過你不會知道最後會發生什麼事。每支球隊都會派出自己的代表參加樂透抽籤，拉各布選擇自己前往。到達NBA娛樂公司位於北紐澤西的總部後，拉各布直接前往抽籤前的雞尾酒會。進去後，拉各布收到了厄文（Kyrie Irving），這個大家一致相信無論誰是抽到第一順位籤的幸運兒，都會立刻挑選的杜克大學控球後衛正在附近，並要求一同會面的消息。幾分鐘後，厄文與拉各布便開始聊起雙方第一次參與樂透抽籤的感想，他們完全沒意識到就在幾年後，兩人的命運會如此戲劇化地交織。

那天晚上NBA副總裁席佛宣布勇士隊抽到第十一順位，與他們最終戰績相符的籤時，站在台上的拉各布臉上仍保持笑容。後來有人通知拉各布，勇士隊曾在抽到第一順位的四個組合中出現三次，就只剩最後一顆球不肯配合（譯注：樂透抽籤的過程為，一個箱子中會有十四個小球，標註一至十四號，每次會滾出四個小球，共有一〇〇一種排列組合，在排除十一、十二、十三、十四這個組合後，剩下一千種組合，電腦會隨機分配數字組合，而戰績最差的球隊擁有兩百五十種組合，機率為二五％，而勇士隊抽到第十一，機率為〇．〇八％）。反之，第一順位由克里夫蘭騎士隊抽中，他們在詹姆斯出走至邁阿密後，今年的戰績是慘澹的十九勝六十三負。「考慮到他們是怎麼撐過去年的。」拉各布認輸，「你得替克利夫蘭感到一點，一點點開心。」

儘管只是第十一順位，勇士隊還是能挑出具未來性的球員。一年前，他們在選秀會落在第四與第六順位籤之間，而總經理賴瑞在處於球隊即將出售，極度不確定的情況下選了貝勒大學六呎十吋中鋒尤度（Ekpe Udoh）。在新秀賽季出賽五十八場，留下平均不到五分四籃板的平淡表現後，大家很清楚尤度不是勇士隊身材問題的解答，他們需要更強而有力的球員，需要一個能在傑克森重視攻守平衡的系統中，在攻守兩端都能有所表現的球員。且就算尼爾森那快速流轉的「尼式球風」已成往事，金州勇士仍需要得分手。柯瑞需要協助，最好是個高大，且不需要在他進攻時幫他清出空間的球員。球隊需要、心理素質很強，不會被NBA艱困的環境給壓垮的球員。

確定拿到第十一順位籤時，應該選哪個球員便無庸置疑了。克雷．湯普森（Klay Thompson），華盛頓大學畢業，投球手感順暢的得分後衛，是勇士隊最完美的選擇。他有六呎七吋（約二〇一公分）高，且擁有致命的三分長射能力，大學期間總共投進兩百四十二顆三分球。他不是菁英級的一對一防守專家，不過在結構良好的體系中，擁有水準以上的防守能力。而且他身上也擁有與NBA息息相關的DNA。他的父親麥卡爾（Mychal）在一九七八年的選秀會上，以狀元身分被波特蘭拓荒者隊選中，以六呎十吋的身材打大前鋒與中鋒，在NBA打滾了十二個球季，並在八〇年代中期以魔術強森的湖人隊「表演時刻」（Showtime）王朝一員的身分，贏得兩次總冠軍。麥卡爾退休時克雷才剛滿兩歲，所以克雷並沒有像史蒂芬．柯瑞一樣對父親戴爾在NBA的表現留有深刻印象，不過克雷仍然十分熟悉聯盟文化，且十分期待成爲其中一員。而且儘管對長射的偏好與自信需要保持一股狂勁，麥卡爾並不驕傲自大，至少表面上不會。湯普森擁有標準南加州人悠閒、含蓄的個性，不過他只想打球，其他所有事情幾乎都是次要。

勇士隊中，威斯特擁有的冠軍數比麥卡爾更多，他曾是麥卡爾在湖人隊時期球隊的總經理，在克雷還是小男孩的時候就認識他了。威斯特確信勇士隊手上的第十一順位籤一定能選到湯普森，他也能夠解決隊上許多問題。選秀會前一個星期，湯普森來到奧克蘭，在勇士隊職員面前練習，從拉各布到傑克森，大家都在場邊觀察。威斯特在訓練結束前把湯普森的經紀人杜菲（Bill Duffy）拉到一旁，充滿信心地跟他說，「這個小子我們要了。」

這個籤位可選到的球員中，勇士隊也高度關注其他兩名球員——聖地牙哥州立大學的雷納德

（Kawhi Leonard），以及佛羅里達大學的辛格頓（Chris Singleton），是賴瑞眼中的兩名重點球員，不過行政部門認爲這兩個球員不是對這個籤位來說不夠好，不然就是可以先向下交易幾個順位再選即可。不過當密爾瓦基公鹿隊用第十順位籤選了佛雷戴特之後，不用考慮，選湯普森就對了。有個表現出無畏態度的高大後衛射手與柯瑞搭配，實在太誘惑人了，他的血統與態度與拉各布嶄新的勇士隊完全合拍。被選中後幾分鐘，湯普森接受媒體訪問時，聊了他的進攻本領與傳球能力，另外也聊了球隊第一的打球態度和他不會發生「去外頭拿我應得的」這種勇士隊近年來陣中有太多球員發生過的事。

湯普森這個選擇，在至少在表面上看來，似乎違背了球隊要加強防守與籃板的原則。沒錯，湯普森是個高射手（兩百公分高），也是個水準以上的防守者，不過能否在一對一的情況下守住聯盟最佳得分手，這個問題尚待解答。

他的到來似乎也讓艾利斯明顯成了多餘的存在。湯普森更年輕、更高，且擁有更致命的三分投射能力。或許得花幾個月，不過艾利斯待在這支他生涯唯一效力過的勇士隊的日子，突然間變得所剩無幾。賴瑞的公開說法是，球隊並不認爲有交易艾利斯的必要，而湯普森在傑克森的系統中，可以輕鬆往上打到小前鋒。

不過湯普森加入球隊後可預見的發展，就是馬上讓艾利斯在隔年二月交易截止日前，成爲球隊最有吸引力的資產。假使賴瑞能用他獲得拉各布渴望的合格中鋒，那就更好了。

有個巨大難題正阻礙著勇士隊讓未來變得更有希望的企圖，那就是漫長、痛苦的罷工。在新契約協議無法達成共識的情況下，NBA的擁有者們宣稱他們光是過去三年就虧損了十億美元，於是在七月一日封館。他們想要把分配給球員的籃球相關收益（basketball-related income，BRI）從五七%縮減至四七%。球員拒絕，回以五三%的數字。隨之而來的是長達數個月的恨意、指控，與讓籃球記者睡眼惺忪地待在飯店會議廳外盼望，期待著一點點新消息的深夜協商。到了十一月中，表定球員的第一筆薪資未入帳時，事情來到低點。結果是每個NBA球員平均損失二十二萬美元收入，球季也一天天縮短。雙方反覆來回，就BRI分配問題、薪資上限、球員契約相關權益，與其他神祕但重要的枝微末節討價還價。NBA總裁史騰對ESPN的觀眾說，NBA面臨著「冰冷的寒冬」。

這個時間點，有許多球員選擇去海外，爲了保持身體狀態而替亞洲或歐洲俱樂部球隊打球，等待NBA球季何時開始，他們得以返家的消息公布。甚至連一些全明星球員都出去了：帕克（Tony Parker）去了法國、基里連科（Andrei Kirilenko）去俄羅斯打球、威廉斯（Deron Williams）與歐庫爾（Mehmet Okur）去土耳其，馬丁（Kenyon Martin）去了中國。勇士隊某些球員也出去了，金州勇士隊二〇一〇年選入的新秀尤度去以色列，二〇一一年第二輪新秀詹金斯（Charles Jenkins）選擇替義大利球隊打球。

不過包含聯盟最頂級的球星在內，大部分NBA球員在不確定NBA新球季確切開打日期間，都待在國內找尋其他維持體能與耐力的方式。對此事感到厭煩的湯普森，持續在南加州辛勤地訓練。對勇士隊最重要的球員柯瑞來說，封館本質上等於延長他去年五月動腳踝手術後的復健期。這個手術是對他右腳踝兩條韌帶進行重建，夏天大部分時間他的活動度都因手術而受限，於是他大多時候都待在位於夏洛特的家附近。中間還夾了七月時他與艾莎的婚事，即使這個球季的狀況仍處於混沌不明，他還是努力要回到最佳狀態。

復健期間，柯瑞遇到一個改變他職業生涯軌跡的機會。柯瑞在夏洛特一間診所跟巴恩斯（Harrison Barnes，北卡大學小前鋒，預測為未來選秀樂透區的優秀球員）以及幾名夏洛特山貓隊（譯注：於二〇一四年改名為夏洛特黃蜂隊）的球員一起訓練時，遇到了當地一名叫做佩恩（Brandon Payne）的訓練員。佩恩是距離南夏洛特約三十分鐘，位於南卡羅來納州米爾堡的增強籃球訓練公司（Accelerate Basketball Training）創辦人。佩恩外表看起來不像是一般訓練員，他身材健壯，頂著軍人風格的平頭，跟一般汗水淋漓、高喊激勵話語的訓練員印象不同。那天訓練結束後，佩恩上前向柯瑞自我介紹，給了自己的電話，說如果柯瑞想更精進賽場上的技術，可以打給他。拜腳踝問題所賜，當時柯瑞只能坐著練習運球，不過這個人激起柯瑞的好奇心。那天晚上，佩恩接到柯瑞的電話，隔天一早兩人再次會面，這便是兩人持續至今多年關係的開端。

佩恩是夏洛特人，父親是籃球教練，在距離一小時車程的NCAA第二級球隊溫蓋特大學籃球隊打球，二〇〇一年取得運動管理學位。他留在學校擔任助理教練兩個球季，在這段時間，他對球賽的訓練面，例如如何把肌力與體能和技術發展結合產生興趣。佩恩對應用在籃球訓練的最新科技做了研究，設計出一套推動球員突破極限，同時維持青少年對籃球熱情的訓練課程。佩恩尋求要透過反覆操作，增進他們的認知決策能力，同時增強自信。最後，他說這個課程是企圖要增進球員的「神經肌肉效率」。這個觀念聽起來有點像空泛的專業術語，不過這個說法也吸引了需要保持體態的NBA球員。對增強籃球訓練公司來說，封館偶然間讓他們的事業蓬勃發展。

柯瑞馬上就買單了。手術後三個月，這個還在新婚期的新郎終於能夠參與完整籃球訓練了，且既然封館讓柯瑞無法在奧克蘭練習，他便充分利用了佩恩的照料與專業。增強籃球訓練中心的總部位於南卡羅來納州一個無名區域的小工業區停車場，以及附近一間身處行銷公司大樓之中的全方位健身房之間。柯瑞每天都花很多時間在這裡把身體調整成他這輩子打球時最棒的體態。

「他渴望學習更多，」佩恩說，「他渴望了解能讓他極度細緻地運用身體的方法。」

柯瑞的投籃身手很快就恢復了。而佩恩在柯瑞練習上籃時用泡沫墊猛拍他，讓他的腳踝變強壯了。佩恩有個代表性的訓練，會要球員用一手運球，另一手同時要跟訓練員來回傳接網球，這樣做可以增強柯瑞的手眼協調。而佩恩在傳球後的預備動作，以及讓身體在球還沒傳過來前就定位的訓練，也讓柯瑞印象深刻。十月中，柯瑞將他最近一次練習內容上傳到YouTube，這個動作有效加倍增強籃球訓練公司第一個重要代言人的宣傳效果。

先不說籃球的部分，柯瑞也很喜歡從佩恩身上激盪出想法，並提出某些需要微調的特殊技巧，像是帶球往右，然後朝籃框進攻。且既然柯瑞還不能跟傑克森或是新的教練團一起訓練，佩恩就是當時柯瑞身邊最接近總教練的存在。一旦季賽開打就不是這樣了，不過封館讓一切事情都停滯了。當十月開打變成十一月還不確定時，柯瑞和其他球員能做的也只有等待。

最後雙方終於達成協議。在十一月二十六日，封館第一百四十九天的凌晨三點四十分宣布，今年季賽會打六十六場，而非平常的八十二場。球員一開始會分得BRI的五一．五%，接下來幾年會有些微調降。球員合約的部分則是建構在刺激他們留在原球隊，讓原球隊能提出比其他球隊更長的年限與金額。這個規定顯然是因應包許（Chris Bosh）與詹姆斯設定好他們成爲自由球員的時間，讓他們能夠加入邁阿密與韋德（Dwyane Wade）聯手的做法，NBA不樂見聯盟最有天賦的球員大量集中在任何一支球隊。改變收益分成也讓小市場球隊受益。史騰盡可能試圖要拉近NBA各個球隊之間的水準。反過來說，儘管大家一致同意，至少在接下來幾年，球員得要屈服，無法從三十個球團的老闆身上發揮太大的影響力，但理想上每個球員都能賺到比以往更多的薪水。最後，封館迫使開打時間比原本排定的時間要延後了兩個月。

不管準備好了沒，縮短球季會在聖誕節開打。

柯瑞的右腳踝沒能撐過季前賽。

在對上洛杉磯快艇隊的聖誕大戰前最後的調整賽時，柯瑞第二節後段防守佛雷戴特時，拖著腳往後移動，右膝蓋翻船了。下半場柯瑞沒有回到場上，且突然間他不能肯定開幕戰時的狀態會是如何。「我很失望，我們需要他快點歸隊，」賽後傑克森說，「我們希望史蒂芬快點歸隊，因爲所有人都知道有他在，我們是支更棒的球隊。」

遠遠還不到一〇〇%復原，柯瑞就急著在開幕賽歸隊，並在主場以十九分的差距悲慘地敗給了快艇隊，投十二中二，最後只拿下四分與四次助攻。隔天晚上對戰芝加哥公牛隊，柯瑞遇上聯盟最有價値球員羅斯（Derrick Rose）。那晚柯瑞拿出非凡表現，得到二十一分，送出十助攻、六抄截，且守住羅斯，只讓他投十七中四，拿下十三分。開賽兩分鐘，柯瑞就從中場發動一次長傳，與李搭配祭出一記兇猛的第一時間灌籃。第四節一開始，勇士隊領先十五分，柯瑞從七十呎外長傳給萊特切入灌籃。

不過幾分鐘後柯瑞切入上籃，落地時右腳踩到柯佛（Kyle Korver）的腳，再度扭傷。他蹣跚走回休息室，到勇士隊最終以九十九比九十一，拿下傑克森執教生涯第一勝爲止都沒再回到場上。「他運作著自己的籃球隊，」傑克森說，「他把我在場上的延伸這項工作做得很好。」休息室裡，柯瑞把他那脆弱的腳浸在裝滿冰水的開特力飲料桶裡，意識到這一季又會落入一連串令人費解的傷痛之中，而這些傷痛將成爲他職業生涯的代名詞。

柯瑞休息了一場，不過在新年於甲骨文球場對上伊古達拉率領的七六人隊時又回到場上。這場比賽勇士隊少了艾利斯，他的祖母去世了，湯普森則是得到職業生涯第一次先發上場的機會，不過並沒有進入狀況，上場二十六分鐘只拿下三分。柯瑞表現得不錯，光是第一節就拿下十分，不過勇士隊從一開始就表現得無精打采，差到連拉各布都看不下去，如同某個新聞記者所說的，他「攤坐在場邊的座椅中，雙手交叉十分沮喪。」勇士隊在第一節取得十分領先後，接下來三節比賽，七六人隊比他們多得三十六分。

勇士隊在飛到聖安東尼奧這個他們從一九九七年至今都沒贏過的地方比賽前，先再輸給鳳凰城一場。對馬刺隊那場比賽，勇士隊前三節打得很有競爭力，而柯瑞在場上也再次拿出聰明且有效率的表現，投十一球拿下二十分，外加八次助攻。

這時柯瑞的腳踝又故障了。當他做了一個假傳前場後運球的動作時，看似是柯瑞的腳尖卡到地板，讓他的腳踝產生不自然扭動。柯瑞又變得一拐一拐的，腳無法用力踩地。「喔，我的天啊！」柯瑞跛腳時播報員巴奈特（Jim Barnett）尖聲說道，「喔，這真令人心碎。」賽後，柯瑞難掩失望地解釋怎麼會發生這樣的事情：「類似的狀況一直不斷發生，我已經試著防患未然，但似乎又發生了。」

柯瑞缺席八場比賽，且需要再過八、九場比賽才能再找回準心。接著是在對上丹佛時攻下三十六分，足以拿下勇士隊這季目前打了二十三場後的第九勝，這似乎象徵他已完全復原。不過兩星期後對上鳳凰城時柯瑞右腳肌腱拉傷，整個下半場都無法上場，最後比賽以艾利斯在終場前一秒投進的二十呎投射拿下勝利。這場是全明星週前的最後一場比賽，所以在缺席了以二十四分之差敗給印第安那的比賽，且接著在下一場以八十五比八十二擊敗亞特蘭大，卻詭異地在比賽終了前三秒鐘被換上場的比賽前，柯瑞休息了六天。三月十日在主場對上達拉斯的比賽前兩場，柯瑞都謹慎節制地從板凳出發。與達拉斯的比賽打到第三節中段，在一次正常的進攻中，他運球往防守者的身體靠接著再往後撤，柯瑞在錯誤的時間點轉移身體重心，右腳踝又一次扭傷。他跛著走回板凳席，沮喪地猛搥椅子。惡夢不停降臨。

隔天晚上在客場對上快艇隊，柯瑞先發出場，不過明顯受到傷勢影響，在近十分鐘的時間裡一分未得。傑克森最後一次將他換下場時，勇士隊領先分數到達十七分，最後金州勇士隊守住領先，以九十七比九十三獲勝。「我覺得把他丟在場上不太對，」傑克森說，「他看起來像是要堅持下去。」

勇士隊在三月十一日贏下的這場比賽，也是柯瑞本季最後一場球賽。顯然上場比賽會嚴重危害他的傷勢。柯瑞的右腳踝是長期的問題，需要在徹底阻礙他的大好生涯前徹底根治。球隊得在他缺席的這段時間撐住，並決定他的手術會在球季結束後才進行。

儘管柯瑞頻繁地進出出場球員名單，勇士隊仍然堅持住了。他們的戰績來到十七勝二十一負，並未完全掉出季後賽行列。李平均能拿下接近二十分與十籃板，艾利斯一場則能攻進二十二分上下。

不過這季球隊未能打入季後賽，沒能上演下剋上戲碼。許多人還不知道，球隊即將發生大事，這件事在三月十三日引爆，就在柯瑞確定接下來的球季高掛免戰牌後兩天，且將在勇士隊全隊上下造成震盪。

拉各布帶著焦慮挺進二〇一一—一二年球季，雖然有許多人員更替，但至少主要決策人員的位置都填滿了人。如果順利的話，邁爾斯之後會取代賴瑞擔任總經理，而威爾茨會成爲球隊總裁。同時，重新建立起球迷信賴的工作也在加緊進行中。球隊官網上開設了擁有者信箱，鼓勵球迷寄信給拉各布與古柏，他們承諾一一閱讀，並盡可能回信。此頁面於二〇一一年一月設立，並在七月，也就是選秀會後幾個星期貼出首次問答內容。

大多數球迷的問題內容中，都包含了原本預期到的，人們對球隊新擁有者的稱讚與肯定。最後一封來信的問題是，經營一支職業運動隊伍最困難的地方是什麼?拉各布也透露出一些看法。

「擁有勇士隊最有挑戰的地方，就是我得一直保持耐心，」拉各布說，「從一開始，我就了解不能在一夜間改變一切。這是一個過程。我就跟大多數球迷一樣，很樂意立刻把球隊變成一支拿下五十勝的冠軍競爭者。現實狀況是，這沒那麼容易。我們要使出渾身解數在最短的時間讓它成爲一支很棒的球隊，不過我們會做出聰明的決定，這樣做將能使我們在接下來的每一年持續成長並更有競爭力。」

這份耐心可能頗具挑戰，不過拉各布仍盡力要解決這些問題的努力，大家都看在眼裡。球隊的每個動作都以光速被報導與分析。那年五月，在聘用傑克森前，拉各布正驅車前往機場，要飛去聖安東尼奧，就總教練的職缺面試馬刺隊的助理教練布登霍爾澤（Mike Budenholzer）。他轉到當地的運動廣播電台KNBR，主持人正在播報一則揭露拉各布計畫的網路報導。他整個嚇呆了。媒體直接報出他現在正要進行的事情。從聖安東尼奧返回後，他炒了洩漏消息的兩名員工。

不過在封館來到尾聲，拉各布得以審視即將邁向縮水球季的球員陣容時，從球迷、媒體到最高階的決策人員，全都看到球隊明顯的需求。不需要報紙用頭版報導，大家都看得出來勇士隊仍需要再有一位更傳統的中鋒加強前場，那個人不只要有籃板和保護禁區的能力，還要有稱職的傳球能力。且假使湯普森成長爲勇士隊選中他時期望的那種頂級射手，就意味著可以犧牲一個大牌球星：艾利斯。

問題在於從一開始，拉各布就公開堅持勇士隊不傾向交易艾利斯。這是個明智策略，因爲若不這樣說，可能會引發球迷全面不滿，並且藉由看似拒絕任何交易艾利斯這位得分手的報價，實際上是在拉高籌碼，迫使有意交易的隊伍提出更好的報價。

而拉各布完美地扮演著這個角色。六月，球隊在選秀會上選中湯普森前兩天，拉各布對KNBR說，他試著要打破大家所推測的，不管我們選了誰，都只是在表明會用什麼方式交易艾利斯而已的看法。「我認爲你們可以非常、非常明確地推測說，我們十分看重他，」拉各布說，「而他可說是我們隊上最棒的球員。他也確實是我們最棒的球員之一，我們不會把他交易出去。」

接著拉各布譴責媒體的各種臆測：「這不是我們發的消息，不是我們發的消息。媒體已經失控了，我的意思是，坦白說，跟過去比起來就是如此。人們根據些許事實或是一些傳聞，就寫出一篇又一篇的故事。那些消息都沒有事實根據，接著有些人不斷重複這些消息，然後這些消息就變成事實了。」

不過在此同時，拉各布爲了之後的行動撒下種子，強調說，不知道誰傳的，說球隊需要弄來更高大的前場球員，且若這意味著交易像艾利斯這種受歡迎的球員的有趣交易，那就這樣吧。「如果我們收到用很夢幻的內容來交易任何一名球員，我們都會考慮。」拉各布說，「附帶一提，我們已經收到報價了，特別是艾利斯的報價。所以我們得聽聽看對方怎麼說……不過有個重要，而我自己也相信的事實，就是我們擁有極爲優秀的後場，NBA最棒的後場組合之一，而我不相信矮小的後場組合不好這類說法。不是大小的問題。達拉斯才剛用更矮小的後場贏得總冠軍，而且還沒有我們的後場那麼會投球。」拉各布總結獨行俠成功的原因：「事實上是他們的鋒線有兩個七呎球員，我們沒有。」

過了幾個月，到了二〇一二年一月，在艾利斯投球命中率超過五一%且單場得分超過十九分的情況下，拉各布在一次球隊網站專訪的影片中，再次增強留下艾利斯的誠意。「艾利斯是名優秀的球員。有些人相信他是NBA第三棒的得分後衛。我認爲這很有可能是眞的，」拉各布說。「艾利斯比賽的表現已接近完美，他一年比一年變得更好，確實把心都放在球場上。」在同一次訪問中，或許像是突然擁有蜘蛛人的能力般，感知到動盪或許就要到來，拉各布再次疾呼，要大家保持耐心。

「我在此鼓勵所有人，事情有時看似艱難，而我知道我們所有勇士迷都已經苦了好一段日子，不離不棄。」他對勇士隊的廣播播報員羅伊（Tim Roye）說道，「我們盡了一切可能來建立一個會贏球的隊伍與一個會贏球的組織，我們將會達成目標。」

鏡頭之外，勇士隊，特別是賴瑞，花了一整個球季試圖要找來一個中鋒，而艾利斯一直都是交易案的核心人物。隨著時間流逝，有個球員成了唯一的目標：密爾瓦基公鹿隊的波格特（Andrew Bogut），他在聯盟的七個球季，一直都是位強力球星。持球時，波格特能在低位吸引雙人包夾，從而替射手拉開空間（就說是柯瑞或湯普森吧）讓他們投中距離，而他的傳球能力也能清出更大的空間。身爲第一位澳洲籍的選秀狀元，波格特展現出正統、全明星級的低位表現，數十年來，勇士隊第一次擁有這種球員。

賴瑞覺得勇士隊不能放棄這個機會，從去年就開始與公鹿總經理漢蒙德（John Hammond）交涉。當時公鹿隊拒絕，等到又過了幾個月，交易截止日快到時，賴瑞深信休賽期間漢蒙德就會把波格特交易出去。也因爲接下來的自由球員市場對中鋒來說，機會比往常差了些，賴瑞知道他得果斷行動好促成這次交易。

多年來，勇士迷心中一直存在著一種信念，即球隊得要經歷一段內省，某種內部的激烈辯論，來決定他們應該把艾利斯還是柯瑞交易出去。直至今日，球隊堅持那個人一直都是艾利斯，他是唯一說得通的選項。柯瑞比較年輕，而且有明確的傷病史（到這個時間點爲止），而艾利斯過去幾年裡雖然在球場上完全展現出自己的天賦，但也耗盡了球隊管理階層之間的友好關係。電動自行車意外、因柯瑞在訓練營開幕現身時表現出的沮喪，多年來艾利斯在休息室裡產生的不滿，充其量也只能默許他繼續擔任隊長一職罷了。

另一個原因比較複雜，就是有名前勇士隊職員就在三個月前，對艾利斯與球隊提出性騷擾控訴。曾在社區關係部門任職的史密絲（Erika Ross Smith）在這次訴訟中宣稱，艾利斯曾傳給她露骨的性騷擾簡訊，其中包含艾利斯私處的照片。接著她主張勇士隊在她向球隊抱怨艾利斯私底下的行徑後幾個月，於二〇一一年八月時毫無理由地解雇她。這次訴訟中也另外指出，賴瑞曾告訴艾利斯這件事會被「刻意隱瞞起來」並安靜地處理掉，而艾利斯的妻子相信是史密絲主動發展這段關係並持續傳送簡訊的，並在二〇一一年二月，勇士隊在主場比賽期間攻擊她。這次訴訟在十二月提出時，勇士隊否認一切不法行為。「就我們了解，艾利斯先生與原告之間是兩情相悅的關係，我們也做了一個組織應該做的事情。」威爾茨在一次聲明中說道。「我們告訴雙方應迅速、直接與明確地停止這段關係。」無論事情眞相為何，這似乎是前經營層時期就一直存在的球隊亂象中，又一個爭議事件案例。歷史，似乎會不斷自行重複。

對球隊來說，少了艾利斯、多了波格特對勇士隊的年輕後衛而言不啻為一種恩賜。有健康的波格特居中策應，對於球隊運作來說就像是一塊重要的拼圖終於拼上了。這也表示他們擁有做出震撼性交易所需的資產，從而促進球隊轉變，同時也能進一步眞的實現這些交易機會。只要波格特能在場上效力，這個交易就有意義了。

不過這其中還有一個最大的問題：波格特還遠遠不到一〇〇%健康的狀態。兩個月前，他在蓋休士頓隊洛瑞（Kyle Lowry）的火鍋後落地時弄傷左腳踝，傷癒時間未定，這次受傷也只是他職業生涯中一連串古怪傷痛中最近的一次。打第二年時他因左腳扭傷缺陣了十六場，隔年又因下背痛缺賽超過四十三場，接著在二〇〇九—一〇年球季因肘關節脫臼與手腕骨折缺席了公鹿隊的季後賽。

二〇一一年球季，因爲偏頭痛以及再度背痛，總共缺席十七場比賽。現在則是腳踝骨折。雖然這些傷都不是習慣性傷害，每次受傷也沒有明顯相互關係，但這也顯示出波格特確實有缺賽的問題。當波格特上場時，他的表現幾乎沒有其他中鋒能夠比得上，不過他就是沒辦法離開傷兵名單。

儘管實際上這位一流中鋒有好幾個月無法上場，勇士隊還是不得不進行這次交易。硬要說的話，這次受傷反而對勇士隊有利，因爲漢蒙德要找到願意交易受傷的波格特（而非健康的他）的球隊可能性相當低。勇士隊的內部決策圈（賴瑞、威斯特、傑克森、席列克、邁爾斯與柯克）全都同意啓動這次交易，不過還是要由拉各布做最後決定。

「他們跟我解釋利弊。他們全都害怕跟我說他們達成了共識。」多年後拉各布跟他以前工作的那間創投公司凱鵬華盈裡的一名全神貫注的聽衆說道，「我聽完他們的說法後，我說，你們是認眞的嗎？你們想要我把隊上最棒的球員拿去交易一個現在身上有傷，而且有傷病史的傢伙？」當下他就知道自己得面對球迷的激烈反應，他們都深愛著當時勇士隊資歷最深的艾利斯。**拉各布匯集了他在數十次矽谷董事會上的經驗所孕育出來的思維模式，讓他的智囊團（他雇來精確地做出這類決定的人），提出他們的最佳方案**，而且他看不出有什麼理由否決一個有可能這支球隊命運的動作：「這是正確決定。我相信這樣要這樣做才對。我得做點事來扭轉情勢。**你得大膽，你得承擔風險**。」

這項交易於二〇一二年三月十三日正式宣布，就在勇士隊於沙加緬度的比賽開打前幾個小時。艾利斯這個二十歲時加入勇士隊，來自密西西比的高中生，七個球季總共拿下超過八千分的球員，與布朗（Kwame Brown）和尤度一起被交易至密爾瓦基換取波格特和前勇士隊隊長與對勇士隊十分不滿的傑克森，也就是尼爾森曾說要交易掉是「無比困難」的那名球員。勇士隊已經學到教訓，兩天後就把傑克森交易至聖安東尼奧換取傑佛森、福特（T. J. Ford），以及二〇一二年的第一輪選秀籤。

「這種交易不是天天都有，」拉各布在波格特的媒體介紹會上說道，「原本需要花我們三、四、五年的時間才能補上這一塊。結果我們在一個星期前就往前躍進了一大步。」

不過艾利斯的交易震撼了死忠勇士隊球迷的心。就連艾利斯本人對這件事真的發生了也十分驚訝。「我在這裡打出了幾年優異的表現，也有幾年表現不好。」艾利斯站在更衣室外，最後一次以勇士隊球員的身分說道。「我很感謝自己能做過去七年在這裡做的事情。」艾利斯說球隊在交易宣布前完全沒有事先知會，他是在沙加緬度客場球員休息室看電視時得知這個消息的。「我或多或少感覺到今天會發生一些不好的事情了，」他帶著意味深長的微笑說道，「我已經做好心理準備了。我很好。」

艾利斯交易後三天，NBA的比賽排程表明了他們有點幽默感，密爾瓦基公鹿隊要在甲骨文球場對上勇士隊。宣布公鹿隊先發球員唱名到艾利斯時，他收到了全場球迷激動的起立鼓掌。他以十五呎跳投拿下這場比賽的第一分，最後以投十五球，拿下十八分做結，公鹿隊以一二〇比九十八摧毀勇士隊。第一節某次暫停時，轉播牆播放了對艾利斯致意的影片，配以年輕歲月樂團

（Green Day）的〈甩掉包袱〉，讓全場觀衆極度激動。

這場一面倒的大敗，連同艾利斯身上那套不同於勇士隊金藍相間的刺眼球衣顏色，也強調出這個球季就這樣快速地溜走了。球迷們因憤怒與沮喪變得越來越激動，在幾天後的晚上爆發，而這也成了大家記憶中，拉各布成爲球隊擁有者後的最低點。

對了，艾利斯身上那件性騷擾的訴訟呢？在艾利斯被交易後幾天，勇士隊與史密絲的法律顧問開始談判。二〇一二年六月宣布和解，和解內容並未公開，球隊再度否認有任何錯誤行爲。

「我們要艾利斯！」

當拉各布在二〇一二年三月十九日聽到這句話從甲骨文球場最高處如瀑布般往下流竄時，他聳了聳肩，他還能做什麼呢？這晚原本應該是這個糟糕球季唯一的亮點，那天晚上，這支球隊終於替穆林做了一件好事，幫他的十七號球衣退休。九月時（也就是穆林進入名人堂後一個月），拉各布親自對季票持有者宣布，勇士隊將在隔天春天將穆林的球衣掛在體育館的樑上。球隊甚至在二〇一一—一二年球季媒體手冊開頭放了兩頁宣傳廣告。這個晚上原本會是這個球季的高潮。

不過這次慶祝儀式，卻成了對於拉各布成爲球隊擁有者二十個月以來的表現，所進行的一場非常公開且醜陋的投票。球隊幾乎確定要落入**近十九個球季第十八次無法打入季後賽的窘境之中**，然而他們的戰績，也差到幾乎確定能留下他們今年六月那支受保護的第一輪選秀籤，詭異的是，會有這件事，是因爲二〇〇八年穆林還是勇士隊籃球營運部門執行副總裁時，核准的糟糕交易所導致。

那時柯瑞還沒加入，拉各布也還沒買下這支球隊，感覺就像是上輩子的事情了，不過勇士隊還是跟那時候一樣，仍是支差勁的球隊。他們嘗到三連敗，帶著十八勝與二十四敗戰績來到了三月十九日。即使是灰狼隊這麼悲慘的球隊，因爲陣中有全明星大前鋒勒夫的緣故，這個球季也比勇士隊成功。此刻勇士隊就要被西區萬年墊底隊伍給超過了。且這時，每個訂閱《運動畫刊》的金州勇士球迷都會收到一份電子報，裡面有兩個主題，而封面是林書豪的照片，這個帕羅奧圖小孩與哈佛大學畢業生，在季前賽時被勇士隊裁掉，後來被尼克隊簽走。林書豪在尼克隊的顛峰表現被稱爲「林來瘋」（Linsanity），拉各布直接放他走，沒獲得任何回報。

這時是球隊的最低點。

拉各布仍對傍晚的活動抱著很高的期待，他希望盡可能把重點放在穆林與其成就，十七年名人堂表現的職業生涯中，有十三個球季待在奧克蘭。穆林曾贏得兩次奧運金牌，他第二次入選具歷史意義的夢幻隊時，於一九九二年夏季奧運會，在巴塞隆納如同暴風般橫掃其他球隊。穆林也與哈德威（Tim Hardaway）和里奇蒙（Mitch Richmond）組成了勇士隊「Run TMC」三人組的骨幹，打出了具感染力、快節奏的球風。以致命長距離跳投與代表性的小平頭聞名的穆林，於二〇〇一年退休時，已在運動史上穩固了自己的地位。

金州勇士於二〇〇二－〇三年球季雇用穆林擔任特別助理。在行政部門工作幾年後，他於二〇〇九年時遭解雇，這件事發生在時任球隊總裁羅威爾在艾利斯發生電動自行車意外後公開責備他，並立即解除他的決策權後一年。以穆林曾經在金州勇士隊效力多年的資歷，這樣的結局令人傷心也不得體。在拉各布心中，這個晚上是嘗試要歡迎穆林回到勇士隊懷抱，爲這支球隊緬懷其隊史上比較好的部分。

不過現在的管理團隊，在灣區當地人眼中，看起來就跟科漢與他下的命令一樣漏洞百出，舉措失當。球員交易失利，輸球的日子看不見盡頭。球迷正在尋覓某個出口，找尋機會讓他們不斷增長的集體焦慮有個發聲機會。

球隊管理部門策畫了一場精心呈現的中場紀念儀式，拉各布先發言，再按照計畫進行。有許多勇士隊過去的傳奇人物坐在球場中央擔任與會嘉賓：里奇蒙、哈德威、名人堂球員瑟蒙德（Nate Thurmond）、爲勇士隊拿下總冠軍的教練阿特斯等人。穆林的球衣在一段接近二十分鐘的演講、趣聞與回憶後，將會被高掛在球館屋樑上。拉各布走上球場前，聽到球迷對上方大螢幕NBA總裁史騰爲穆林預錄的祝賀影片報以噓聲。

拉各布還沒拿到麥克風就被噓了。他站在那裡，尷尬地過了幾秒鐘，擁抱穆林，然後站在球場中央，試著讓自己在憤怒的喧囂中靜下心來。做爲一名創投業者，拉各布的核心教條中，有一項是「**永遠得要有個減輕風險的備用行動方針：如果這樣做錯了，我該怎麼做？**」不過不意外地，球迷仍持續發出嘲諷揶揄的聲音。波格特嚇呆了，與穆林曾在聖約翰大學並肩作戰兩個球季的傑克森也嚇傻了。勒夫跟灰狼隊的隊友一起站在球場角落，這時只能笑了。當地媒體心中馬上浮現過去的一幕來與現在的情況比較，就是二〇〇〇年NBA全明星賽期間，科漢被噓下球場的景象。拉各布也忘了職業運動球隊擁有者的基本規則，也就是匹茲堡鋼人（Pittsburgh Steelers）老闆魯尼（Dan Rooney）所說的一句話：「說得越少，過得越好。」

穆林往前走，拿著麥克風。「我能理解，」跟球迷說話前，他先這樣跟拉各布說。

「身為NBA最棒的球迷，」穆林用他低沉的紐約腔說道，「正如大家所說的，有時改變是無可避免的，而且它會良好地運作。在大家的支持與耐心，以及將熱情放在正確的方向上時，事情就會朝正確的方向前進。我對喬、傑克森抱持著莫大信心，一切都將運作良好。只要付出點耐心，善用這份熱情吧！」

不過就在穆林這個白臉無法讓不受控的群眾冷靜下來時，責任就落在帶領金州勇士隊拿下一九七五年總冠軍，從未羞於表達自己想法，脾氣暴躁的名人堂成員貝瑞這個黑臉身上了。「大家給我幾秒鐘！你們這些球迷啊，是世界上最棒的球迷！」貝瑞大喊，「表現出一點格調好嗎，我花了好些時間跟這個人聊過了，他正在改變這支球隊。」噓聲並未停止。「說實在地，這樣實在瘋狂。別這樣！你們是在幫倒忙，所有美妙的讚譽都在告訴各位，你們要怎麼樣對待這個人，他為了扭轉這支球隊，花自己的錢，盡可能做到最好，而我知道他會繼續這樣做。所以給他一點他應得的尊重。」拉各布被貶低得一無是處，這時就算是最喜歡挑釁的勇士球迷，也必定能湧現些許同情。

拉各布吃力地念了一些他準備好的講稿，當他讀著筆記小卡上的文字時，可看到他的手不時顫抖，而穆林的球衣也終於出現在大家眼前。電影《天生好手》的主旋律在場館中迴盪。拉各布跟穆林與他的家人挽著手臂站在一起，一陣尷尬，在很長一段時間，這晚的景象，為這支球隊為數眾多的難堪時刻，又增添了一筆。

下半場剛開打，回到他在場邊的座位後拉各布一直待到這場比賽令人沮喪地以九十七比九十三落敗後才離開。賽後他跟媒體談話，並承認說顯然這樣的時刻令人感到遺憾，不過這不能拍板定案他身為勇士隊擁有者的功績。「我不會因為少數噓聲而失望，」他說，「贏球能解決一切問題。」拉各布知道他犯下了重大的計算錯誤，不過以他身為一名長期季票持有人的立場來看，他很清楚為何球迷會有這樣的舉動。他知道球隊打得很糟糕時，球迷會怎麼樣發自內心痛恨球隊擁有者。拉各布甚至也痛恨這個字眼：擁有者。對他而言，這個字眼喚起了他對美國南方大農場的印象。那天晚上，他一一回覆塞爆他電子信箱的四百封信。隔天，拉各布在廣播電台KNBR上說，他也會噓自己。

艾利斯被交易掉後，湯普森成長茁壯，終於能夠展現他多樣化的籃球技巧。他這個球季前三十八場比賽只有一場先發，其餘時間皆從板凳出發，平均十七分鐘的出賽時間內只有七次出手機會，拿下八分。艾利斯離開後湯普森被排入先發陣容，出賽二十八場，每場平均出手十六次，拿下近十九分。他的每場三分球命中數從一．三上升至二．一。李的平均得分也躍升至二十二．一分，增加了三分有餘。不過勇士隊剩下的殘破陣容，拿不出足夠的攻擊力來與人競爭。**艾利斯被交易出去後，他們在剩下的二十八場比賽中只贏了六場，且連續五年未能打入季後賽。**

就在這個折磨人的球季接近尾聲時，球隊把目光堅定地朝向一個看似不太眞實的未來。拉各布等不及要行動了。球季結束前兩天，拉各布調動了賴瑞的職務，賴瑞曾主導選進柯瑞與湯普森，並精心策畫了波格特的交易，現在他成了球探部總監，邁爾斯則升任總經理。當時才三十七歲的邁爾斯，成爲NBA第二年輕的總經理，他只有一年的高階主管經驗，不過對拉各布來說這並不重要，他在雇用員工時的標準爲，**那個人選不用很有經驗，但要有十足的潛力**。就邁爾斯來說，拉各布從他身上看到了一種氣質，就是與生俱來的外交手腕，這項特質在達成交易，以及在勇士隊中建立起團隊合作與無私的文化上至關重要。邁爾斯的學習曲線會十分陡峭，而且他沒多少時間慢慢成長了。後來成爲勇士隊史上最重要的一個晚上，也就是二〇一二年選秀會，只剩下兩個月了。

這件事發生前，勇士隊官方在這個地獄般的球季最後，又給了廣大球迷一記重擊。拉各布、古柏、市長艾德．李（Ed Lee）、副州長紐森（Gavin Newsom）、NBA總裁史騰、威斯特、傑克森、李與當地賢達聚集在舊金山內河碼頭臨時搭建的講台上，正式宣布在三十與三十二號碼頭搭建一座一萬九千平方呎豪華體育館的計畫，並預計在二〇一七—一八年球季將球隊搬到灣區的另一頭。儘管此計畫需耗資五億美元，但將全數由球隊買單。

在奧克蘭待了四十載，現在勇士隊因搬遷一事陷入困境。

拉各布發表了六分鐘的談話，並說明一些細節，不過也公開承認這次搬遷行動時間如此緊迫有其必要，目前奧克蘭場館的租約只到二〇一七年，而勇士隊與舊金山市長手下官員已就其中細節商討了五個月。他很感謝支持勇士隊四十餘年的奧克蘭民衆，接著解釋球隊的球迷圈散布在奧克蘭至東灣以及住在舊金山、北灣與下半島（lower peninsula，矽谷與大多數科技大廠所在地）之間。

「大家不明白的地方在於，事實上，我們的球迷組成是眞正的五〇％—五〇％，」拉各布說，「我們不會常常公布這項資訊，不過就是五〇％—五〇％……所以我們是灣區的籃球隊，我們也是這麼想的。從長期來看，我們得找到能夠服務大多數球迷的最佳地點。」

拉各布預計這棟建築會成爲NBA的珍寶，在接下來的數十載，能成爲定義勇士隊傳奇的標的。「我們打算要蓋一棟全國最壯觀……讓所有灣區居民都能引以爲傲的場館。」他說。

「這會是一座眞正明顯具有代表性的建築，」——拉各布將手沿著這片土地揮了一圈，而奧克蘭是這片土地背後遙遠、模糊的背景——「沒有比這更好的做法了。」

CHAPTER 5
傑克森的人馬

2012—2013球季

比賽當天早上，傑克森準備向他的教練團隊提出一個瘋狂想法。

二〇一二年五月三十日早晨，邁爾斯坐在紐約中央公園數千張綠色板凳其中一張，口袋裡放滿幸運符，並爲他無法控制的種種事項感到緊張無比。

此刻正在時代廣場舉行，並在ESPN黃金時段播放的NBA選秀會，正常來說是個低調的活動。唯一具戲劇性的地方，就是弄清楚哪個球隊的乒乓球（幾分鐘前在密室中抽出）會成爲狀元籤。當然，這個程序對戰績最差的球隊有利，獲得狀元籤的機率最高。二〇一一—一二年球季戰績最差的夏洛特山貓隊，有二五％的機率把狀元籤帶回家。華盛頓巫師隊有大約二〇％的機率。去年用狀元籤選入厄文的克里夫蘭騎士隊有一三．八％的機會，紐奧良黃蜂隊以一三．七％的機率緊跟在後。

排在名單後段的勇士隊，拿到狀元籤的機率只有三．六％，自從他們在一九九五年用狀元籤選進已被遺忘的史密斯（Joe Smith）後，就再也沒拿過狀元籤。

金州勇士比較可能遇到的狀況（實際上是六〇%），就是維持在第七順位籤，不過這個可能性背後有個故事，而這或許也是邁爾斯的幸運符在冥冥中起了作用的緣故。

這一連串的事件要從四年前開始說起，二〇〇八年七月二十二日，當時勇士隊急著要補上戴維斯以自由球員身分加盟洛杉磯快艇隊後的控球後衛缺。身處一支只拿下四十八勝的球隊中，穆林仍然認爲球隊距離與西區強隊一拚的實力，只有一兩名球員之遙，因此奮力一搏，將有附帶條件的第一輪選秀籤拿去與紐澤西籃網隊交易來威廉斯（Marcus Williams）這名只有二十二歲，且有可能在尼爾森體系下拿出爆發性表現的球員。不過這次交易從一開始就是場災難，球季還沒打完，威廉斯就被裁掉了。

儘管威廉斯沒打出成績，勇士隊二〇一一年的第一輪選秀籤現在還是在籃網隊手上，不過只有在順位落在前十四順位之外，也就是進入樂透區的話就不算（譯注：只有前十四順位，也就是戰績最差的十四支隊伍需要以樂透方式抽選，十四順位以外則直接按照戰績排序）。如果金州勇士隊糟糕到沒進入季後賽，進入樂透區，這支籤就順延到二〇一二年，不過有前十一順位保護。如果這支籤落在前十一順位，那就再順延到二〇一三年變成前十順位保護。如果還是沒能兌現，勇士隊就要送出二〇一三與二〇一五年的第二輪選秀籤。

二〇〇九年九月，賴瑞害怕失去可能會到手的高順位選秀籤，自行與籃網隊做了一個後來證明幾乎是個大災難的交易。他說服紐澤西把選秀籤往後挪一年，延到二〇一二。做爲回報，勇士隊贈送一支二〇一一年第二輪選秀籤。現在二〇一二年那支第一輪選秀籤的保護條件只到第七順位，到了二〇一三年，會是第六順位保護，如果沒達成，再延到二〇一四年。如果勇士隊還是差到留在前六順位，就會送出二〇一四與二〇一六年的第二輪選秀籤。

二〇一一年勇士抽到第十一順位，雖然賴瑞無法預測未來，但這代表這次他們不會失去這支籤，也用這支籤選了湯普森。現在勇士隊在二〇一二年得要抽到第七順位或更好的籤，不然爵士隊（於二〇一一年二月，在德隆·威廉斯的交易中獲得這支籤）就會奪走它，從這個長達四年，錯綜複雜的混亂交易中得利。最好的辦法就是至少以聯盟前四差的戰績結束這個球季，因爲這樣就不可能會掉到第三順位以外的籤位了。

不過要以合理機率獲得第七順位以上的籤，金州勇士至少得以聯盟倒數第七糟的戰績做結。

這裡的問題在於：勇士隊的表現比大家預料得要更好。三月十三日，距離球季結束還有六個星期，金州勇士的戰績是十八勝二十一負，還沒差到足以拿下倒數第七，而這個球季因爲封館而縮水到六十六場比賽，從兩個方面嚴重打亂了勇士隊的算盤。首先，比賽場數減少，意味著球隊戰績的波動與起伏更加劇烈，打出一波連勝（或連敗）會比以往打八十二場的球季要更能決定最後的戰績排名。再者，二〇一一年封館事件本質上迫使許多頂級大學球星在學校多待一年以避免

NBA曖昧不明的勞動情勢，於是二〇一二年選秀的深度一般預料會比往常更高。這支第七順位籤也更有價值。

這支籤得要留下才行。

於是，勇士隊開始輸球——輸個不停。

在穆林的球衣退休儀式以及當晚在球場中央發生的一切事情結束後，是一次四連敗，接著是六連敗，再來又一次八連敗。到了這個球季最後一場比賽，在主場對上聖安東尼奧馬刺隊，勇士隊得要輸球，同時希望多倫多暴龍隊在主場面對籃網隊時贏得比賽。這樣會讓兩隊都是二十三勝四十三負。用丟銅板決定一切，看誰確定會得到第七順位樂透籤。猜對的人有七二%的機率達到第七順位以上的籤；猜錯的話，就有七二%的機率低於第七順位，而這也意味著失去這支籤。

以殘破的二線陣容，其中包含讓湯普森擔任得分後衛，搭配萊特、泰勒（Jeremy Tyler）、格拉德尼斯（Mickell Gladness）與詹金斯先發出場，加上僅僅只有兩名板凳球員的情況下，金州勇士以一〇七比一〇一敗給了聖安東尼奧，保住了這次交易的一線生機。最後二十七場比賽輸掉二十二場，在很長的一段時間裡，都是球隊在故意輸球時能打出的最糟表現。同時，暴龍隊在三個小時前，就以三十一分之差壓倒性地擊敗了倒楣的籃網隊，決定了勇士隊的命運。

隔天下午，曼哈頓NBA總部內部擲了一次銅板。勇士隊贏得第七順位選秀籤。

不過那逗留不散的二八%機會仍像烏雲般在邁爾斯身邊纏繞著，唯一散去的方法，就是看著副總裁席佛打開那個滑稽的大信封，希望會是最好的結果。席佛從第十四順位開始一路進行下去。到了第八順位時，席佛拉出了暴龍隊的標誌，勇士隊鬆了口氣。幾秒鐘後，宣布勇士隊是第七順位選秀的隊伍。

邁爾斯露出笑容、喘了口氣，並對站在後台的球隊人員眨了眨眼。他上一任總經理在沒多久前用第七順位籤選了柯瑞，所以用這支籤選進另一個改變球隊的天才，似乎不是不可能發生的事。

勇士隊在二〇一二年選秀會上握有四支籤。拉各布最早頒布的命令中，其中一項就是停止把這種資產交易出去。他們會透過策略性交易（像是用艾利斯去交易來波格特）以及選秀來重建。他們不顧一切留下了手上的第七順位籤，不過他們還有另一支第一輪最後一個順位，三十號選秀籤，這支籤是在三月十五日把傑克森送到聖安東尼奧時得到的。他們還有一支第二輪，排在第三十五順位的籤，會有這支籤要回溯到二〇一一年二月，當時他們把之前的樂透新秀萊特交易到籃網隊時得到的（這個籤則是在二〇〇八年用理察森交易來的）。最後還有一支籤，第二輪後段，第五十二順位籤，不過要在這個順位挑到能展現出長期價值的球員，希望渺茫。

所以勇士隊在這個擁有不尋常深度的選秀會中，擁有三個前三十五順位的選秀籤。他們已經擁有柯瑞和湯普森兩名年輕的狙擊手，一個正統大前鋒李，一個恢復中的波格特……就沒剩什麼了。邁爾斯的目標是盡可能從這三個選秀籤中得到預期的收獲，他想要球隊第一的那種高心理素質球員；他想要找出有天分但其他球隊忽略掉的球員；他想要有能力在傑克森的快節奏體系中成為防守悍將的球員。拉各布已經叨唸防守和籃板將近兩個球季，是時候履行他的要求了。

勇士隊智囊團已經鎖定特定對象，但一切端看前面順位挑選了哪些球員。第七順位不保證會選到哪名球員，不過一般預料前三順位會是紐奧良選戴維斯（Anthony Davis）、夏洛特選基德吉爾克里斯特（Michael Kidd-Gilchrist），以及華盛頓選畢爾（Bradley Beal）。

接下來選秀會官網上最棒的球員是哈里森．巴恩斯，北卡大學六呎八（約二〇三公分）吋的小前鋒，一直以來他都被炒作成不只具有體能天賦，在大學這幾年也展現出他的籃球智慧。選秀會前兩個月，《大西洋雜誌》有篇吹捧他的文章中寫道，「大家視他為比爾．布萊德雷（Bill Bradley）後，大學籃球界中最有大腦的球星，不過布萊德雷把他的分析能力奉獻在球場與學術上，巴恩斯還多了第三種興趣：籃球事業。」（譯注：比爾．布萊德雷曾入選一九六四年米蘭奧運籃球代表隊並拿下冠軍、一九七〇與七三年兩度替紐約尼克隊拿下總冠軍，七三年入選全明星賽，一九七八年退休隨即從政，代表民主黨贏得紐澤西州聯邦參議員，二〇〇〇年參選民主黨黨內總統候選人，最後敗給高爾）。對於現在那種經常且即時維持自己形象遠比過去重要的新興職業運動員來說，巴恩斯就像是柏拉圖式的理想球員典型。「你待在大學的時間越長，」他對《大西洋雜誌》說，「就越能把自己這個品牌建立起來。」這個部分吸引了拉各布，不過他的運動能力與能防守多個位置的優勢，讓他對於許多球隊來說，都是不用思考的好選擇。

不過騎士隊選了維特斯（Dion Waiters）這個來自雪城大學，以活力十足，並善於替自己製造投籃機會著稱的得分後衛，跌破所有人的眼鏡。即使選秀會官網上一致認爲，在巴恩斯於第四順位被騎士隊選走後，維特斯會掉到第七順位被勇士隊選中，但陣中擁有柯瑞與湯普森的勇士隊，不太需要這種類型的球員。在維特斯以比預期更高的順位被選中後，沙加緬度用第五順位籤選了堪薩斯大學的大前鋒羅賓森（Thomas Robinson），波特蘭則用第六順位籤挑了韋伯州立大學的控球後衛里拉德（Damian Lillard）。這代表巴恩斯落到了勇士隊的第七順位籤，現在勇士隊有了新的先發小前鋒了。

* * *

第三十順位籤，這個籤位仍有希望找到一名即使不是突出的先發，也可能是個好的替補球員，邁爾斯選了范德比大學六呎十一吋（約二一〇公分）的大四中鋒，以臂展接近七呎四吋（約二二三公分）而自負的艾澤里（Festus Ezeli）。艾澤里得分能力不佳，且罰球十分糟糕，不過是個籃板能手，特別是在進攻籃板的爭搶上更是優異，且擁有優秀的禁區防守能力。現年二十二歲的他，有著在第一輪選秀球員身上看不到的體能成熟度。等到波格特再次康復後，球隊希望艾澤里能成爲有能力支援波格特的替補中鋒。

再往下五個順位，雖然當時大家並沒料到，但勇士隊做了隊史少有的關鍵選秀球員選擇。邁爾斯只知道這次選中的球員，以第三十五順位來說是物超所值的球員，不過他選擇這名來自密西根州立大學，叫做格林（Draymond Green）的小號大前鋒，簡直可說是神操作，這名球員是有紀錄以來最優秀的第二輪選秀球員之一。

身爲大學籃球傳統強隊的一員，格林是個有實力但不太受人注意的球員。大學時共出賽一百四十五場，但先發次數不到一半，平均得分十．五分、七．六籃板與二．九助攻，三分球命中率則是三六．一％。不過大四球季，他能拿下平均十六分與十個籃板，這年斯巴達人隊贏得大十區錦標賽，並以地區第一種子身分進入甜蜜十六強。他的大學生涯曾在NCAA錦標賽中兩度拿下大三元；只有奧斯卡．羅伯森（四次）與他密西根州大的大學長魔術強森（三次）拿過比他多次。美國國家籃球教練協會（The National Association of Basketball Coaches）將格林選爲NCAA第一級大學最佳球員。

以NBA體測時量得的六呎七吋身高（約二〇一公分）與兩百三十五磅體重（約一〇七公斤）來估算，格林比一般大前鋒要矮，但比小前鋒平均體重要壯。他擁有優異的中距離跳投能力，且有可能將射程延展至NBA的三分線外。無論在場上或場下，格林總是熱情四射、充滿能量、喜怒無常且口出驚人。他一舉一動都流露著自信，還會跟老將一樣講垃圾話。選秀前的一次專訪中，格林說他的打法是跟「老派的查爾斯．巴克利學的。」他身上甚至還有一點點金州勇士隊的DNA，大學時他身穿二十三號球衣，是為了向前勇士人（也同為密西根州薩基諾市人）傑森．理察森致敬。

不過大家都不太確定格林可能會落到那個順位。儘管被選入全美第一隊，所有選秀預測單位都沒把他放在樂透區。大家對他在NBA解讀比賽的能力、運動能力、在球隊中的價值存疑。樂透區得是選秀中確實被大家抱以期待的球員，而格林在大四球季的爆發性表現並未說服聯盟的球隊。NBA.com 預測他會在第二十七順位被冠軍隊邁阿密熱火隊選中，《運動畫刊》則說他會在第二十六順位被印第安那選中。不過格林很清楚他在金州勇士隊試訓時表現良好。他認為在最壞的情況下，勇士隊也會用第三十順位籤選他，給予他在第一輪被選中的榮譽。不過，他仍因為眼前的不確定性而有著沉重壓力。選秀前一晚他幾乎徹夜未眠。選秀當天也忘了吃早餐和午餐，把心思全都放在幾個小時後那即將改變人生的事件。在薩基諾市舉辦的一場邀請格林一百多名朋友與家人的選秀派對中，隨著時間流逝，他的名字卻一直沒被唱名，他的焦慮漸增。

勇士隊認為他們得在第三十順位選到一位眞正的中鋒，無論他們有多看好格林，對他們而言，艾澤里是個不用考慮的好選擇。他們另外考量到的地方是，既然格林完全掉出第一輪，他們也在計算風險後，希望到了第三十五順位時他還在。格林能夠打大小前鋒且能無縫轉換位置的多樣性，是新生代的勇士隊十分看好的特質。NBA本身的趨勢也朝向場上位置定位越來越模糊不清的方向，而格林擁有的這份特質，十分適合這種逐漸成為顯學的打法。

在格林的部分，他認爲金州勇士隊完全符合他的條件。他強烈地想在傑克森麾下打球，並幫助勇士隊成長。而他也擁有動力，要讓其他二十九支球隊看看，跳過他是多麼遺憾的事情。格林只需要一通電話，知道他接下來要前往何處。

最後，副總裁席佛在第三十五順位時叫到他的名字。薩基諾的派對上歡聲震天。格林要橫跨全國，前往另一頭的奧克蘭。

「我得到機會了，」那天晚上格林說道，看起來鬆了口氣的感覺多於興高采烈。「這不是在說去哪隊或是哪個順位，是合不合適。我認爲金州勇士會是非常適合我的地方。」

二〇一二年春天，醫師菲爾蓋爾（Richard Ferkel）將勇士隊的未來掌握在手中。還是兩次。

第一次是發生在四月二十三日星期三，他替柯瑞做了一次關節鏡手術，檢查柯瑞右腳踝的狀況。柯瑞徵詢了三名不同醫師後，才跟他的家人、球隊人員與經紀人一起下定決心，最好的選項是進入腳踝內部，檢查問題癥結。他的腳踝跟腱有可能要完整重建。一年前在夏洛特動了一次手術，但沒能讓他保持健康，所以菲爾蓋爾會劃出一個切口，用迷你鏡頭窺探內部，看看能怎麼處理。完成後得到了好消息，這個區域只需要進行清創，而柯瑞可能只需要三個月，最多四個月就可以重回球場。

兩天後，菲爾蓋爾替波格特的左腳踝開刀，這次手術對勇士隊決策人員來說，應該沒有什麼太大壓力。這次的計畫是讓菲爾蓋爾替他清除一些骨刺，可能也會清除一些疤痕組織，這樣波格特就能在三個月左右回歸。這意味著錯過倫敦夏季奧運，波格特過去兩屆奧運都代表祖國澳洲出賽，不過所有外在跡象都顯示，勇士隊在春天時收購進來的這名重要球員，會在秋天訓練營開始時就做好萬全準備。

勇士隊在選入三名卓越新秀，而柯瑞與波格特也傷癒復原後，已經準備好在二〇一二—一三年球季更進一步，在經營面，球團也開始有了模樣。球隊總裁威爾茨正在進行舊金山體育館的提案。邁爾斯則是正在學習當個總經理。

在幕後，拉各布的兒子柯克正在監督科技與分析團隊的組成事宜。他父親買下勇士隊時，所有NBA球隊都使用StatsCube這個由聯盟研發的專利數據資料庫。不過這個可回溯至一九九六—九七年球季每一次攻守數據的系統，到二〇一一年四月才公開。至少在當時，金州勇士已經在甲骨文球場安裝了SportVU系統，並收集了大量資訊。到了這時，已過了一年多，勇士隊收集到第一個完整球季的專屬數據，不過他們仍試著要弄清楚怎麼樣把這些數據整合到比賽場上。

還有很多新的科技，透過這些數據持續在推動。他們發展出自己的內部效率指標。他們與一間叫做運動員性向測驗（Sports Aptitude）的公司合作，產生了球員側寫檔案（名爲「BBIQ」），從一到十的範圍內評估球員十項不同的個性準則。項目範圍包含了從「心理韌性」「內在動機」，到「領導潛能」和「影響與存在感」等。柯克認爲這個根據回答一百八十五道題目所獲得的答案，能使他們在評估球員精神狀態時獲得一個寶貴方向，很快地，球隊在獲取球員時，都會先諮詢BBIQ資料庫。

勇士隊也是協同運動（Synergy Sports）公司的客戶，這間公司將比賽影片與比賽後設數據結合，讓球隊可以用新的方式搜尋並分析比賽片段。他們還和一間叫做MOCAP Analytics的公司簽約，這間公司是由加州理工學院的一個團隊，以及柯克朋友的朋友，一群史丹佛大學工程師組成的團隊所營運的（柯克也是史丹佛大學校友）。MOCAP能把SportVU的原始數據（可能是數百萬欄難以處理的試算表欄位），轉換爲熱區圖（heat maps）、比賽內容視覺化，與其他能讓不習慣這種呈現方式的教練與球員縮短學習曲線。這全都建立在柯克的父親與高階管理團隊承諾讓他建立數據分析事項的基礎上。「我們有一個眞正願意購入這些東西，且給我們時間發展的擁有人集團。」柯克在二〇一二年九月某個運動分析研討會上這樣說道，「他們說，『我們不在意你們能不能在兩年內弄懂這些東西。繼續做下去，找出解決方案，找出讓這些東西有用的方法，幫助我們變得更好。』」

勇士隊現在能夠收集到評估球員潛在效率的戰術，看看球員能否從比賽開始到結束，都能維持漂亮的投籃，以及其他種種狀況。正如拉各布對球迷說的，「我們得要讓這些資訊對我們有用處，接著是對其他行政人員以及教練團有用，看看這樣做能否對球隊長期發展帶來某些衝擊與影響。」

最終，SportVU系統會形成一種數據化追蹤系統的骨幹，而這將會重新形塑整個聯盟在籃球

戰術與策略的設計。進入二〇一二—一三年球季時，勇士隊仍然試著要弄清楚怎麼使用他們得到的數據，不過他們知道自己肩負著盡快靠自己搞懂這些數據的責任。金州勇士隊的決策者很清楚，他們和其他先跟SportVU簽約的球隊不同，沒有妄想公司內有誰可以駕馭這個系統。他們的看法是，SportVU越快普及到每支球隊，大家就越快有完整的數據組可使用。這意味著**要雇用知道如何解析這些數據，以及如何把資料提供給教練，讓教練能在過濾後傳達給球員的人**。

對於柯克來說，有個最符合上列那段敘述的人。拉各布買下勇士隊時，這支球隊在發展聯盟也擁有一支球隊，就跟大聯盟球隊與其下屬小聯盟之間的關係一樣。有些NBA球隊擁有發展聯盟的球隊；有些只是某支球隊合作，且通常是因爲地利之便才合作的，像金州勇士隊與雷諾大角羊（Reno Bighorns），這支球隊位於奧克蘭鬧區，沿著八十號洲際公路往東北方開四個小時的地方。柯瑞就是在雷諾與剛雇用的球隊分析師傑爾范德（Sammy Gelfand）會面的，他與電影《魔球》裡希爾（Jonah Hill）的角色極爲相似。傑爾范德還需要五年才能從喬治華盛頓大學拿到兩個大學學位（歷史與政治科學），以及在喬治城大學拿到運動產業管理碩士學位。他先是在大聯盟華盛頓國民隊的媒體關係部門實習，接著又到八方環球（Octagon）公司，這也是柯瑞的經紀公司。後來他又在二〇一〇年十月，也就是柯克接任勇士隊籃球營運部門總監的同一時間，被大角羊雇用。柯克與傑爾范德在雷諾會面，在會面過程中，柯克對傑爾范德的知識與舉手投足留下深刻印象。

一年後，金州勇士付出近兩百萬美元買了一支自己的發展聯盟球隊，位於北達科他州俾斯麥的達科他巫師隊（Dakota Wizards）。當時只有四支NBA球隊實際上擁有並營運自己的發展聯盟附屬球隊，不過勇士隊把這件事視爲培養從其他管道進入他們體系的年輕球員的低成本投資（同時也能加強金州勇士在灣區的品牌知名度）。柯克兼任達科他隊的總經理，傑爾范德是他第一個雇用的人。柯克需要一個人來擔任教練團與行政部門之間的協調者，而傑爾范德證明了他比柯克想像得要更有能力。於是隔年邁爾斯升任總經理，球隊開始爲二〇一二年選秀做準備時，傑爾范德被借調去擔任特別助理。沒過多久，勇士隊將達科他巫師隊搬移至奧克蘭南方九十分鐘車程距離的衝浪之國北加州，並將球隊更名爲聖誕勇士隊（Santa Cruz Warriors）。傑爾范德升任聖誕勇士隊的球員人事總監，不過對他而言，調回奧克蘭並在那裡落腳只是遲早的事（特別是在柯克升職爲勇士隊總經理特助後）。

不過勇士隊還不需要傑爾范德立刻加入團隊，因爲他們雖然已經搞懂一些地方了，但還不是完全確定怎樣以最好的方式展現他們在分析上的優勢。首先是波格特，當他健康時，能提供球隊渴望的防守與籃板。第二是柯瑞和湯普森能夠形成致命進攻威脅的骨幹。最後，整體進攻上要仰賴三分球，要投得夠多且夠有效率。有鑑於長距離兩分球（像是二十二呎跳投）與三分球（在弧頂，距離二十四呎）的命中率實際上是相同的，**如果刻意往後站投三分球，而非在原地投兩分**

球，投出這顆球的報酬會比較高。

而這意味著柯瑞對勇士隊未來的重要性，或許除了七〇年代時的貝瑞外，再也沒有其他球員可比擬。不過其中還有待解的難題。柯瑞剛動完腳踝手術。然而更急迫的問題在於，他的新秀合約即將到期，勇士隊想用延長合約留住他，不過他們要簽下來的，是什麼樣的球員呢？柯瑞展現出大學超級球星的亮眼身手，讓勇士隊用第七順位籤選了他，而這名犀利的射手，也曾讓鳳凰城與紐約隊公開表示對他的垂涎。然而，他的膝蓋撐得過一整個球季嗎？他在十月十九日的熱身賽中已經扭傷右腳踝，剩下兩場表演賽只能壁上觀。開幕戰將於萬聖節開打，而當天午夜也是延長合約截止期限，柯瑞的命運，以及他在勇士隊未來版圖中的角色仍然成謎。

最後，就在截止期限前幾個小時，邁爾斯和奧斯丁達成了一個雙方都覺得公平的協議，四年總計四千四百萬美元的合約。那個時候，給一名還沒證明自己能在八十二場比賽中拿出菁英級表現的球員來說，給他平均一年一千一百萬美元看似一場賭注，但假使柯瑞保持健康，且拿出球隊在二〇〇九年選他時期待他拿出的表現，這個合約對勇士隊來說就是個意外的收穫。

對柯瑞而言，無論他的腳踝能不能保持健康，四千四百萬這個數字都沒什麼好挑剔的。這個金額比他父親十六年球員生涯所賺到的錢要多兩倍，且NBA中只有七名控球後衛的薪水比他高。「如果你觀察跟我同年選秀進來的球員，或是其他數據跟我差不多的球員，」柯瑞對記者說，「我拿的錢可能比他們低，不過其實我沒有很在意這件事情。我是可能拿得少了，但我只是不想成為那種領到不符身價高薪的球員。」談判期間，柯瑞不斷想起他父親灌輸他的一句話：不要吃碗內看碗外。

那天在場上，柯瑞似乎不在狀況內，前十球都沒投進，到最後幾分鐘才投進幾個重要的跳投。他甚至在比賽結束前五秒鐘沒投進兩顆本來可以底定勝負的罰球，不過勇士隊最後仍以八十七比八十五竭力保住勝利。柯瑞投十四球只進兩球，整場比賽只拿下五分，三分球六投盡墨。

「這只是一場比賽罷了，」贏球後柯瑞說道，「不過這真是個瘋狂的一天。」

更鼓舞金州勇士隊士氣的部分，就是季賽開打時波格特終於穿上球衣，準備好上場了。開幕戰他打了將近十九分鐘，得了八分，抓下六個籃板。勇士隊前五場比賽，波格特先發了四場，但接著他的腳踝又受傷了。接下來九場比賽他都休戰，而金州勇士隊只贏了其中五場。球隊希望波格特可以在感恩節後歸隊，不過他在十一月二十七號在當地的廣播節目上承認，疼痛與腫脹尚未消去。「現在我真的沒有確定的回歸時間表，」他說，「這令我無比沮喪。現在只能慢慢治療與復健，而人們有諸多猜測……所以我沒有對所有媒體報導的消息做回應，我只是努力養傷，好能上場。」

那天稍晚練習時，波格特提到，雖然尚未完全康復，但他給自己在開幕戰出場的壓力。「我想在球季的第一場比賽出場，」他告訴媒體，「我的職業生涯從未缺席開幕賽，我也不想缺席任何一場。在這件事上我可能有點笨，但對我的精神狀態而言，我得知道自己的狀況如何。如果我一場比賽都沒打，現在一定還在後悔。」

那天晚上，勇士隊隨隊記者湯普森二世（Marcus Thompson II）爆料指出，波格特的手術不只是例行性的清創，實際上是進行了一種微骨折手術，狀況比預期嚴重許多，需要超過一年的復原期，職業生涯可能會因此結束。隔天早上，波格特與邁爾斯一起面對媒體，解釋這幾個月以來發生的事。

不久前，波格特透過球隊發表聲明。「我們再也不想愚弄任何人了，」他說，「我們不想一直創造些許的興奮消息，像是『嘿，星期六波格特可能會上場。可能是星期一。』」波格特對於不斷的挫折，對於總是調整可能歸隊的時間感到沮喪。他否認球隊對他施加壓力，要他早點歸隊，不過波格特對於繞著預測他實際歸隊時間這個話題打轉感到厭煩。「夠了。這對我個人以及球隊都造成傷害，」他補充道。「我們今天早上就提到了這件事，而我說，『直到我準備好以前，就當成歸隊時間未定吧。』沒有理由在這裡硬是丟出一個時間。」

邁爾斯嘗試要緩和現場氣氛。「任何傷勢，我都不認爲其中有任何騙局或疏忽的成分，」他對台下鼓譟的媒體說，「我們要傳達的是，我們認爲這樣做是適當的決定。只要我們和球員在規範上，把重點放在復原時間上等事項擁有共識，我想我們之間的溝通完全是透明暢通的，而且永遠如此。」

這是勇士隊在波格特—艾利斯交易案發生後立即嘗試採取的做法，當時他們在獲得波格特後兩個星期，舉行一場以季票持有者爲對象的電話會議。爲了消除每年會撒下數千美元的長期球迷的顧慮，賴瑞和波格特本人親自一一打電話，讓每個接到電話的球迷都留下這個澳洲大個子對球隊的成功至關重要的印象。「我跟艾利斯共事六年了，」賴瑞向一名聖荷西的球迷解釋，「我對他這個人從內到外都十分了解。爲了改變這支隊伍，讓我們在進入下個球季時有成功的機會，在這個情況下我們得要有些動作，並採取能讓球隊獲得長期成功的做法。」

「我想透過讓球隊贏得勝利並挺進季後賽，」賴瑞補充道，「證明我們球隊不只是過去曾經有過長期成功，而是這支球隊就是支長期成功的隊伍。」

波格特的手術於發出聲明後一個月進行，而在這段期間，邁爾斯取代了賴瑞，不過回過頭來看，當初所說的讓這支球隊獲得長期成功的承諾，看起來對這支球隊這幾年的發展來說，注定只是癡心妄想。

在無法平息爭議的情況下，邁爾斯終於屈服了。邁爾斯在勇士隊打完表演賽兩天後公開講話，否認有掩蓋消息的舉動，不過也承認種種不得體的表現完全是可以避免的。「我知道大家認爲這是操作不當與並未適切處理，」他說，「最終，責任都在我身上……我最不想做的，或者說這個組織裡任何人都不想做的，就是欺騙球迷。但事實上就是有些人有被欺騙的感覺，對此我覺得十分過意不去……這是大家的決定，不是某個人自己關起來寫出的劇本……在這種特殊狀況下，對我個人而言，在如何表達此事上，我認爲自己應該可以做得更好。」

從技術上來說，邁爾斯在波格特動手術時擔任的這三天總經理，跟這個事件毫無關連。過去幾個月的誤導是一種非受迫性失誤，這種內部造成的混亂，在科漢／羅威爾時代是極爲常見的現象。

從那天開始，勇士隊便煥然一新。在邁爾斯自承罪狀後幾個小時，金州勇士在主場以一〇六比一〇五險勝丹佛金塊隊，金塊隊伊古達拉在比賽結束前投進的三分球，經檢視重播畫面後判定進球無效，裁判解釋這次投球的狀況爲，當比賽時間歸零時，球尚未離開他的手。「多麼意想不到的結局！」TNT電視台播報員科柯爾大聲喊道。勇士隊全員在球場上激動慶祝，有份報紙寫道，「你會以爲他們是在季後賽贏球了。」

在波格特仍然無法上場的情況下，柯瑞撐起了這支球隊。他在季前賽時持續不斷的腳踝扭傷問題，成了多餘擔憂。柯瑞在勇士隊的前三十六場比賽場場全勤，且平均攻下二十五．五分，三分球進球數已完全超過生涯同一時間點的表現。原因在於他三分球出手數大量增加，從他前三季每場平均出手四．七次，爬升到這個球季的接近七次。即使三分球投球數增加，柯瑞的三分球命中率還是從四四．一％提昇至四六．一％。從聯盟歷史來看，柯瑞比許多NBA偉大的天才射手，像是艾倫、柯爾、米勒、大鳥柏德，甚至他的父親戴爾，都更快成爲致命的三分射手。而勇士隊也因此變成一支更好的隊伍，經歷了開季那段時間後，戰績來到了二十三勝十三負。柯瑞的一百一十三顆三分球，是NBA史上單季前三十六場比賽第三多的數字。在得分、籃板與助攻上，只有詹姆斯與威斯布魯克這三項數據的單場平均總和比他高。

柯瑞與湯普森（每場平均攻下將近十六分）之間的化學作用，明顯到產生一個爆紅關鍵詞。十二月底某場擊敗夏洛特山貓隊的比賽，打到中場時，球隊網站的寫手與負責金州勇士隊社群媒體曝光的威特（Brian Witt），在柯瑞與湯普森於上半場聯手攻進二十五分，投進七顆三分球後，不經意地發了一則推特。威特打完要發的內容後，在底下加了一個主題標籤「#**浪花兄弟**」（#SplashBrothers）。NBA最棒的綽號之一，就此誕生。這個綽號有種讓人想起奧克蘭運動家隊的「霸擊兄弟」（Bash Brothers，麥奎爾〔Mark McGwire〕與坎塞柯〔Jose Canseco〕兩球星，兩人在八〇年代後期主宰了附近的奧克蘭運動家隊）的懷舊感，而勇士隊也催促威特要讓這個綽號更有存在感。**這種琅琅上口的詞彙，在古柏用說故事的方式推動球隊，以獨特且動人的方式宣傳球員的做法上起了完美作用。這便是球團渴望擁有的那種有機式的品牌塑造。**

不過前幾個球季困擾著柯瑞的腳踝扭傷問題，又再度發生了。一月一次比賽前輕鬆的練習，柯瑞在追一顆往界外彈的籃板球時踩到了艾澤里的腳踝。當天晚上對上詹姆斯所率領的衛冕軍邁阿密熱火，少了柯瑞的金州勇士隊創下本季得分新低，以九十二比七十五落敗。幾天後在客場對上聖安東尼奧，柯瑞再次坐壁上觀，勇士隊連九十分都拿不到，再次輸球。

柯瑞在隔天對上紐奧良時歸隊，拿下二十分與七助攻，勇士隊以一一六比一一二拿下勝利。有他在場上，勇士隊就是支截然不同的隊伍，而球隊成功與否，也端看他是否能維持健康。一個月後的二月二十七日，柯瑞打滿四十八分鐘，在麥迪遜廣場一九〇三三位觀眾前，三分球投十三中十一，得到生涯新高的五十四分，這個成績也是二〇〇九年初，柯比在麥迪遜廣場滿臉愁容的球迷面前拿下六十一分後的最高紀錄。

同時，金州勇士隊也因其他球員拿出好表現而獲益。這個球季湯普森每場比賽都以得分後衛先發出場，並在各個方面都證明了把艾利斯交易出去是個好決定。他每場平均上場超過三十五分鐘，平均攻下接近十六分，並投進三顆三分球。而李在金州勇士隊的前五十二比賽中出賽了五十一場，平均拿下十九分與接近十一顆籃板，並被選入全明星賽西區替補名單，這是勇士隊從一九九七年的史普利威爾後，睽違十六年再度有球員入選。巴恩斯完全站穩了先發小前鋒位置，繳出平均九分與四籃板的好表現，雖然這樣的數字還沒達到球隊用第七順位籤選他時的期待，不過他們也不需要他拿出令人驚嘆的表現就是。另一名新秀格林同樣也是如此，他表現得比一般板凳末席的輪替角色球員要好，身爲李的替補，平均略低於四分四籃板。

勇士隊也打出傑克森灌輸他們的韌性。多年來，他們都是對手進補與嘲笑的對象，賽程排到他們時，對方球員總是期待能塡滿他們的進攻數據。傑克森努力一場接一場打破這種惡名。這個典範轉移最好的證據，就是在二月初對上休士頓的比賽，當時勇士隊的防守完全被攻破，讓火箭隊投進了二十三顆三分球，其中前勇士隊球員林書豪貢獻五顆。這平了NBA單一球隊單場比賽投進最多三分球紀錄，而休士頓想獨占這項紀錄。在比賽剩下不到一分鐘，而火箭隊每次進攻肯定都會投三分球的狀況下，傑克森指示球員在火箭隊球員投球前就先犯規，迫使休士頓球員接連站上罰球線。場邊球迷痛罵勇士隊，不過這個戰術奏效了。「我們不會就這樣躺下，」以一四〇比一〇九輸球後，傑克森這樣說，「如果他們試圖創下紀錄，我們也會想辦法阻止。」

而在二月底的一場硬仗，在甲骨文球場對上聖安東尼奧的比賽中，勇士隊靠著一顆三分球在延長賽取得領先。暫停時，傑克森懇求他們不要放棄，以他球員時期的一段回憶爲鑑。「我曾經經歷過你們現在的狀況！」傑克森對著擠在一塊的球員們說道。「當我們努力打到這個程度後，教練叫我下來，換了別人上場。」他拍了拍自己的胸。「這是非常不尊敬我的舉動！你們爭取贏得這場比賽的權力！你們爭取來的！現在，上去把勝利拿下來吧！」馬刺隊傳球入場後過了三秒鐘，湯普森抄下鄧肯（Tim Duncan）的傳球，確保了這場勝利。

三月初，從十月開始幾乎都高掛免戰牌，不過一月和二月看起來已經可以慢慢開始活動的波格特，重回球場成爲球隊固定先發中鋒。在勇士隊已打出三十三勝二十七負的情況下，波格特在球隊最後二十二場比賽中有二十場擔任先發，在平均二十五分鐘的上場時間下繳出五分與八籃板的數據。澳洲人非常熱愛啤酒，但波格特在球季期間戒酒，因爲喝酒會讓他的腳腫脹且抽痛。柯瑞就像是勇士隊內部的變速箱，掌控著比賽節奏，不過波格特則是引擎，提供最原始的力量與體能，讓金州勇士隊增添了與西區列強競爭所需的層次。

勇士隊在球季後段波格特歸隊後打出十四勝八負的戰績，最後以四十七勝三十五負，近五年最佳戰績做結，且足以在近六年來第一次打入季後賽。他們在剩下最後四場比賽時，占到季後賽的一個席次，這要感謝面對明尼蘇達灰狼隊時以十六分之差拿下勝利，而這支球隊也是一年多前拉各布在球場中央被噓時，在場邊偷笑的隊伍。比賽結束後勇士隊全員蹦跳地穿過通道，跑到休息室慶祝，一路上跟警衛和球隊人員擊掌，不過大家的表現都相對低調，看起來甚至有點尷尬，就好像這支球隊眞的不知道在這樣正面的情況下該有什麼反應。

拿下二十四分與十次助攻的柯瑞，坐在休息室裡享受這一刻，看起來像是鬆了一口氣。「從年初時大家對我們的預測來看，」他說，「這絕對是一整個賽季艱苦奮戰後所獲得的成果。」

這個球季，八十二場季賽中柯瑞出賽了七十八場，而且是聯盟最具突破性表現的球星。他的平均得分爲二十二．九分，是名列聯盟第七的好表現，且比他過去得分最高的球季要高了四．三分。每場六．九次助攻（又一個生涯新高數據），排名全NBA第十四名。柯瑞也是NBA罰球命中率第二高的球員，只落後奧克拉荷馬的杜蘭特，同時也在抄截榜上排名第十五。

不過在對上明尼蘇達打入季後賽的關鍵一役後，柯瑞仍爲一項比他累積腳踝扭傷次數更能定義他職業生涯的紀錄而著急。到那時爲止，柯瑞投進了兩百四十九顆三分球，只比艾倫二〇〇五—〇六年球季在西雅圖超音速隊時所創下的單季最高紀錄兩百六十九顆少了一些。柯瑞還剩下四場比賽，要投進二十一顆三分球。

兩天後對上奧克拉荷馬，柯瑞投進三顆，以十九分落敗。隔天對上洛杉磯湖人隊，他十五度出手，九球刷網進籃，整場比賽拿下四十七分。輸掉這兩場比賽後，金州勇士隊以些微之差保住第六種子資格。柯瑞只落後艾倫九顆三分球。

三天後在主場對上聖安東尼奧，柯瑞投進七顆三分球，以十分之差擊敗馬刺隊。這樣一來，柯瑞只要再投進兩顆三分球就能打破紀錄。金州勇士隊需要在球季最後一場，於客場對上波特蘭的比賽中獲勝，才能確保他們第六種子的席次，他們會需要柯瑞在球季的最後一場賽事中徹底展現三分長射能力。

勇士隊贏了，九十九比八十八，且雖然柯瑞在最後一場季賽沒表現出統治力，投十六球只得到十五分，但單一球季三分球命中數的紀錄已經是他的囊中物。第二節進行到一半，柯瑞接到傑克（Jarrett Jack）的傳球，在右翼三分線外直接拔起，投進了他第兩百七十顆三分球。回防時，他做出揮拳慶祝的動作，他在板凳席上的隊友兩手都把後三根手指翹起來。這個晚上柯瑞投進四顆三分球，把單一球季三分球命中數的新紀錄推升到兩百七十二顆。透過柯瑞和他的長程火力，改變全隊的進攻模式，收到的效果遠超過大家的預期。這是球隊有史以來第一次在三分球命中率領先全聯盟。

金州勇士隊現在可以把注意力放在季後賽和接下來的對手，例行賽拿下五十七勝的強大隊伍丹佛金塊隊，他們由前勇士隊總教練卡爾執教，隊上還擁有攻守兩端能力都在NBA名列前茅的伊古達拉。毫無疑問的，這輪系列賽勇士隊是不被看好勝出的一方，不過全隊都很健康，而柯瑞與湯普森的投射能力（湯普森這個球季也投進兩百一十一顆三分球，這個優秀的數字放到過去三個球季都會是領先全聯盟的成績），讓球隊至少可以偷到幾場勝利，有機會打出下剋上的結果。

「對這支隊伍、對擁有者團隊與球隊所有人員和教練團來說，這都是重要的第一步。」保住季後賽席位那場擊敗明尼蘇達隊的比賽當晚，拉各布在距離柯瑞休息室只有幾呎之遙的地方說道。「現在，就讓我們對此寄予重望吧。」

金塊隊是NBA中最面面俱到的球隊之一。他們是聯盟得分最高的球隊，每場比賽平均可拿下一〇六．一分。他們是命中率第五好的球隊，進攻籃板排名第一，助攻第三，抄截第二，火鍋第三。儘管季末時六呎十吋的搖擺人蓋里納利（Danilo Gallinari）因膝蓋韌帶撕裂傷而報銷，金塊隊還是能輕易取分，而這要感謝伊古達拉、二十五歲的控球後衛勞森（Ty Lawson，與柯瑞同年選秀，排在柯瑞後頭的第十一順位）與老將米勒（Andre Miller）。他們也以擁有一群年輕大個子球員爲傲：法瑞德（Kenneth Faried）、麥基（JaVale McGee）、庫佛斯（Kosta Koufos）與莫茲高夫（Timofey Mozgov）。也無怪金塊隊能連續十年打入季後賽，而近九次都是在總教練卡爾的帶領下打進的。

不過金塊隊的缺點也很明顯。他們繳出全聯盟第三多的失誤，三分球命中率在聯盟三十支隊伍中排名第二十五，罰球命中率也是聯盟第三糟，只稍稍超過七成。勇士隊的策略會是盡量讓他們的外圍射手在外頭待命遠離籃下，但在往籃框攻擊時打出對抗性。刻意製造接觸，衝搶籃板，降低他們在進攻籃板上的威脅，並在防守上施加壓力，阻斷他們的傳球路線。對勇士隊的長處關連性最高的部分在於，丹佛金塊讓對手投進了排名第二多的三分球，一場平均被投進八．三顆，比勇士隊每場平均投進的數字還多。這意味如果柯瑞和湯普森（就算其他人也行），能夠從三分線外把球投進，這樣的攻擊方式會對丹佛隊造成極大壓力。

儘管如此，勇士隊缺乏季後賽經驗的問題似乎對他們不利，而金塊隊這一季拿下五十七勝，是該隊自從一九七六年加入NBA後隊史最佳戰績，而且從一月中至今，已在主場拿下二十三連勝。ESPN共十八名籃球專欄作家，在預測這次系列賽結果時無人認為勇士隊會贏。

第一戰打到最後一球才分出勝負。丹佛隊的進攻節奏是全聯盟第二快，不過這場比賽的節奏卻十分緩慢。柯瑞本場比賽前九球盡墨，第二節打完金州勇士只以四十八比四十四領先，不過下半場每次金塊隊想要將分數超前，勇士隊便會做出回應。柯瑞在左側底角投出的三分球，將比數打成九十五比九十五，比賽時間剩下不到十五秒。

雙方教練都想試著賭賭看。卡爾換上米勒這個擁有十四年資歷，出賽超過一千場比賽的老將。傑克森則是放上格林這個第二輪選進的新秀，而他這場比賽只打了四分鐘，不過從種種跡象可看出，他是天生的一對一防守專家。就像是設計好的一般，其他八名球員把空間清出來。時間繼續流逝，米勒對上格林，兩人為了勝利進行對決。

米勒運到罰球線頂端位置，往左切入。朝籃框推進後，他把球換到右手上籃，球慢慢滾進去後比賽時間只剩下不到兩秒。米勒切入時，格林往他的左邊防，沒能占到防守位置——「一個流暢的動作」這名新秀事後說道。對抗年輕，經驗勝出。

儘管以九十七比九十五落敗，勇士隊還是展現出能與金塊隊一搏的實力，他們只要加強專注力即可。柯瑞與湯普森兩人加起來貢獻了四十一分，不過一共只投進六顆三分球。勇士隊全隊籃板數比金塊隊多了十個，但卻多了六次失誤。

不過更令人擔心的是，勇士隊在第四節時傷了李。這位全明星球員與麥基相撞後掉到地上，造成髖屈肌撕裂。啪！李的腿失去了知覺。

隔天，MRI證實了傷勢的嚴重性。李在例行賽期間以五十六次雙十領先全聯盟，且在他職業生涯第一次季後賽倒地前，也已經獲得了一次雙十（十分，十四籃板），現在剩下的季後賽確定無法上場。

傑克森得要做出一個關鍵決定。不只是李報銷了，丹佛金塊隊的法瑞德也即將從讓他在第一戰無法上場的腳踝扭傷中歸隊，而他是一場能摘下超過九顆籃板的籃板能手。波格特雖然能上場，但困擾著他的左腳踝仍因骨頭挫傷感受到明顯疼痛。最合理的調度就是把蘭德里（Carl Landry）拉上先發並希望這樣的前場陣容能補上李的空缺抓下夠多籃板，不過蘭德里整年只先發過兩場。格林在第二場也會有更多上場時間，不過硬是讓他職業生涯第一次先發出場似乎也有點冒險。李在最糟糕的時機受傷了。

比賽當天早上，傑克森準備向他的教練團隊提出一個瘋狂想法。讓巴恩斯打先發大前鋒如何？整個球季他都是打小前鋒，不過他十分強壯，也是個稱職的一對一防守者。除此之外，就是把替補控衛傑克拉到先發，變成三後衛的配置。傑克森認爲柯瑞與湯普森會是突破點。傑克森的教練團認爲這樣可行，且雖然比賽前球員介紹時蘭德里在先發球員名單上，不過開球時是由傑克取代他的位置。

傑克森這個臨時調整的先發陣容，投球命中率來到了六二％，抓下九〇％的防守籃板，且基本上來說，無論卡爾如何變陣，都壓著金塊隊打保持領先。金州勇士隊用這種非正統的輪替陣容，以一三一比一一七擊敗丹佛，終止金塊隊的主場連勝紀錄，甚至終結這個系列賽。柯瑞（三十分）、傑克（二十六分）、巴恩斯（生涯新高的二十四分）與湯普森（二十一分）四人組一共拿下一〇一分，撕碎丹佛的防守。金州勇士隊也獲得籃板優勢，三十六顆比二十六顆。格林、蘭德里與新秀中鋒艾澤里，全都從板凳出發，上場超過十六分鐘，補上因李缺陣而留下的空缺。勇士隊三分球命中率達到五六％（投二十五中十四），兩分球命中率則是六九％（投五十四中三十七）。他們變成丹佛隊無法應付的難解習題。

賽後傑克森被挖苦地問道，除了古怪的變陣外，是不是還建議球員投籃命中率要達到六五％好拿下勝利。這時，傑克森說出了一段季後賽史上的經典論述。

「在我看來，」傑克森提到柯瑞與湯普森，「他們是這項運動有史以來最棒的射手後場，我不是那種隨便說說的人。我這輩子都跟籃球脫不了關係——不只是打球、播報，我從孩提就是個籃球迷。我看過許多優秀球員打球，而這兩個傢伙絕對是超乎常人的優異。我會把米勒和我自己算進去，不過我會把他的位子擺在後面。」除了少數人本能地笑了出來，其他媒體記者不是走人，不然就是無言。傑克森也匆匆離去。你怎麼可能對這樣的宣言繼續發問呢？這項運動有史以來最棒的射手後場？傑克森說這句話的時候極為認眞，但假使勇士隊要看到這個系列賽的盡頭並贏得勝利，他們至少得要對這個宣言有些許信心才行。

柯瑞的效能看來像是可能再次因腳踝傷勢（還能是什麼原因呢？）而受到限制。他在第三節後段時左腳又翻了一下不過仍然留在場上而且打了將近四十二分鐘。當勇士隊回到奧克蘭為第三戰備戰時，柯瑞告訴記者，沒有因移動日而多一天可以休息，他是沒辦法上場的。他第三戰是否上場還是要等到比賽前才能決定，不過勇士隊此刻正是六年來首度打入季後賽。球隊內部的態度絕對是要他先做好上場準備，毫無疑問。

傑克森再次用傑克取代蘭德里。這個調度在第二戰運作得非常好，那為何不繼續呢？蘭德里貢獻了十九分，而傑克投了十四球拿下二十三分，證明這個調度的重要性。波格特以先發中鋒身分打了非常有效率的二十九分鐘，格林與艾澤里則塡補他剩下的時間。最後勝負在伊古達拉槍響前從中場拋投打到籃板後底定。金州勇士獲勝，一一〇比一〇八，在系列賽中取得二比一領先。

柯瑞的腳踝並未惡化，這讓他鬆了一口氣，不過若是沒有他在第三節帶領球隊打出一波十六比二攻勢，讓球隊取得一分領先的貢獻，勇士隊應該會輸掉這場比賽。柯瑞最後繳出的數據（二十九分，十一次助攻）說明了這樣的季後賽表現，可以引導他往更偉大的職業生涯邁進。

而大家不用等太久，就能見到他下一個令人難忘的時刻。第三戰開打前，柯瑞選擇不注射止痛針，第四戰前他則是屈服並接受注射。他過去從未在比賽前施打止痛針，而且不願就此開先例，特別是在這麼關鍵的時刻，不過他的身體卻不是這麼說的。

他有點慢熱，第一節只有嘗試投籃一次而且沒進，第二節也只得到五分，不過傑克的三顆三分球幫助金州勇士隊在中場時取得十二分領先。

隨後是柯瑞第一次真正在季後賽醒來，拿出不久之後就會成為他正常表現的高水準演出。勞森在第三節前六分鐘就拿下十五分，讓勇士隊的領先分數銳減至四分，柯瑞在左側三分線谷底投進一顆三分球，讓領先回到七分。

兩分鐘後，柯瑞在二十五呎處接到球後立刻投球空心入網，金州勇士隊來到九分領先。

時間還剩下一分四十五秒，柯瑞在左翼二十九呎處出手，又投進一顆三分球。現在領先十一分了。

接著柯瑞在勞森切入時抄下球，往另一頭衝，在弧頂位置投出急停三分，順利入網，取得十七分領先。

剩下二十三秒時，他又在對手傷口上灑鹽，又在左側底線投進三分球。

光是第三節，柯瑞就拿下二十二分，勇士隊以十九分領先進入第四節。到了比賽終了，丹佛隊被打得支離破碎，平了他們本季新高的二十三次失誤。金州勇士全隊三分球投二十六中十一，而基本上睡到下半場才醒來的柯瑞，全場拿下三十一分，七助攻與四抄截。就連從板凳出發的格林，也在上場二十五分鐘期間拿下生涯新高的十三分與四抄截。勇士隊以一一五比一〇一獲勝，並在系列賽回到丹佛前，取得三比一絕對領先。

經歷了情緒高點的第三與第四戰後，丹佛已經爲第五戰做好準備，他們不願在自家被關門。傑克森仰賴他的先發陣容支撐大局，柯瑞、傑克、湯普森與巴恩斯上場時間都超過四十一分鐘。柯瑞全場投了十九球，只拿下十五分。巴恩斯是球隊不可或缺的催化劑，拿下全隊最高的二十三分，不過勇士隊打完上半場就落後二十分，且追分速度不夠快。儘管金州勇士隊在第四節打出三十一比二十一的反攻氣勢，最後還是以一〇七比一〇〇敗下陣來。傑克森控訴金塊隊有太多未持球的小動作沒被吹犯規——「他們試圖派出打手來對付柯瑞」，同時波格特和格林都還被吹了對法瑞德的惡性犯規（因爲上述評論，傑克森遭聯盟判罰兩萬五千美元）。

無論如何，勇士隊還是帶著領先優勢回到奧克蘭，而且還藏了幾個會讓金塊隊大吃一驚的招式。其中一個是傑克森選擇用更高大、更傳統的先發陣容，蘭德里終於以先發大前鋒身分上場，巴恩斯拉到小前鋒，傑克則回到板凳。不過更戲劇性的部分是在跳球前幾分鐘，勇士隊從場館通道走到球場上時才揭露的。第一個出場的是柯瑞，但緊跟在他後面的是穿上球衣，準備好上場的李，他在十二天前才扭傷髖屈肌。雖然這不能跟一九七〇年NBA總冠軍賽第七戰開打前，里德（Willis Reed）出場讓麥迪遜花園廣場全場發出狂吼的狀況相提並論，不過對勇士隊來說，已經相當足夠。

第一節打完後金塊隊領先四分，這要歸功於勞森攻下八分，不過當李在第一節剩下兩分二十三秒上場替換波格特時，甲骨文球場的氣勢提升到一個新的層次。傑克森要柯瑞和李打一個擋切戰術，李在十八呎的位置中距離投籃不進，這也是他全場唯一的投籃，打不到九十秒他就被換下場，接下來就沒再上場，不過勇士隊的士氣已然提升。李回歸場邊啦啦隊角色，而金州勇士隊在第二節壓著丹佛打，上半場結束時只落後兩分。

追分期間，柯瑞只拿下六分與五助攻，不過他在第三節再次爆發，在九十秒內投進三顆三分球，將比賽從平手的膠著，變成勇士隊六分領先。他在第三節剩下三分四十六秒時投進三分球，讓金州勇士隊取得這場比賽最多的十一分領先。加上波格特在這節摘下六分與七籃板，勇士隊以十一分優勢挺進第四節。

當傑克森這支球隊終於顯現出他們季後賽經驗不足的問題時，丹佛隊開始大反攻。伊古達拉在比賽剩下四分十四秒時的後撤步三分球，讓金州勇士隊的領先優勢縮小到剩下四分，不過在格林與波格特鞏固籃板，同時勇士隊展現出優秀的罰球能力下，讓他們免於陷入潰敗的境地。

金州勇士獲勝，比數九十二比八十八，丹佛隊回家過暑假了。最終柯瑞拿下二十二分與八次助攻，但也發生七次失誤。格林替補上場二十四分鐘，拿下生涯新高的十六分。

在勇士隊今晚全隊的貢獻中，波格特拜他職業生涯第一次注射止痛針所賜，對球隊產生最具意義的影響。這名男子到來的爭議，讓拉各布耗盡擔任金州勇士隊擁有者以來累積的所有信譽，而他這場比賽上場四十分鐘，拿下十四分、二十一籃板與四火鍋，這是過去一年半以來，他的下肢在場上支撐最久的一次。這名在季初時，爲了保護選手生命，每場不能上場超過二十分鐘的七呎長人，在勇士隊最需要他的時候，拿出值得讚揚的表現。

所有在季後賽第一輪擊敗一個強大對手所獲得的成就感，在領悟到獎勵是擁有與更強悍的對手對決的榮幸時，很快就煙消雲散了。於是勇士隊現在要面對不屈不撓、絕對不能低估的聖安東尼奧馬刺隊。

由十四度入選全明星隊的鄧肯、帕克與格林（Danny Green）組成的後場搭檔、超級第六人吉諾比利（Manu Ginobili），以及剛崛起的攻守雙能新星雷納德領銜，總教練波波維奇（Gregg Popovich）的建制是聯盟頂級團隊，以其過往持續的優異表現、根深柢固的組織文化，以及爲求效率犧牲奉獻的系統性打法聞名。聖安東尼奧的投籃命中率排名聯盟第三。三分球命中率是第四名，罰球？第三名。而且助攻數也領先各隊。

然而，馬刺隊還以防守聞名，幾乎所有重要防守項目數據都優於平均，他們在單場失分上比勇士隊低了接近五分，在對手兩分球命中率上則是全聯盟第四低。

聖安東尼奧唯一的防守弱點也像針孔般滴水不漏，儘管他們非常擅長限制對手三分球出手數，不過在對手順利將球投出時，命中率還算體面（三五．三％）。他們的三分球防阻能力在NBA只能排第十二名。對勇士隊來說，他們的外線命中率是聯盟最佳的四〇．三％，這也是他們可以利用的策略。以大量三分球投射，球落下時加上一點點運氣，金州勇士隊或許能撐下來偷到一勝，可能兩勝……接下來誰知道會發生什麼事呢？

第一戰是短期內很難讓籃球迷忘懷的一場比賽。勇士隊從一九九七年以後就沒再贏過聖安東尼奧了，不過他們從一開始就統治著這場比賽。第一節打完後勇士領先（二十八比二十五），中場時也領先（五十三比四十九），接著柯瑞拿出符合他近來看漲名聲的爆發表現，在第三節祭出如地獄之火般的猛烈外線攻擊，十二次投籃拿下二十二分。進入第四節時，柯瑞已摘下三十二分與八助攻，勇士隊九十二比八十領先。到了比賽剩下四分三十秒，領先已擴大至十六分。傑克森選擇超級小球陣容，把柯瑞、傑克、巴恩斯、格林，以及湯普森放在場上，六呎七吋的湯普森，是勇士隊場上最高的球員。金州勇士隊似乎能夠輕鬆拿下系列賽第一戰的勝利。

接下來，勇士隊便掉到谷底。

比賽時間剩下四分鐘時，湯普森防守帕克時被吹了阻擋犯規犯滿離場。理察．傑佛森替補上場，突然間勇士隊的進攻進入乾旱期。反之，馬刺隊突然變得彈無虛發。下一分鐘帕克連得六分。再來先是雷納德打板上籃得分，之後到了距離比賽結束還有一分五十七秒時，傑佛森沒能拿下本可拖住馬刺的兩顆罰球後，雷納德又在二十四呎處接到傳球三分球出手入網。在傑克於時間剩下最後三十秒時中距離跳投入網前，馬刺隊已在四分鐘內鯨吞，打出一波十五比〇攻勢，只落後一分。

傑克進球後勇士隊領先三分，時間剩下二十．八秒時，格林在左翼三分線投進追平比賽的三分球。比賽結束槍響時，柯瑞在十六呎處孤注一擲地轉身跳投擊中籃框後緣不進，等待著他的，是延長賽。

在金州勇士拿下延長賽的前五分後，馬刺隊拉出了一波七比〇攻勢，不過傑克用左手上籃，再次給了勇士隊一線生機，比賽時間剩下二十．三秒時，比數打成一一五平手。吉諾比利從二十二呎處，投出馬刺隊延長賽的最後一擊。在季後賽第一輪對金塊隊的第一戰，被米勒擊敗的格林不讓歷史再次重演，他緊跟對手，迫使對方投球角度偏斜，確保勇士隊在一九七六年西區冠軍賽第四戰後，再度進入季後賽二度延長。二度延長兩隊都沒能給對方造成太大壓力，不過戲劇性程度不減。每次進球後另一隊就立刻展開反擊，來來回回，互不相讓。

最終，時間仍會耗盡。

在兩支球隊嚴厲防守下或許精力耗盡了，巴恩斯終於以右側底角三分球讓金州勇士隊取得領先。不過一分鐘後巴恩斯三分球失手，讓格林在爭搶進攻籃板時被吹犯規。這是格林本場比賽第六犯，勇士隊最堅韌不拔的年輕防守悍將被趕回板凳席。

帕克的幾個跳投、迪奧（Boris Diaw）的中距離和格林的三分球，讓馬刺隊在剩下一分〇六秒時以一二六比一二一領先，不過勇士隊在剩下時間展開瘋狂反擊。柯瑞馬上在切入時被犯規，並且兩罰皆中，把差距拉近至三分。接著吉諾比利在欠缺考慮的情況下從二十九呎處直接投出三分球，球直接落到在籃下等待的蘭德里手上。柯瑞往前場運，左手帶球切過迪奧，然後用右手挑籃進球，在時間剩下三十二．八秒時把馬刺隊的領先縮小到一分。

下一次進攻，帕克試圖不斷帶球盡量把時間耗盡，他胯下運球切過貝茲摩（Kent Bazemore），在進攻時間剩下四秒，比賽時間剩下十三秒時，以凌亂的動作上籃不進。正當巴恩斯抓下籃板將球傳給柯瑞時，貝茲摩往前場狂奔，把防守者拋在後頭。柯瑞傳給人在禁區的貝茲摩，迪奧轉身上前還是沒法守到這球。貝茲摩在弱邊的上籃讓金州勇士隊取得一分領先。

剩下三．四秒，聖安東尼奧馬刺隊只剩下一次反攻機會。

雷納德手上拿著球站在場邊，掃視著場上尋找有空檔的隊友，接著他找到了：吉諾比利站在遠邊側翼，獨自一人。迪奧迫使貝茲摩換防，這意味著原本防守迪奧的傑克，應該交換去防守吉諾比利，不過傑克站在靠近發球者附近的地方，實際上是去包夾帕克了，而帕克已經有巴恩斯在防守。這個混亂情況迫使貝茲摩朝吉諾比利的方向衝，在那一瞬間吉諾比利已將球投出。吉諾比利以通常只會在練習後收操時投著玩的高弧度方式投球，在比賽剩下一．二秒時將球送入網內。

傑克孤注一擲的三分球沒進，馬刺隊以一二九比一二七獲勝。除了第三節最後四秒鐘（且儘管身上還帶著對上丹佛隊那個系列賽留下的腳踝問題）外，柯瑞打了整整五十八分鐘，得了四十四分，送出十一次助攻。巴恩斯打了接近五十三分鐘，得了十九分。而格林在犯滿離場前，打了生涯新高的三十八分鐘。

勇士隊的命中率較佳（五一％對上四三．八％），在籃板球的競爭上也獲勝（五十五對四十五），不過馬刺隊還是馬刺隊，這就是他們在季後賽的水準。或許是由於人員調度得宜，在四月和五月，他們比對手更堅持、更努力，或許還更幸運。傑克森緊縮人力，使用八人輪調，而波波維奇有能力使用十人輪替。對一支像勇士隊那麼青澀的球隊來說，這個晚上是場毀滅性的敗仗，同時也是博士等級的教練在季後賽最後關頭守住勝利的教學。他們在跟最佳球隊學習這門學問。

兩天後，勇士隊以一百比九十一獲勝，在系列賽追成平手，且有六十六分是出自浪花兄弟。再一次，傑克森又困在他那八人輪調裡，同時波波維奇總共派了十二名球員上場。柯瑞和湯普森上場時間都超過四十三分鐘，而累積下來的疲勞也開始在第三戰中顯現，這場在奧克蘭以一〇二比九十二輸掉的比賽中，兩人總共投三十七球，只進十二球。這場比賽李也歸隊，不過只打了三分鐘，沒能產生什麼效果，他這次出場沒能提供像對上丹佛隊的第一輪季後賽第六場比賽一樣的情緒迴響。

第四戰勇士隊重振旗鼓，在延長賽以九十七比八十七獲勝，將系列賽追成二比二平手。巴恩斯上場超過五十一分鐘並拿下全場最高的二十六分，同時柯瑞也把上場時間控制在三十八分鐘，投十五球拿下二十二分。勇士隊抓下本季最多的六十五個籃板，其中十八顆是波格特摘下的。雖然聖安東尼奧在正規比賽時間最後五分鐘時還領先八分，金州勇士隊接著打出一波十二比四攻勢追平比數，且這段時間的分數全靠傑克與湯普森拿下。

當球隊比過去任何時候都需要柯瑞時，腳踝的疼痛讓他在每次需要承受又一次糾纏不休的痛楚時感到無比沮喪。「感覺就像是每次進入狀況，傷勢稍微好轉時，又會因受傷而感到受挫，」贏下這場比賽後他說。「這個狀況就像是不斷在測試你。它改變了你的習慣動作，改變比賽時的打法、賽前準備程序。」爲了提振精神，他在比賽前晚深夜兩點傳簡訊給母親，不過祈求上帝幫助可能更有效一些。

比賽開打前，傑克森前往勇士隊球員休息室大廳盡頭的禮拜室，看到柯瑞也在裡頭。他進去後柯瑞對他說，自己會貢獻一己所能，傑克森馬上就意識到，「這不是他平常說話的方式。」傑克森說。在安排讓柯瑞在他能力範圍內盡可能上場久一點前，傑克森曾與邁爾斯商討過。柯瑞在第四戰的英勇表現，簡直就是母親節的奇蹟。正如傑克森在這場勝利後所說的，「上帝將祂的手安放在這支球隊中。」

不過這支尚未屈服，但大小傷不斷的勇士隊，已然精疲力盡。第五戰巴恩斯投十八球拿下二十五分，但柯瑞與湯普森兩人加起來只得十三分。馬刺隊輕鬆地在主場以一〇九比九十一獲勝，在甲骨文球場舉行的關鍵第六戰，比賽內容也與上一戰大同小異。勇士隊沒有一節能拿到超過二十三分，另一方面馬刺隊先發五人得分都達到雙位數。柯瑞和湯普森雖然都上場超過四十分鐘，不過兩人一共投了三十七球，只拿下三十二分。格林只打了八分鐘且一分未得。就連時常被忽略的中鋒比耶德林斯都不得不上場打了十一分鐘。

金州勇士並未擁有能與聖安東尼奧這種強大對手酣戰太久的板凳深度，關門戰馬刺隊以九十四比八十二獲勝。賽後波格特承認他「整個系列賽都帶著怒氣比賽。」整個第四節他都沒有上場，巴恩斯也是，他在第二節時摔倒頭撞到地板縫了六針，之後就因頭痛最後一節只能坐在板凳席觀戰。柯瑞三分線八投只中兩球，持續在外線祭出犀利攻擊所需的雙腿力量漸漸衰竭。在擁有者包廂觀看比賽的柯克，看得出勇士全隊已被打得頭昏眼花，他心想，如果我們沒贏那麼多場比賽，可能狀況還好些。

比賽結束，球員們互相擁抱，恭喜對方並給予祝福後柯瑞拿起麥克風，感謝球迷支持，並承諾下個球季他們會再次回到季後賽。他知道這是他們唯一的目標。他的腳踝此時非常不舒服，不過這次休賽季他不用動手術，這是自他新秀球季以來第一次不用動手術。他會花幾個星期休養，陪陪艾莎和他們一歲大的女兒萊莉。雖然他還不是全明星球員，只是個籃球界的新鮮面孔，不過他已經在全國觀眾面前打響名號。「我這一季的表現，」幾分鐘後，柯瑞說道，「為我奠定了基礎。」

賽後，拉各布在擠滿記者的勇士隊休息室後方說話。他的語調平靜，但隱隱流露出情感，並試著在剛敗下陣後立即總結他首次季後賽的經驗。「對我們這個組織來說，今年是美好的一季。我認爲重點在於，我們扭轉了球隊的情勢。」他說。「這個組織、這支球隊需要轉變，而爲了這個轉變，得要做很多事。在經營面，要雇用許多優秀人才；在比賽面，要做一些好的交易，簽一些自由球員。你們都很清楚我們做了什麼。波格特與艾利斯這個一開始讓我們受到諸多批評的重大交易，我想，我已經證明這是個正確決定。」

拉各布提到充滿希望的未來，重點會放在勇士年輕的未來之星上——柯瑞今年二十五歲、湯普森和格林才二十三歲，巴恩斯只有二十歲。他也稱讚季後賽傷癒歸隊參與對上馬刺隊的李。表揚傑克森與他的教練團。「我們會以目前陣容爲基礎，且明年會變得更好。」他補充道，「我們會比今年更好，我們會團結一致，超越自我，而且會得到我們急切盼望的，一座冠軍。」

有位記者問拉各布，他是否仍會繼續致力根據球隊需求進行補強，願意爲了追逐總冠軍而做出強悍、必要的動作？

「我迫不急待。」拉各布回道。

「明天開始嗎？」

「現在。」

CHAPTER 6

學習飛翔

2013—2014球季

奧克蘭是個所有球員都應該認眞考慮的地方。

邁爾斯回首九○年代晚期剛成爲經紀人的時候，他很快就了解到勇士隊在聯盟中一直沒什麼好名聲。如果傳出勇士隊有什麼想簽的自由球員，通常是爲了要影響其他球隊，讓他們開出更甜的合約才放出的消息。會有這樣的理解是由於過去勇士隊行政部門在協商上表現得十分拙劣；另一部分原因是，不久前勇士隊還是NBA最糟糕的球隊之一，這樣一來，怎麼會有人想替這支球隊打球呢？

然而，奇妙的事情發生了。當換了經營者、雇用了一群有能力的決策人士，並開始贏球，看起來像是每年都有可能打進季後賽的球隊。突然間，自由球員的自薦宣傳會議開始變得更像兩邊會互通有無的事務了。

所以當時間來到二○一三年夏天，這次四十七勝的勇士隊的地位比過去高了不少。市場上頭號自由球員是中鋒霍華德（Dwight

Howard），今年只有二十七歲，是NBA最優秀的防守悍將，不過他也背負不合群與不成熟的名聲。有了波格特恢復健康的前例，**勇士隊看到他們不只能試著吸引大物自由球員（一個聯盟少有，能統治禁區的大個子），也能讓全NBA（以及其他自由球員）看到，奧克蘭是個所有球員都應該認真考慮的地方**。簽到霍華德的機率很低，但他們得試試看。

最終，霍華德將他有意加盟的球隊縮減到三隊，而勇士隊是其中一隊，另外還有洛杉磯湖人（他原本的球隊，能提供他最長的合約與最多的薪水）以及休士頓火箭隊，這支由深具分析概念的總經理莫雷所建構的球隊，而且拜其一年前從奧克拉荷馬簽來，擁有強大得分能力的後衛哈登所賜，後勢看漲。

當霍華德看起來已經與休士頓達成協議後，邁爾斯轉而執行替代方案，雖然這絕對不如迎來聯盟體能最強的中鋒那樣誘人。計畫B正是伊古達拉，季賽拿下五十七勝，但在季後賽敗給勇士隊的金塊隊隊長。如同霍華德，伊古達拉雖身為自由球員，不過跟原東家重新簽約的話可以拿到更多薪水，不過他的狀況要更複雜些。伊古達拉擁有二〇一三—一四年球季價值一千六百一十萬的球員選擇權。他只要執行選擇權，就要等來年再談了。

不過三月時，就在季後賽開打前幾個星期，伊古達拉宣布他不會執行選擇權。當然，他是希望能夠簽下每季平均薪資更高的複數年合約。這樣做有風險在，不過伊古達拉認為計算下來對他有利。其實他可以等到季後賽的結果出爐，才決定不執行選擇權，不過當時金塊隊失去總教練卡爾，那年他獲選年度最佳教練，但儘管如此，還是因為季後賽總是沒拿出好表現而遭開除，還有總經理烏吉里（Masai Ujiri）在贏得NBA最佳行政人員獎後三個星期，就被多倫多給挖走。

七月一日一開放自由球員簽約，伊古達拉就直接跟勇士隊提出想加入的意願。那天，他和經紀人波倫卡（Rob Pelinka）約在波倫卡位於洛杉磯的辦公室和邁爾斯、拉各布、柯克和傑克森會面，他們過來是要向伊古達拉說明球隊的計畫，看看他是否願意成為球隊一員。不過在擔任經紀人時期擁有數十次進行自我推銷會議經驗的邁爾斯，很快就看出目前的狀況，意識到伊古達拉才是推銷自己的一方。邁爾斯準備了一些DVD要在簡報時使用，期待會有場愉快且活潑的討論，畢竟他已經認識波倫卡超過十五年了，過去他們時常為了客戶彼此競爭，只是他一片光碟也沒播到。「你們建立了一些我想參與其中的事情。」伊古達拉告訴勇士隊的成員。所有人，特別是拉各布，都確信他擁有切合金州勇士隊球隊文化的特質。

在場上，伊古達拉是個多才多藝且可仰賴的先發球員，可能無法長期保持超級巨星身手，但他有外線、有在攻守轉換時傳出好球的能力、擁有多年NBA經驗（九年），足以學會任何攻擊戰術。在金塊隊時，他平均每場能拿下接近十三分、五．三籃板和五．四助攻。還有誰能拿下如此全面的數據？詹姆斯、布萊恩、威斯布魯克與朗多。

伊古達拉在面對到同時能打後衛與前鋒，能夠輕易在籃下得分，同時也能輕易投進三分球的雙能球員時，也是個扎實的頂級防守者。他在二〇一〇—一一年時曾入選年度防守第二隊，也在二〇一一—一二年入選全明星賽。而且在二〇一二—一三年球季被交易到金塊隊前，他在七六人隊時擔任過多年隊長（接替艾佛森指揮整支球隊）。很少球員像伊古達拉這樣身懷攻守兩端技巧，同時也擁有領導者的心理狀態。

然而無論如何，伊古達拉在意的不是薪資多寡。根據報導，丹佛隊提供一紙五年總額六千萬美元的合約，而網路億萬富翁庫班所擁有、兩年前剛拿到總冠軍的達拉斯獨行俠，湊出了一紙類似價格的合約。確實，伊古達拉直接公開自己對勇士隊的景仰，不過勇士隊仍須提出一個合理報價。

接下來幾個星期，邁爾斯唯一的任務就是解開不可能有解答的數學問題。勇士隊在財務上捉襟見肘。他們距離超過奢侈稅界線只有不到三百萬的距離，幾乎沒有多餘薪資空間了，這股壓力無比巨大。有好幾個夜晚，他回到家時都無比驚恐，向妻子克莉絲汀告解說，他實在不知道要怎麼樣才能簽下這筆合約。「我只能呆呆坐著，無計可施，」邁爾斯後來說道。「這是我進入NBA後最艱鉅的任務之一……這件事任誰也無力回天。」邁爾斯持續打電話或傳簡訊給波倫卡，讓這件事情一直多少有點進展。

對勇士隊來說，好消息是傑佛森和比耶德林斯兩人總計兩千萬美元的合約都走到最後一年。洛許（Brandon Rush）的合約也是如此，二〇一二—一三年球季他因膝蓋韌帶撕裂傷整季報銷，合約金額約四百萬美元。因為拉各布阻止勇士隊把選秀籤交易出去的習慣，他們現在有成堆的選秀籤可當成交易資本。這些選秀籤可用來引誘其他球隊接手勇士隊的合約，從而清出足夠薪資空間簽下伊古達拉。

問題在於時間對達拉斯的報價有利。沙加緬度已經收回他們提出的四年，五千兩百萬美元合約，避免被當成幫助抬價的對象（就跟勇士隊過去一樣）。邁爾斯瞄準了幾支有足夠薪資空間，承接金州勇士隊那三紙他們不想要的合約的球隊——其中包括猶他爵士、克里夫蘭騎士、密爾瓦基公鹿，以及底特律活塞，不過勇士隊不準備做太多讓步。很快地，猶他隊成了最有可能參與交易的夥伴，不過他們獅子大開口，要了未來的第一輪和第二輪選秀籤。

最後，在伊古達拉幾乎要跟達拉斯簽約後一個小時，邁爾斯通知他和波倫卡，金州勇士已經跟猶他隊達成一筆交易。交易細節會在隔天討論完成，不過勇士隊確定能夠在薪資上限下提出伊古達拉要求的合約條件。雖然這樣做會讓勇士隊沒有太多空間能簽下其他自由球員，不過勇士隊得到了他們要的球員了。

當丹佛隊新任總經理康納利（Tim Connelly）發現此事後，也想參一角。他同意先跟伊古達拉簽下一紙四年四千八百萬的新合約，隨即將他交易至勇士隊，從而獲得「交易球員特例」（Traded Player Exception），這個金額等同於交易出去球員的薪資（一千兩百萬）加上十萬，他們可以用這筆錢，在未來十二個月內透過交易獲得球員，而這些錢不會計入團隊薪資。做爲與猶他隊交易案的一部分，丹佛隊同意用先簽後換，簽下一紙三年九百萬的合約後接收佛伊（Randy Foye），而這部分的薪資會用交易球員特例來吸收。這天結束後，丹佛隊獲得了約九百萬的薪資空間，然而如果伊古達拉以自由球員身分離隊，他們就什麼也拿不到。勇士隊不只獲得伊古達拉，並降低兩千四百萬美元的團隊薪資，還靠著用選秀籤與猶他和丹佛隊交易，保留了各種交易特例，並讓薪資空間保持在合理水準。爵士隊獲得大量的未來選秀籤，而這些合約會從二〇一四年夏天開始兌現，這個偶然發展讓那年自由球員市場陷入一陣狂熱。

如果上述情況聽起來太過複雜，且難以理解內部程序的話，那是因爲事實確實如此。NBA的集體談判協議不是那麼簡單就能夠理解與解釋的。每支NBA球隊都雇用專人負責（有時是專門負責）了解聯盟新版集體談判協議中種種複雜條款，以及用不同方式運用裡頭各式各樣的訣竅與漏洞好獲得優勢。這也是爲何每年NBA休賽期很快就成了演練外交與策略，還有這些枝微末節的時刻。**這也是爲何要找一個前經紀人來擔任球隊總經理，一個了解談判桌上各方人馬之間利害關係的人，能有莫大幫助的原因。**

幾天後，勇士隊在自家場館舉行一場記者會，宣布這次合約的消息並介紹伊古達拉。邁爾斯帶著無眠的眼神，與累積了一個星期的邋遢外表，以疲憊的模樣現身。他爲這次交易付出什麼代價明顯可見。他在發表意見時，聽起來仍對於造成最後簽約結果的那些計畫感到懷疑。「那一整天的種種要素都十分離奇不眞實。」邁爾斯說道，「有這樣的球員加入我們球隊，能讓我們保持核心的一致性，再加上他的才幹——不只是他做爲運動員的能力，還有他這個人本身。我認爲，就如同媒體與球迷所認識的伊古達拉，他是你得要認識的大好人，受NBA各界人士敬重、爲球員奔走協調、擁有堅定信念，你找不到另一個這樣的球員了。」

伊古達拉說他從在七六人隊時期，就注意勇士隊許多年了，他喜歡灣區的科技產業，並談及這個地方可以提供他退休後的機會。他也回想起二〇一〇年世界盃籃球賽時，在每場比賽前都會跟柯瑞與奧克拉荷馬隊的杜蘭特一起做禮拜。「我們三個總是一起行動，」他說，「我有機會看到他（柯瑞）練習的模樣，他有機會看到我練習的模樣，也知道他對這項運動的熱愛。我們建立起相當不錯的情誼。」從另一個角度來看，伊古達拉說柯瑞「就像是耶穌基督再次降臨。此刻他就像是地球上最受喜愛的人。」

現在勇士隊有了一位正統的先發小前鋒，不只是能指導年輕的巴恩斯，讓他持續成長，還是個多功能的老將，能在球隊需要時將位置往上或往下拉去打中鋒或後衛。這個交易也讓勇士隊眞正往「無特定位置籃球」（positionless basketball）踏出第一步，這種打法是擁有數名高度與體型不同，但技術互相重疊的球員。巴恩斯的身材接近小前鋒，但能像得分後衛一樣投三分球，且強壯到足以防守大前鋒。格林也一樣，他擁有韌性與中鋒的重量，能在防守時卡住中鋒。柯瑞能在控球後衛與得分後衛之間轉換，他從早期在戴維森學院時期就是這個打法。而湯普森，雖然不是菁英級的一對一防守者，但身高足以在不成爲劣勢的情況下換防小前鋒。**這不像是新創公司那樣，試圖從零開始建隊，而是希望能聚集一組擁有多樣化能力的團隊，能夠在需要的時候互相替補**。

事後來看，獲得霍華德反而會破壞掉勇士隊以這種方式將球員凝聚起來的希望，所以伊古達拉確實是完美的備案。如果獲得波格特是重建的第一塊拼圖，伊古達拉的到來就是最後完工的屋頂。正如那天邁爾斯在介紹隊上這位新進球星時所說的，「我們覺得他是這支球隊缺少的那片拼圖。」

用先簽後換而不是直接以自由球員方式簽下伊古達拉還有另一個好處。這樣做讓勇士隊將團隊薪資維持在一定水準，讓球隊能保留「中產階級條款」（midlevel exception），這是一筆五百萬美元的特別指定款，能在不使用薪資空間的情況下簽下球員。

他們希望用這筆錢簽下一名球員，就是自由球員中鋒史貝茲（Marreese Speights），進NBA的前三個球季他在費城與伊古達拉並肩作戰，後來短暫轉至曼菲斯，接著去了克里夫蘭。史貝茲在騎士隊雖然只打了半個球季，但表現不錯，騎士隊不同意先簽後換把他交易到勇士隊（這時金塊隊已完成伊古達拉的交易），於是邁爾斯運用中產階級條款跟這個替補高個簽下一紙三年一千一百萬的合約。而正當史貝茲從克里夫蘭搬到西區時，傑克補上了他的位置，和騎士隊簽下四年兩千五百萬的合約（蘭德里也以差不多的金額加盟沙加緬度國王隊）。

勇士隊經歷了一個甚至連在最樂觀的預測下都會感到震驚的球季後，開始組裝成比過去更棒的樣貌。這整個過程中，邁爾斯持續前往洛杉磯拜訪，而伊古達拉將自己兜售給勇士隊高層的行爲，也讓當時在場的人驚訝不已。

「那時，」邁爾斯在伊古達拉那場媒體記者會上回憶當時情況，「對我們球隊來說，是個轉型的時刻。」

除了引進像是伊古達拉這種具有高度才能、高度心理素質的球員加入球隊，勇士隊今年休賽季並沒有像前幾年那麼戲劇化。球隊在二〇一三年選秀會上沒有選秀權。柯瑞正享受著這個在大部分時間都能眞正站直且靈活走動的夏天。李從髖屈肌手術中復原，且沒有併發症。而波格特與惱人的左腳踝對抗後簽了一紙三年延長合約，加上激勵獎金，可以讓他賺進超過四千萬美元。拉各布花了將近兩年才獲得一個像波格特這種有身高有力量的大個子球員，所以沒打算放他走，特別是在沒能簽下霍華德之後。

勇士隊也執行了總教練傑克森二〇一四—一五年合約的球隊選擇權。傑克森執教的第一個球季走得十分艱辛，不停有球員受傷與人事調整。第二個球季則是勇士隊近幾年來最令人驚喜的一季。在擁有如此進展的情況下，進入二〇一三—一四年球季不執行傑克森的合約選擇權讓他走人，會是十分荒謬的事情。他會因合約即將到期，爲了保住工作而競競業業。組織不想給傑克森這麼大的壓力，他深受球員與球迷喜愛。再加上，他的存在有穩定的作用。經歷了科漢時代的種種人事異動後，勇士隊忠實球迷能確定，至少有一段時間，總教練一職會是他們熟悉的面孔。

高層部分，勇士隊也歡迎新面孔加入。五月，NBA宣布位於帕羅奧圖的軟體巨人TIBCO軟體公司創辦者，並在拉各布與古柏買下勇士隊時成爲小股東的維維克．拉納迪夫，擊敗微軟執行長巴爾默（Steve Ballmer）成功買下沙加緬度國王隊。收購總金額爲五億三千四百萬，破了拉各布與古柏團隊收購勇士隊時的四億五千萬美元紀錄。拉納迪夫在二〇〇九年時成爲全國知名人物，當時《紐約客》的專欄作家葛拉威爾（Malcolm Gladwell）寫了一篇他在執教他十二歲大的女兒位於矽谷北部角落紅木城的籃球隊時，使用了非正統策略的詳細報導。「她們都不高、也不太會投籃，運球技術也不特別熟練。她們不是那種每天傍晚都在外頭打鬥牛的球員。」葛拉威爾寫道。於是對籃球幾乎一無所知的拉納迪夫，讓這支球隊採行全場壓迫戰術（一種令人窒息、高能量的防守陣式，時常能迫使對方發生失誤，讓己方球隊有輕鬆上籃的機會），且持續整場。這支球隊一路過關斬將，拿下全國青少年籃球賽冠軍。現在，曾經是最支持球隊使用新科技，並一度誇讚他們會成爲「二十一世紀頂級籃球隊」的拉納迪夫，就要把福音傳播至從此地沿著八十號州際公路往東八十英哩處的沙加緬度了。

拉各布直接指派替補拉納迪夫的人選：史蒂文斯（Mark Stevens），資深矽谷創投者，也是沙丘路上最知名的人物之一。史蒂文斯被選爲接收拉納迪夫股份的對象並不令人意外。更有趣的地方在於，根據ESPN報導，史蒂文斯花了八百萬美元買進這些股份，**代表勇士隊事實上從二〇一〇年的買進價格來看，球隊價值已成長七八%**。且在伊古達拉簽約後，勇士隊賣出三千張季賽套票，就要達成史上最高套票銷售數，這個數字會落在一萬四千五百套。**看起來，不到三年前爲了擊敗網路公司頭號億萬富翁而不顧一切的超額報價，現在看來像是十年來最精明的企業交易案之一**。

史蒂文斯的到來，是休賽期行政部門最大的新聞，不過還有另一名新血加入奧克蘭，而且對許多人來說，他是個熟悉面孔。來自華府的神童傑爾范德，從聖誕勇士隊北上跳到母隊，被授予籃球分析師頭銜。他跟隨直屬主管柯克，任務是擔任在幕後提出建議的分析人員，與評估這些建議的教練團之間的協調者。他在聖誕勇士隊時就是負責這個工作，學習支持數據分析的價值，同時又不會看來像是全知全能固執己見這種精緻的藝術。如何與傑克森相處會是關鍵，根據傑克森在兩年前加盟記者會上所做的評論來看，似乎對於完全擁抱並落實分析保持懷疑。

「我對進階數據沒什麼信心；我對它沒有太大信心是因爲你可以觀看比賽，看到一名球員拿下三十分、九籃板與五助攻，然後說，『幹的好。』」傑克森那天這樣解釋。「我，以我的經驗，能夠檢視數據欄目，觀察比賽，然後說，『他的表現糟透了。』接著我可以跟你解析確實原因何在。數據確實有其益處，不過數據會說謊，這與大多數人的看法背道而馳。我相信，當我觀察場上情況，一名球員在第一節能拿下五籃板和三火鍋，你可能會說他做得很好，而我會說，如果他在球場上付出更多熱情、更多能量，更努力的話，他本應拿下十籃板和七火鍋的。所以我會相信數字，但我更相信自己的雙眼。」

事實上，傑克森上任後並不是完全抗拒運用數字分析。他職掌球隊的第一個球季，勇士隊對手三分球命中率排名第二十八。根據柯克提供的部分SportVU數據，勇士隊這項數據在二〇一二—一三年球季進步到聯盟第七，到了二〇一三—一四年球季則是排名第三。「很難說我們是不是眞正對這個數據造成影響，或是投籃的變異數正好返回正常狀態，」後來拉各布對《舊金山紀事報》說道。「不過我們認爲，我們能夠幫助教練團找出問題根源，而他們也能在實際比賽中解決這個問題。」

柯克認清了他的職責就是化解「對分析固有的冷漠不友善」這種老派教練身上投射出的現象，而且這個持續的使命，還有八面玲瓏的傑爾范德協助他。儘管傑克森可能會吹毛求疵，柯克相信，只要找出正確方式來說服即可。「如果你給他一份報告，上面寫說這是自由球員市場上最棒的球員，或是根據勝利貢獻值評分，這是我們隊上第三棒的球員，他會說，不對、不對，我寧願仰賴自己所看到的東西。」柯克在二〇一二年接受專訪時說道。「但如果你給他一份資料，像是**這名球員在這個位置的投球命中率比較高，這就是進階數據。這就是分析**，那他就會聽進去。」

這些傑克森眞的會聽從的意見，或至少他們在旁邊時感到最自在的教練團成員，都是他一一欽點的，挑選的依據不是看出身，而是以讓他覺得舒服爲標準。這群人不會威脅到他身爲總教練的權威。彼特・邁爾斯（Pete Myers）曾因喬丹退休去打大聯盟，取而代之成爲公牛隊先發陣容一員而爲人所知，退休後進入公牛隊教練團工作十年後，如今跟著傑克森到現在已經有三個球季。埃爾曼（Darren Erman）的情況也相去不遠，他是個合格律師，而且是路易維爾（Louisville）人，二〇一一年來到西岸前，他只有四個球季的NBA教練經驗（在波士頓跟隨瑞佛斯〔Doc Rivers〕）。而迪格雷格里奧（Jerry DeGregorio）在二〇一一年加入傑克森教練團前，有八年擔任私人訓練員與教練的經驗。

不過當首席助理教練馬龍（Mike Malone）被沙加緬度國王隊挖角擔任總教練，以及另一名助理教練拜爾（Bob Beyer）被夏洛特山貓隊雇用後，傑克森得要雇用兩名新教練。一位是杭特（Lindsey Hunter），他在NBA闖蕩十七年，並在底特律與湖人隊拿過冠軍，在訓練營開始前加入。另一位是史考拉布萊恩（Brian Scalabrine），他在NBA打了十一個球季，退休後當了一季塞爾提克隊播報員，他過去從未有職業球隊的教練經驗，不過他認識邁爾斯（當了他十年的經紀人），以及拉各布（二〇〇八年史考拉布萊恩在波士頓贏得冠軍時，他是塞爾提克隊的小股東），並且與現在的球員還有往來，這與傑克森自傲的地方相同。這是個非正統的人員選擇，不過拉各布蠻欣賞這樣的做法。畢竟傑克森自己本來也沒有執教經驗，且到目前爲止，也把勇士隊運作得不錯。

就在拉各布信賴傑克森選用了能讓教練團和諧運作的選才判斷時，檯面下卻不是那麼順暢，持續有雜音出現。傑克森與馬龍之間因爲後來發生一些引起公衆注意的事件，讓兩人關係越見緊張。馬龍（再加上埃爾曼）因爲提升球隊的防守能力備受媒體讚譽，而在這個夏天之前被大肆炒作，認爲可能是總教練人選之一。而傑克森對數據分析的反彈，也比分析團隊當初所預期的要更嚴重。**如果第一線的人不重視新科技，那這些後端投資又有什麼用處呢**？

球季期間，傑克森禁止他的助理教練團在媒體面前發言，因此這件事並沒有爆出來，不過隨著新球季慢慢接近，球隊中仍瀰漫一股不安。

創下三分球紀錄後，柯瑞跟所有人一樣，對於能否再次達到這種層次的表現感到焦慮，且這次打到精疲力盡的季後賽，已然損害了他的健康。好消息是，休賽期不需要動手術，所以他馬上回去，前往位在夏洛特住家附近的增強籃球訓練公司，接受佩恩的訓練。有段時間，他一直在做反式划船幫助增強上半身的控制力。其他時候，他一邊用右手運球，同時用左手做背後傳球或甩戰繩，不然就是手上持球連續跳躍時，讓助教用泡綿鎚擊打他，腰上還綁著彈力帶。在這個工廠倉庫所改建的設施訓練時，NBA的環境感覺就像是另一個世界，不過保證讓他得到更多的承諾確實正在實現。在每一次訓練課程、硬舉與大量的上籃之下，柯瑞的實力正一步步接近他身爲NBA眞正超級球星之一的地位。

球隊只需要他保持腳踝健康，所以要柯瑞接受體能教練萊爾斯（Keke Lyles）的訓練，增強體能訓練的內容，再混合一點瑜伽，從根本重新建立腳踝力量，這樣就不會跟前幾年一樣飽受持續受傷之苦。且因爲柯瑞未來三年的薪資只有三千三百萬，邁爾斯擁有財務上的彈性，能夠以他爲中心打造球隊。簽下伊古達拉後，球隊希望會有更多球星隨著他的腳步加入。

要讓這個希望成眞，勇士隊需要打出另一個看來大有可爲的球季。在拿下四十七勝並晉級分區準決賽後，他們已無法接受打入季後賽以外的結果，不過傑克森也在這股得要成功的壓力下，在近期內替球隊製造兩樁難堪醜事。

二〇一二年四月下旬，在球隊剛結束悲慘的一年，傑克森在勇士隊高層管理人員間爆出一個驚人消息：他被兩個人敲詐了數十萬美元，其中一個原本是脫衣舞孃，傑克森在擔任紐澤西籃網隊的電視評論員時曾與這位女性外遇。她手上持有傑克森幾年前傳給她的裸體自拍照，同時也保留傑克森與她交往時留給她的語音留言。傑克森支付五千美元後，這位情婦與她的共犯聯繫傑克森結婚二十二年的妻子，並要求更多錢。於是傑克森向球隊坦承此事，球隊通報FBI。他們設下圈套，讓有關當局順利逮捕兩名嫌犯，並移往奧克蘭的地方法院審理。

整件災難在六月底逮捕嫌犯後被洩漏給媒體，球隊被迫承認傑克森的不當行爲與遭逮捕嫌犯的身分。「我領悟到自己對於這段六年前發生的外遇事件做出極爲糟糕的判斷，包括我在那段時間在與她聯繫時發出的那些難堪內容，以及在面對對方的敲詐動作時，一開始試著要自己解決此事。」傑克森在聲明中說道。「我爲自己對家人、朋友，當然還有勇士隊可能造成的難堪情況道歉。」在傑克森的公眾形象一直以來都是以擁有堅定信仰的專業人士來包裝的情況下，這件事更顯難堪。他曾是名牧師，協助運作他和妻子成立的一間位於南加州的教堂，且在面對媒體與球隊時總不斷提及宗教信仰。

在脫衣舞孃敲詐案一年後，傑克森的信念再次成爲公眾議題。二〇一三年四月，當NBA球員柯林斯（Jason Collins）在《運動畫刊》中宣布他是同志後，傑克森的公開評論惹怒勇士隊上下，包括高層人士在內的許多人。「身爲耶穌基督的子民，我對於對或錯擁有一定的看法。」他在季後賽對上金塊隊期間這樣告訴記者。「話雖如此，我認識柯林斯、我認識他的家人，而這次我一定會爲他們祈禱。」

勇士隊球隊總裁威爾茨，全美職業運動中公開男同志性向職位最高的行政人員無法接受這樣的言論。幾個月後，在一次接受灣區公共電視台訪問時，威爾茨被問到傑克森的評論是否讓他感到失望。「是的，」他說，「而傑克森和我平常就會互通有無，我們應該可以先討論這件事的……這令我感到失望，但我認爲我們已聊過，我們應已達成良好共識。」

由於遭到前脫衣舞孃詐騙、公開做出似乎對同志不寬容甚至是恐同的評論，並與多名行政部門人員在人事關係上多有摩擦，傑克森邁入二〇一三—一四年球季時至少有兩次爭議的紀錄。球隊是執行了他的合約選擇權，不過不保證未來仍是如此。

開幕戰在主場以三十一分大勝湖人隊後，球季剛開打這段時間勇士隊打出一波高潮，他們打出了八勝三負的戰績。有一場在甲骨文球場對上奧克拉荷馬隊的比賽，是靠著伊古達拉的絕殺球拿下勝利的，不過接下來六場比賽輸了五場，部分原因是伊古達拉右腿拉傷，他缺席了接下來的十二場比賽；金州勇士隊輸了七場。很快地，伊古達拉與球隊之間爲了回歸時間產生了一點緊張。「我們的大方向一致，」伊古達拉在缺席十二月中的某次練習後說道，「但細節上的看法有落差。」球迷過去曾看過這樣的戲碼，最後從來都不是好結局。

不過伊古達拉幾天後便歸隊，球隊也開始振作起來。接下來十四場比賽，勇士隊贏了十二場，然後就在一月中遇到一段低潮期。球季到了接近一半時，勇士隊戰績是二十五勝十四負，表現不像是只有一年好表現，而像是經驗豐富、志在必得的球隊。

柯瑞的身體非常健康，且身旁圍繞著比過去更能與他互補的隊友，在傑克森的進攻體系下如魚得水，每場能拿下二十三分與九助攻。伊古達拉雖然帶著傷勢，但也開始融入球隊節奏，每場拿下超過十分，加上五助攻與四籃板。湯普森，拜他四一．四%的三分球命中率所賜，平均可拿下十九分。巴恩斯只有在伊古達拉受傷時先發上場，其餘時間都從板凳出發，拿出平均得分十一分的好表現，而前場雙人組李與波格特，目前三十九場比賽中出賽三十八場，加起來每晚能貢獻二十八分與二十籃板。使出全力的勇士隊仍不算是支菁英隊伍，不過在每場比賽、遇到每支球隊時，都有贏球的機會。

他們甚至在球季中總是無可避免會冒出來的爭議上處理得更好。一月中某場比賽前，傑克森被問到波格特得因爲他又一次奇妙傷勢得在場邊觀戰的事情，這次是骨頭挫傷以及左肩發炎。這位勇士隊中鋒說，他是在一月底打爵士隊那場比賽時受傷的，不過傑克森暗示波格特並未坦承受傷原因。「就我所知，這傷不是在場上發生的，」傑克森說，「也不是練習時受的傷。不是打球時受的傷。我不太確定。可能是睡覺的時候，我是認眞的在說這件事，不過對我們來說，重要的是確保球隊有持續對其傷勢進行治療，然後我們就聰明地看待此事吧。」

波格特聽到傑克森的言論後十分火大。「睡覺受傷那段評論實在太荒謬了。我不知道是從哪傳出來的，」他對媒體說道，「原因絕對不會是我一醒來，發現睡覺的時候肩膀擺錯位置，然後會因爲睡覺骨頭挫傷、肩膀出現腫脹。我相信幾乎不可能是這樣。」同一時間，李也在調養肩膀與臀部問題，歐尼爾（Jermaine O'Neal）也出現腰部發炎現象。這代表季中有幾場比賽要用格林先發，他取代波格特先發那晚，球隊以四十三分大勝費城隊。

兩天後，詹姆斯以及衛冕軍邁阿密熱火來到甲骨文球場，勇士隊此刻的自信正處於高點。目前戰績三十一勝二十一負的勇士隊，達到了二〇〇七—〇八年「我們相信」球季以來，季賽前五十二場的最佳戰績。在距離全明星周假期只有幾場之遙的現在，滿溢著希望，不過熱火隊戰績爲三十六勝十四負，仍然高了他們一級。以詹姆斯搭配三名未來名人堂成員——韋德、包許與艾倫的陣容，邁阿密在去年球季堪稱經典的冠軍系列賽中擊敗聖安東尼奧，並以不可阻擋的氣勢在東區邁向連續四年打入冠軍賽之路。透過對上邁阿密這場比賽展現出的鼓舞氣勢，勇士隊能讓大家知道他們是NBA的一支勁旅。

比賽來到最後一分鐘，勇士隊拿出超水準表現。在第三節剩下七分五十二秒時邁阿密領先二十一分，不過勇士隊接下來打出一波二十八比九攻勢，在進入第四節時將差距縮減到兩分。比賽剩下最後十五秒時，看起來柯瑞的上籃與罰球（承蒙查莫斯〔Mario Chalmers〕的犯規）似乎決定這場比賽的勝負。勇士隊以一一〇比一〇八領先，不過邁阿密還有最後一擊機會。

運球進入前場後，查莫斯在時間剩下九秒時將球傳給詹姆斯。在伊古達拉防守他且無人協防的情況下，詹姆斯有了決定。湯普森緊跟著站在角落的查莫斯（他是三分球命中率三九%的優質射手），不讓他有無人防守的空檔。詹姆斯是可以嘗試迫使對方協防，接著傳球給那名年輕控衛，但他決定拿下伊古達拉。以菁英級外圍防守能力為特色之一的勇士隊小前鋒，盡了一切努力，持續高舉右手，不過詹姆斯的後撤步三分球，就這樣從他伸手可及之處飛過。

拉各布就站在距離兩人只有幾呎之遙的場邊座位，詹姆斯看著他投出的球在比賽剩下十分之一秒時刷網進籃，以一一一比一一〇獲勝。這名統治級的MVP球員為邁阿密拿下三十六分、十三籃板與九助攻。「在這天結束時，」傑克森說，「我們都見證偉大表現。」

在這個球季前半段即將結束而首次獲選全明星賽，準備前往紐奧良參加這次慶典的柯瑞，無法不注意到詹姆斯在甲骨文球場展現出的絕佳表現。

早在這場比賽輸掉前，拉各布就不認為傑克森懂得善用這支勇士隊，並且就在詹姆斯投進致勝分前幾個小時，在報紙訪談中說出他的看法。對《聖荷西信使新聞報》發表意見時，拉各布強調他對傑克森有信心，不過也要讓大家知道，這支球隊並未打出他所預期的表現。這個球季的目標，他說，就是以西區前四強做收；由於一些不該輸的比賽，使他們離這個目標落後了幾場。「從底線來看，正如我們這行所說的，淨值，就是我們現在是三十一勝二十一負，我們沒打出球隊需要的表現。我們在主場一直表現得非常不穩定。」他在表達想法時，甚至用了一些經營上的難解黑話。「客場打得不錯，但我們在主場輸了幾場比賽……可能有四場比賽是我們絕對要拿下的，但我們沒有。而我不確定原因為何。這支球隊在那幾場比賽中沒做好準備。為何我們沒能在主場拿出應該要有的穩定表現，這點我無法解釋。我們有優異的主場優勢、優質的球迷、優秀的氣氛。這個優勢並不明顯。」

被問到對傑克森與其教練團的具體看法時，拉各布說這支球隊會等到球季結束才會做出最終判斷。「我認為我們的教練做得不錯。我們拿下幾場重要勝利，在客場拿下多場勝仗，這通常可以做為好教練的特徵，」他說。「不過有些地方令人不安。在主場的比賽中，有點缺少取勝的企圖心，這是我擔憂的地方。」傑克森正式，且公開地收到警告。

幾個星期後，大家正要關注接下來的季後賽時，傑克森又對球隊丟出一顆震撼彈。三月二十五日，還是第一年擔任助理教練的史考拉布萊恩，收到傑克森個人發出的降職命令。根據報導指出，即便這個球季已到尾聲，行政部門強烈希望傑克森重新考慮此事，但尊重他的安排。

關於這個安排，傑克森公開說明時只提到兩人之間「在思考哲學上有歧異」。在距離球季只剩下十一場比賽時，史考拉布萊恩被流放至發展聯盟聖誕勇士隊的教練團。

還沒過兩個星期，教練團又爆出另一個荒謬醜聞。幫傑克森設計防守陣式，並花了好幾個月訓練格林，釋放他尚未開發的防守專家潛能的助理教練埃爾曼，因爲「違反公司政策」遭到終止職務。後來報導指出，埃爾曼至少有一次祕密錄下教練團成員間的對話。加州法律要求須雙方同意才能錄音，勇士隊只好被迫將他解雇，不過這對組織來說並不光彩，且又讓人想起過去科漢時代不斷發生的種種事件。就在季後賽開打前幾天，至少在場下，勇士隊這支球隊正亂成一團。

在場上，勇士隊的表現不錯。最後七場比賽贏了五場，以五十一勝做結，並保住第六種子之位，這是他們二十二個球季以來最佳表現。保持健康是主要原因：所有先發球員——控球後衛柯瑞、湯普森擔任得分後衛、小前鋒伊古達拉、大前鋒李，以及中鋒波格特，全都先發出賽了至少六十三場比賽。拜大家能同時出賽所賜，柯瑞（兩百六十一顆）與湯普森（兩百二十三顆）兩人打破NBA史上同隊兩名球員總和投進最多三分球紀錄。勇士隊在打出聯盟第六快進攻節奏的同時，在攻擊與防守的表現都排在聯盟前十二名。

在球季剩下最後兩場比賽時出現了真正的挫折，當時已經從鼠蹊部傷勢中復原的波格特，被診斷出肋骨斷裂，不確定何時能夠上場。當時預料他至少會缺席季後賽第一輪，歐尼爾則會在這段時間取代他成爲先發球員。

波格特對於又一次古怪、時機不對的傷痛感到十分沮喪，只得開開自己在接下來休賽期的訓練內容玩笑。「這個夏天，我會致力於學習如何在打球時不惜一切代價避免身體接觸，我猜會是讓開防守路線、不要製造進攻犯規，也不要嘗試蓋火鍋。」他說，「聯盟中有些球員非常擅長策略性避免身體接觸，所以我想我得觀察他們，把這些技巧融入比賽時的打法。」

波格特將會缺陣，不過這名澳洲球員的缺席，對勇士隊來說並非死亡的喪鐘，近年來球隊已提升陣容的深度，相信球隊能夠存活夠久，以見證他的回歸。

然而要實現這件事，需要闖過強大的洛杉磯快艇隊。

大多數NBA季後賽第一輪的對戰組合都十分枯燥沉悶。第四和第五種子對決時偶而會有些比較激烈的對抗。每幾年會發生一次低種子（第七或甚至是第八種子）把頭號種子逼到邊緣，甚至讓對手十分沮喪地被淘汰出局。不過第三種子對第六種子這種對戰表中段的組合，通常不會產生什麼太令人印象深刻的比賽內容。確實，勇士隊和快艇隊在太平洋區分別排名第一與第二，在總排名上只有六場勝差，但他們彼此對戰的成績是平手。勇士隊有柯瑞與湯普森；快艇隊擁有全明星球員葛里芬（是柯瑞那年的選秀狀元）和保羅這個繼魔術強森後聯盟最致命的純控球後衛。大多數人推測這個組合會打到第七戰，而籃球之神也沒讓大家失望。

然而，上帝下了遠超乎大家想像的旨意，第三戰後出現一則重大消息。當時，快艇隊以二比一領先，而季後賽已經移師回到甲骨文球場。先在第一戰以微小差距偷到一勝，再於第二戰以四十分大敗後，只見勇士隊回到主場後在第四節打出一波瘋狂大反攻，儘管最後一分鐘柯瑞投進兩顆三分球，仍差了一些，以九十八比九十六令人心碎地敗下陣來。如果勇士隊沒有補上第三節留下的十八分差距，他們甚至沒辦法把比分追到這麼近，當時傑克森把歐尼爾和李換下來，讓格林上場打中鋒、巴恩斯擔任大前鋒。這個「小球」陣容讓小一號的格林與對手的大個子捉對廝殺，立刻打出一波十比〇的攻勢，在短時間內幫第四節的瘋狂大反擊增添燃料。

這個系列賽打到目前為止符合大家的期待，而第四戰看來似乎只是延續前幾場的戰況罷了。

當時八卦新聞網站TMZ流出快艇隊老闆史特林（Donald Sterling）對女朋友說出一連串歧視非裔美籍人士（其中包括魔術強森）的言論。史特林一直以來都有聯盟最令人反感的球隊擁有者之一惡名，這個新聞在幾個小時內便掀起熱烈討論。到了第四戰跳球前，史特林的爭議籠罩整個NBA，甲骨文球場也成了引爆點。快艇隊球員出場進行賽前投籃熱身時，將熱身球衣反穿，讓胸前看不到「快艇隊」字樣。此刻這個第一輪對戰組合注入一些超越運動的精神，成為全世界觀眾都在關注的文化事件。

這個場邊插曲明顯影響到快艇隊。比賽開始前，總教練瑞佛斯在接受記者提問時用了各式各樣的說法表達數十次「我不知道」或是「沒想法」。球員看起來也都無精打采，似乎他們的精神能量已被球場下的事務給消耗殆盡。勇士隊打完第一節時取得十五分領先，且到最後都沒被拉近。最後柯瑞拿下三十三分，其中包括開打後在第一節就投進五顆三分球，同時伊古達拉也得了二十二分，送出九次助攻。格林取代歐尼爾的位置，生涯第二次先發出場，李則上移打中鋒，這個小小的調整讓這支球隊獲得了額外的能量（ESPN轉播比賽時，播報員小范甘迪〔Jeff Van Gundy〕不斷稱此陣容為「速度陣容」）。葛里芬在格林的防守下，原本在之前比賽中連續得分超過三十分的他，這場比賽只得到二十一分，不啻為一種特別的啟示，勇士也以一一八比九十七輕鬆拿下勝利，在系列賽中追成平手。「這場比賽我並未善盡職責，」賽後瑞佛斯說道，「責任在我。」

不過回到主場後快艇隊恢復精力，第五戰以一一三比一〇三舒適地獲勝。第一節落後十分後，勇士隊再也沒能取得領先。傑克森甚至於第四節前六分鐘再次使用「小球陣容」——柯瑞、湯普森、格林、巴恩斯與伊古達拉，試圖利用體能與防守拉近差距，卻無功而返。

在這個球季命懸一線的狀況下，勇士隊於第六戰回到甲骨文球場，在全場爆滿球迷以超過三千支迷你擴音器（這要感謝廠商的促銷活動），整晚不斷製造響徹球場的震耳歡呼聲下，以一百比九十九的些微差距拿下勝利。格林連續第三場先發，打出職業生涯初期最全面的表現，摘下十四分、十四籃板、四助攻與五抄截，第一次在全國舞台上隱約顯現出他大有可爲的前景。柯瑞得到二十四分與九助攻，並以在時間終了前最後〇．四秒時刻意兩罰不中，替球隊守下勝利。

甲骨文球場從來沒有因爲勇士隊球員罰球不中而發出如此大的歡呼聲。

取得勝利後，傑克森發表談話時同時使用現在式與過去式，像是在隱隱暗示這可能是他擔任勇士隊總教練的最後一場在主場進行的比賽。「我爲我的球員感到驕傲。這是一段非常難以置信的過程。」他說，「此刻，在面對擁有兩位世界排名前十球員的第三種子球隊，以及未來的名人堂教練，儘管在場邊充滿許多雜音的情況下，我們也將進入第七戰。」他列舉球隊在面對逆境時如何強化韌性與意志。「史貝茲？準備好了。阿姆斯壯（Hilton Armstrong）？準備好了。克勞福（Jordan Crawford）？準備好了。格林，熱愛競爭。李能對比賽狀況做出回應。我爲這些球員感到驕傲，而這不會是我們表現最好的比賽。」這段言論就像是共事許久的同事，在上班最後一天發出一封傷感彆腳的道別信，不由自主感謝想到的所有人。

傑克森用比充滿自信更挑釁的口吻補充道，「我很期待第七戰。」

勇士隊自從一九四八年，也就是福爾克斯以他那新穎的「跳投」統治古老的BAA，讓東岸球迷不斷發出驚呼的時代後，就沒有在客場拿下第七戰過，而這次歷史也再次站在他們的對立面。最終，在快艇隊兩分球命中率達到五五%的情況下，失去波格特成了球隊不可承受之重。儘管柯瑞拿下三十三分，格林也得到二十四分，勇士隊還是沒能跟上快艇隊的快節奏，他們在第四節攻下三十九分，以一二六比一二一獲勝，讓勇士隊這個球季就此結束。事實上勇士隊在比賽剩下兩分二十二秒時還領先一分，不過快艇隊持續在籃下得到他們所需的分數。葛里芬與小喬丹在接下來九十秒內合得八分，確保這次勝利。

傑克森表現出堅定態度，無論拉各布對他的去留做出何種決定，他似乎都已做好準備。「我有完全的信心與信仰，無論如何，我都不會有事。」他說，「就算我回去當全職牧師也無妨。」

拉各布需要顧慮許多層面。一方面，勇士隊打出近二十多年來最好的兩個球季，且是從「Run TMC」三人組那段日子以來最棒且最有活力的籃球風格。這些球員明顯喜愛傑克森的風格與性情。他是一個擁有堅定信仰的人，且激起好幾名勇士隊成員的共鳴，特別是柯瑞與伊古達拉。在第一戰以些許差距贏過快艇隊後，傑克森被解雇已成定局的傳言便圍繞不去，伊古達拉說球隊要打出表現來「拯救我們的教練。」第二戰開打前，球隊大部分成員都出席傑克森教堂的禮拜。

但傑克森在過去（像是被情婦勒索以及對於柯林斯出櫃的評論）與現在，都發生過許多令人困擾的事蹟。執行董事會成員威斯特在球隊練習時不受人待見。傑克森跟柯克幾乎沒有正常的互動交流，且不希望柯克與其助理教練交談，並禁止分析部門主管傑爾范德在球員練習時幫忙撿籃板球。埃爾曼在被解雇前，就很確定傑克森會在背後說他壞話，且根據報導，史考拉布萊恩一度有好幾個星期沒跟傑克森說話。傑克森幾乎沒有任何跟大家一起重看比賽影片與解析戰術的興致。「他（傑克森）做得很好，而我總是對他各方面的表現讚譽有加，」那年秋天拉各布在面對一整個房間的創投業者時說道，「**但你不能讓這個組織裡有兩百個人不喜歡你。**」

五月六日，傑克森遭到解雇。傑克森手下所有助理教練（無論如何，也沒剩多少人了）也全都打包走人。「更換執行長這個決定下得太晚了，對吧？」拉各布後來解釋道。一直以來，我們都將此視爲經營上的決斷，而非針對個人，即使他自己的兒子也是傑克森迴避的人之一亦然。「無論你做過多少次這樣的決定，我們總是會遇到這種狀況。我們總是等了比原本更長的時間。（做爲創投業者）經過這麼多年後，我對這樣的狀況有深刻的認識。在職業運動，與經營事業並無二致。你眞的得要往前邁進才行。」

正如《運動畫刊》對傑克森的評價，「雖然以長期來看，他是錯的人……但在對的時間，他是那個對的人。」隔天，在派崔克（Dan Patrick）的全國聯播廣播節目現聲時，傑克森暗示說他是因爲沒有默許拉各布改革整個教練團的要求而遭解雇，並毫不保留地批評這個組織干涉他的職權。

拉各布後來承認，圍繞在傑克森與其教練團那長期的騷亂是雙方拆夥的引爆點：「我全權委託你。收下我的錢包。盡一切辦法把世界上最好的助理教練弄進來。以上。故事結束。」但傑克森並未讓步。「他的答案……是，『是喔，我已經有最好的教練團了。』不，你沒有。」

傑克森希望不管是誰都要好好接手他的球隊，甚至最後還挖苦了一下那位繼任者。「那是一支擁有奪冠能力的隊伍。」傑克森對派崔克說，「那是一支有所準備，正要起飛的隊伍。有個人將會繼承這些令人驚奇的球員，令人驚奇的孩子。看他們下一步會怎麼走會十分有趣，因為五十一（勝）遠遠不夠。」

勇士隊球迷也被這個消息給嚇呆了。把繼尼爾森之後最成功的總教練開除是什麼意思?去質疑決定為何會被當地媒體爆出來，對拉各布並沒有益處。儘管大衆承認傑克森搞砸很多事，也遠遠稱不上是位完美的領導者，但還是將這個動作視為反動，且受自我意識所驅動。他們認為讓人格衝突影響人事問題，可能會讓組織走上多年前的回頭路。

其中《舊金山紀事報》出現一篇強烈指責此事的報導，是由資深專欄作家詹金斯（Bruce Jenkins）所寫的，他火力全開，大肆批評拉各布。提及勇士隊近幾年的成功時，詹金斯堅決主張，「因為一個人的人格就要否定這一切，這是個風險很大的賭注。而我不會接受，在新教練的帶領下，同一支勇士隊隔年就能打進NBA總冠軍戰這樣的主張。」

「錯得離譜。一點機會都沒有。」

CHAPTER 7

衆志成城

2014—2015球季

這個領導方針推動這支球隊取得 NBA 最佳戰績。

當拉各布做出解除傑克森總教練職務這個不受球迷待見的決定時，這支球隊的未來取決於他在甲骨文球場邊漫步時浮現的想法。這聽起來有點誇張，不過這支球隊正處於另一個過去幾十年來時常發生的那種，即將落入谷底的關頭。在過去十八年來只打入一次季後賽的情況下，這支球隊總共換了十一名不同的總教練。這就像是一名年輕的四分衛，隊上的攻擊教練一直被其他球隊挖走，球隊一直處於不安與動盪，沒時間培養化學效應或有一丁點累積。

這段期間的第十一名總教練傑克森，原本應該要打破這個循環的，不過他的傲慢替他埋下禍根。在一個尋求鼓勵對話的組織中，傑克森偏好堅持其職權中的權威泡泡。總教練當然能以他認爲合適的方法運作球隊，不過球隊擁有者能夠挑選任何他想要的總教練。經歷過大小執行董事會議的拉各布深諳此道，**領導者得要有領導權，不過當最好的決定是最難的決定時，高層管理者也得明白這點**。

拉各布的下位總教練得是個贏家。他承擔不了搞砸這件事的後果。休賽期已經發生太多騷動，而這個球季也才剛剛過去。再加上傑克森的離去，球隊在季後賽對上快艇隊期間宣布，原本在兩年前大肆宣揚的場館搬遷計畫得要廢止，新計畫仍是要在舊金山蓋一座新場館，不過現在將場館位置移至這座城市的東南，更靠近工業區，且遠離拉各布在二〇一二年時引以為傲的如畫般河堤美景。這對球隊來說是場挫敗，並以高達十位數的金額提醒眾人，私人投資一座綜合運動場館的過程，充滿了潛在的誤區。

不過這是未來的問題，總教練空缺遠比此事緊迫，然而就在傑克森去職後八天，勇士隊就做出決定，是一名在球員時期曾拿下五座冠軍、NBA最具辨識度的面孔之一的男子，以及，當然，**一個從未有一秒鐘教練經歷的名字**。

「行政部門看起來應該是什麼樣子？」在波士頓舉行的麻省理工史隆管理學院運動分析論壇，長期以來一直以整個產業中最高瞻遠矚的討論內容而自誇，而且在「籃球分析」討論小組上，總是能集結最坦率直言的教練與總經理，進行一些吸引人的討論，這是每年最受矚目的討論會，幾乎沒令人失望過。不過二〇一四年由娛樂網站《格蘭特地》（*Grantland*）記者羅威（Zach Lowe）召集策畫的討論會，產生了公共領域中最睿智的籃球相關議題討論內容。其中有波士頓塞爾提克總經理特助賽倫（Mike Zarren）與總教練史蒂文斯（Brad Stevens）詳細說明球隊練習計畫背後的科學；有前邁阿密熱火隊總教練大范甘迪（Stan Van Gundy）抱怨進階數據沒比用雙眼觀察有效。講台上還有前多倫多暴龍隊與鳳凰城太陽隊總經理柯蘭基羅（Bryan Colangelo），提出球隊實際上應該投資多少錢在數據分析部門（大約是五十萬美元以上）。

其中柯爾這名《透納體育》（*Turner Sports*）廣播分析員周遊在各小組之間。身爲講台上第二名前太陽隊總經理，柯爾更有資格回答羅威的提問，並表達他對於現代NBA行政部門的運作架構應該是什麼樣的洞見。「我認爲自己尋找的，」柯爾說，「是一個**能將籃球知識用數字整合的人。一個眞正擁有籃球與分析背景，能用這兩種角度切入，讓我們在溝通上更加省事的人。**」

柯爾講了一個他還在鳳凰城時的故事。二〇〇九—一〇年球季，柯爾在這支球隊的最後一季時，他正在找辦法把全明星球員史陶德邁爾交易出去。在他嘗試（並失敗）說服勇士隊用年輕新秀柯瑞的選秀權交換後，柯爾拚命想在交易截止日前找到一個買家。在這過程中，他的手下嘗試要找出潛在交易目標，提議之一，是在克里夫蘭騎士隊打第二個球季的二十一歲大前鋒希克森（J. J. Hickson）。將他納入考慮的首要因素，是他擔任騎士隊先發球員時平均雖然只拿下九分，但擁有極高命中率。根據太陽隊球探指出，希克森的籃下命中率高於史陶德邁爾，數據是這麼說的！

但柯爾十分懷疑，「你在跟我開玩笑吧？」

「沒有，數據在這，一個六五％，一個六二％。」

柯爾並未買單。NBA只有幾個球員在籃框附近把球放進的技巧比史陶德邁爾好，許多大個子都沒有那種體能處理在籃框三、四呎處終結進攻的麻煩事，不過他擁有這種身手。柯爾調出希克森比賽時從距離籃框零到五呎距離的投球影片，結果幾乎全是灌籃，希克森甚至沒在其他距離投過籃。

柯爾忘不了這個片段帶給他的教訓。正如同他對論壇中全神貫注的聽眾所說的，「我會希望有人能夠確實觀察這些數據並很快搞懂，『這些數據沒有效，是因爲他不適用於希克森，因爲他在兩呎到五呎距離根本不投籃。史陶德邁爾更好。』有這麼多的資訊，不過你要怎樣才能完全參透呢？我想如果有個擁有這兩種能力的人，那會帶給球隊很大幫助。」

柯蘭基羅也對此留下深刻印象。「史提夫明顯擁有多方天賦，並少見地擁有智慧、個性與人望等特質，」他說，「他理智、冷靜且自信的舉止讓他成了一個能夠輕鬆交流與值得信賴的人。」

柯爾的自信來自充分準備。過去一年多來，他不斷累積許多在其漫長且風雨飄蕩的職業生涯中，所吸收的各種有效的概念與策略，將之整理成文字檔，同時（在朋友的協助下）建立了成爲NBA教練所需的戰術影片資料庫。到了二〇一四年春天，柯爾收集許多戰術，並從某些對這項運動擁有卓越見解的人身上，得到衆多教練知識。能夠擔任TNT電視台的評論員他十分開心，不過如果他擁有成爲教練的機會，他想要在這之前做好準備。五月時，他將自身想法與包羅廣泛的資訊集結成一份簡報檔，第一張投影片的標題是「爲何我已經準備好成爲一名總教練了」。

總體來看，柯爾的履歷表不只說明他多年來在許多這項運動中最成功的教練手下工作時，所收集的豐富籃球知識，更是一個將「兼容並蓄」當成生活哲學的人所能達到的最精采生活。

柯爾生於黎巴嫩，在安與麥爾坎・柯爾家中四個小孩裡排行老三。十多年前，他的父母在貝魯特美國大學相識，這間學校被稱爲「中東的哈佛大學」。麥爾坎一九三一年十月生於黎巴嫩，一九五五年在貝魯特美國大學取得碩士學位。他們很快就結婚了，然後麥爾坎於一九五八年獲得約翰・霍普金斯大學國際關係博士學位，直到一九六一年他們都待在貝魯特，隨後他獲得UCLA的教職，舉家搬至南加州。

當時，麥爾坎很快就建立起他在中東關係上做爲世界領導學者之一的地位，他的著作《阿拉伯冷戰》（*Arab Cold War*）被認爲是此議題的代表性作品，儘管技術上柯爾住在美國，但他們時常往返貝魯特。一九六五年九月柯爾也一起出國度假，他的成長時間不單單只是待在南加州家中，還時常遊歷像是埃及與突尼西亞等國。在國外時，柯爾被他從小長大的慵懶加州小城裡絕對看不到的貧窮景象給嚇呆了，他看到小孩踢足球時用石頭當球門線，而球也不過是把碎布捆成一團做成的。「這讓我深感同情，並感激自己的國家，」柯爾在二〇一六年的一次專訪中提到，「我們不只生活在舒適與自由的環境中，更讓我們每天都活在喜悅之中。大多數人的成長過程中無法享有這份喜悅，他們得爲生存奮力掙扎。這對年輕時的我不啻爲一道重擊。」

柯爾從年少時期開始就會跟哥哥約翰打籃球和傳接球，沉迷在運動世界中。就讀帕利薩德高中時，柯爾在學校棒球隊擔任三壘手與中繼投手，同時也是籃球校隊的先發控球後衛。儘管麥爾坎除了偶而和朋友在路邊球場打一對一的休閒網球外，並不十分熱中運動，仍非常支持柯爾對運動的熱愛，他會在大學美式足球賽轉播暫停時間，繼續閱讀擺在腿上的阿拉伯讀物，且在他的學術寫作中，無論主題爲何，都能發現他用運動做爲參考範例。在南加州斷斷續續生活接近二十年後，麥爾坎於一九七九年獲得美國大學開羅分校的教職。當時黎巴嫩爆發內戰，變得太過危險，於是把家人安頓在埃及是個折衷辦法。柯爾在那邊讀完高中一年級才回到加州打籃球。

一九八二年夏天，麥爾坎接下形塑他整個人生與世界觀的機構，貝魯特美國大學校長一職。儘管當時那個區域的緊張情勢節節上升，但這是無法拒絕的夢幻工作。正如同有一次麥爾坎對安所說的，「除了看柯爾打籃球以外，我最想做的事就是擔任貝魯特美國大學的校長。」

同時，正就讀帕利薩德高中的柯爾表現持續進步，這間學校曾在幾年前將隊上球星范德維奇（Kiki VanDeWeghe）送進UCLA以及NBA丹佛金塊隊，然而柯爾獲得第一級大學籃球獎學金的希望十分渺茫。他身高六呎二吋（約一八八公分），擁有不錯的外線投籃能力，也能組織進攻，不過他非常瘦，只有一百七十五磅（約八十公斤），看起來就會被塊頭更大、更敏捷的高年級球員壓制。他從孩提時期就愛上UCLA，他父親在這間學校任教時，正是傳奇總教練伍登（John Wooden）執教，並擁有華頓（Bill Walton）等傑出球員的全盛時期。他對體育運動最早的記憶，就是一九七三年十二月一日，父親帶他去看盧卡斯（John Lucas）率領馬里蘭大學來訪保利體育館，UCLA戲劇性以一分險勝，將連續勝場延續至七十七勝。

柯爾十二歲開始，有好幾個球季都擔任UCLA的球童，不過替該校校隊打球一直是他的長期目標。或許他還能夠繼續打上去？這個想法已經超過柯爾所能預期的了。

一九八八年六月，高中畢業後過了一個月，而秋天落腳的學校還沒有著落，柯爾參加在加州州立大學長堤分校舉辦的籃球表演賽，並吸引即將接任亞利桑那大學總教練的歐森（Lute Olson）的目光。在擁有許多傳統強隊的太平洋十校聯盟（Pac-10），亞利桑那野貓隊永遠是最後才會被想起的隊伍。自從五年前加入這個分區後，這支球隊只有一次獲勝紀錄。一九八二—八三年球季，亞利桑那大學跌到谷底，二十八場比賽只贏了四場，於是學校將歐森從愛荷華大學挖來，他在執教愛荷華大學期間曾連續五年打入NCAA錦標賽，一九八〇年還打入最後四強。

執掌亞利桑那大學後，歐森承接了一個混亂局面，而他需要優質球員好重建整個體系。他正在尋找不只是有天賦，個性也要好的球員。「蠢蛋吸引蠢蛋，」歐森曾這樣說，「優秀小孩吸引優秀小孩。」這位新教頭看到柯爾打球的樣子時，手上還有一個獎學金名額。雖然柯爾和歐森兩人馬上互相接觸，柯爾並不相信這個教練真的想要他加入，所以他試探性地接受當時唯一收到的加州州立大學富勒頓分校獎學金。後來麥爾坎回到加州後，察覺到柯爾十分緊張，就馬上打電話給歐森緩和整個情勢。

感謝父親居中協調，一個月後帕利薩德高中的驕傲，在從未拜訪過未來校園的情況下，把他的天賦帶到了土桑市。才剛到那裡，就遇上一場惡夢。柯爾在秋天學期開始前去貝魯特探望父親，他原本排定在八月十二日搭飛機返家，不過當他和母親抵達機場航站時，砲彈開始如雨般從天空落下。「沒聽過砲彈打在離你這麼近的地方前，你不會知道死亡的聲音聽起來是什麼樣子。」幾個月後柯爾回憶當時景象時說，「那是死亡的聲音。我絕對忘不了。」

機場關閉了幾個星期，於是麥爾坎打了幾通電話。三天後，柯爾開了十小時的車穿越敘利亞到達約旦，他能從那裡飛到開羅，接著飛回美國。儘管一路上有無數軍事檢查站，柯爾最後還是成功搭上飛機返航。

麥爾坎原本計畫好三月初要（跟安一起）回國，看柯爾在保利體育館對上UCLA的比賽，不過一九八四年一月十八日，兩名男子（後來據說是真主黨成員）接近麥爾坎（就在校園裡他跟安三十年前相遇的同一棟建築），並槍殺他。當時他只有五十二歲。雷根總統稱讚麥爾坎「毫無疲倦且充滿勇氣地維持學術自由及優質教育的原則。」當天《洛杉磯時報》頭條新聞為：「大學校長在貝魯特遭到殺害。」隔天《紐約時報》頭版刊登：「大學校長在貝魯特遭殺害；槍手逃逸。」

麥爾坎遭謀殺後兩天，亞利桑那大學預定太平洋十校聯盟賽中，於主場應戰亞利桑那州立大學。歐森的野貓隊這個球季上半段的表現悲慘至極，十三場比賽輸了十一場，其中包括到目前爲止的四場太平洋十校聯盟內戰。同時，太陽惡魔隊（The Sun Devils），則是拿下了較體面的七勝七負，且已對野貓隊拿下十連勝了。

柯爾在午夜時收到家人朋友打來說父親過世的消息後不久，歐森（在妻子芭比的要求下）要柯爾收拾東西，把柯爾帶到他們家。接下來兩天柯爾都睡在那裡，同時試著釐清事情的狀況。「歐森的父親也過世了，所以他告訴我他的故事，這對我幫助很大。」柯爾說，「他只是想給我一點空間，讓我做我想做的事。我覺得這時最好就是打球，遠離這件事。」

歐森以爲柯爾會想休息幾個星期，不過他那個心碎的大一生執意要上場。柯爾在進休息室前就先哭過，其他球員依序過來拍拍他的肩膀。就算這場比賽他坐壁上觀也沒人會指責他，不過比賽前大家安靜地準備比賽時，柯爾也跟他的隊友站在一起。柯爾低下頭，只用熱身外套擦去從臉上流下的淚水。

歐森在開賽八分鐘時將柯爾換上場，而原本只是太平洋十校聯盟間的一場世仇對決，臨時變成一位平民英雄打出名號的戰役。

在亞利桑那大學需要一顆三分球時，柯爾在二十五呎處投出一記長射，球入網。下一球柯爾在罰球線右側出手，十五呎左右，空心入網。

亞利桑那州立大學總教練溫豪爾（Bob Weinhauer）知道自己正在見證歷史。他曾在五年前率領賓州大學闖入最後四強，十分熟悉這種罕見的表現。「看到某個人在這種嚴密防守下，受到這種壓迫時拿出這種表現，」溫豪爾說，「那是件非常、非常特別的事情，我絕對無法忘記。」

亞利桑那大學以七十一比四十九大比數領先，讓歐森拿下他在太平洋十校聯盟的首次勝利。柯爾拿下生涯最高的十二分，且在距離比賽結束還有一分三十九秒被換下場時，受到麥凱爾中心裡球迷起立鼓掌的喝采。且後來每次他進球，廣播播報員塞德麥爾（Roger Sedlmayr）就會高喊「史蒂夫～柯爾～！」

而場邊球迷每次也都會回以：史蒂夫～柯爾～！

麥爾坎死亡後兩天，柯爾的傳奇誕生。

接下來幾個星期，他不斷將球投進籃框。在贏過亞利桑那州立大學那場激勵人心的比賽後八天，柯爾在客場對上奧勒岡大學時拿下十五分（又一次生涯新高）。他一直偏好二十至二十五呎處的長射，不過他的準心有了突破性的進步。歐森的助理教練湯普森（Scott Thompson）在指導柯爾練習投籃時，只讓他在十五呎左右投球。「腎上腺素，」他跟柯爾說，「能讓距離增加十呎。」

這聽起來可能有些古怪，不過確實奏效。柯爾出賽二十八場，平均拿下七分，投球命中率五一．六％。大二球季，柯爾出賽三十場，二十九場先發，平均拿下十分（全隊第三高），投籃命中率五六・八%。大三球季，柯爾三十二場出賽全爲先發，最後拿下全隊第二高的平均十四・四分。

柯爾進步的同時，野貓隊也開始贏得更多比賽。柯爾大二球季時亞利桑那大學戰績是二十一勝十負，且打入八年來第一次NCAA錦標賽。等到柯爾大三，野貓隊最後在所屬分區排名第八，但戰績爲二十三勝九負，且贏得校史首次太平洋十校聯盟例行賽冠軍。

不過在他大四球季開打前幾個星期，柯爾正在西班牙參加一九八六年的世界盃籃球賽（歐森是這支球隊的教練），準決賽時他跳起，試圖越過隊友史密斯（Charles Smith）時弄傷了右膝蓋。有名防守者直接卡在柯爾前方，迫使柯爾在空中轉變身體方向。在這個動作下，他勉強用過度扭轉的右膝蓋著地，這個衝擊使他的前十字韌帶與內側副韌帶都斷了。柯爾痛苦尖叫，倒在場上疼痛得不斷滾動。他只能在旁人攙扶他手臂的情況下，一跛一跛地走回板凳席，史密斯扶著他的右手臂，左手臂則是巴西傳奇名將施密特（Oscar Schmidt）攙扶著。

美國隊後來贏得金牌，不過那時柯爾已經回到美國準備動手術。雖然最後不能跟隊友一起站在那裡（也根本不能站著），柯爾讓大家看到他的身手。「我每天都對他能做到什麼以及他又要展現出什麼身手感到無比驚奇，」名人堂傳奇中鋒，也是柯爾當時的隊友羅賓森說，「特別是他原本並不是令人印象深刻的球員。」

憑著他在西班牙的優異表現，對柯爾來說，閃閃發光的NBA生涯似乎遠比任何時刻都要更加眞實——不過有個前提。美國國家隊的隊醫塔夫特（Tim Taft）診斷他的傷勢後，跟他說的第一件事，就是他有可能再也無法打球了。「當時我心想，謝謝你喔醫生，」柯爾笑著說道，「謝謝你這段打氣的話。」

塔夫特的初步懷疑並非空穴來風。一九七〇年代以降，前十字韌帶與內側副韌帶撕裂的運動員通常再也無法回到場上。不過到了八〇年代初期，韌帶重建的發展已進步到手術與復健能夠幫助球員恢復，但不保證一定會復原。「當時一名控球後衛受了這樣的大傷，」塔夫特說，「就算這個傷讓他的籃球生涯就此結束，也不是什麼令人意外的事。」如果柯爾這個傷再早五年發生，他進入NBA的可能性瞬間就會消失。

手術後，柯爾完全確定他能在九個月後回到場上，不過這意味著一九八六—八七年球季他就要以「醫療豁免」的資格停賽一年。這段期間，柯爾實質上成了野貓隊的學生教練。「我們認爲我們將會變成一支眞的很棒的球隊，所以他倒下對球隊來說，是個非常棘手的打擊，」當柯爾在場邊觀戰這年，正進入大四球季的佛雷澤（Bruce Fraser）說道。亞利桑那大學繳出十八勝十二負成績，連續三年進入NCAA錦標賽。「他停賽那年，並沒有在場邊執教，但我認爲他總覺得自己會指導。」

柯爾於一九八七—八八年球季回歸野貓隊時，隊上可說球星濟濟。在柯爾與充滿活力的艾略特（Sean Elliott）這個土桑市人，且成爲這個學校校史得分第一多的球員重新聚首後，亞利桑那大學已是蓄勢待發。托伯特（Tom Tolbert）這名去年從加州大學爾灣分校轉學過來的大四球員，也發展成能夠隨心所欲拿分跟抓籃板的可靠內線。

對柯爾有利的地方是，NCAA終於（且在爭議下）採用了三分線，設定爲弧頂距離籃框十九呎，兩側底端則再多九呎。這意味著柯爾的遠距離投射能力比過去都要更有價值（如果他能保持原本的效率）。

現在，野貓隊成了無人能擋的發電機。他們打出開季十二勝〇負成績，並在這段期間擊敗三支前十名的隊伍，成爲全國第一。他們以三十一勝二負戰績進入NCAA錦標賽，同時也是太平洋十校聯盟冠軍。這個球季活像是個長達五個月的加冕儀式，全國冠軍已是註定到手。

且儘管柯爾最後也只以平均每場十二．四分在隊上排名第四，他的三分球實力可說深不見底。進入三月瘋後，柯爾三分球投一六七顆，命中一〇二顆，這可是高到嚇人的六一．一%命中率，跟任一世代的遠距離射手相比，都絕對是極高的數字。他有差不多七五%的得分都來自三分球。停賽那年，柯爾做爲球員最厲害的武器已然完全裝備好了，而大學籃球的新世代也已露出開端，端看他能否善用這項優勢。

柯爾幼年時的暴躁脾氣，已經發展成不在意別人的批評，並學會透過籃球導引自身憤怒。安說她的兒子「成天在場上來回奔跑時，能夠更小心控制自身的情緒。」沒有比他四年級後期發生的這件事更能呈現這段話了，二月時在坦佩市對上亞利桑那州立大學時，有十幾名左右的學生在球隊熱身時，用像是「巴勒斯坦解放組織」和「滾回貝魯特！」等詞彙對他叫囂，同時還提及他父親的死。柯爾雙眼泛著淚光，得要坐下幾分鐘讓自己冷靜下來。過去這幾年來，他時常聽到亞利桑那州立大學的學生說出類似的話，但都沒有這次傷人。

柯爾上半場三分球投六中六，最後共得了二十二分，球隊以一〇一比七十三大勝。拿下勝利後，柯爾稱那幾個特定球迷是「地球的殘渣」，並承認他們激勵他要打得更好：「我更注意自己的投籃一些。中場時，我已經把脾氣控制住了。或許我應該更常生氣才是。」幾天後，亞利桑那州立大學球隊總監哈里斯（Charles Harris）寄給柯爾一封私人道歉信，不過那時候野貓隊已經把目光放在把太平洋十校聯盟錦標賽冠軍打包回家（而且他們不費吹灰之力就辦到了），並強烈聲明他們一定會在NCAA錦標賽取得好成績。

在錦標賽前兩個星期拿下四勝的情況下，野貓隊將戰績推升至三十五勝二負，且贏得校史首次打入最後四強的機會。在大學生涯最後面臨獲得冠軍機會的柯爾，一輪比一輪打得更好，然而他也試圖維持他對某些事情的看法。幾個月前，在野貓隊以十二勝〇負站上全國第一的位置時，柯爾開玩笑地對記者說，贏得冠軍對他來說可能不是最棒的事情。「這樣一來，之後我人生中的一切事情就會是往下坡走了。」他冷淡地說。

唉，野貓隊的球季在他們以八十六比七十八輸給了奧克拉荷馬大學捷足者隊（Sooners）後，苦澀地來到尾聲。這年仍然是他們校史最佳球季（就戰績而言），不過其實有機會更棒的，只是他們沒能掌握住。柯爾打出人生中最糟糕的一場比賽，無法在捷足者隊令人窒息的全場壓迫戰術中找到比賽節奏。大學籃球界最致命的三分球射手，在三分線後方投十三球只進三球。柯爾盡了一切努力（他是野貓隊唯一打滿四十分鐘的球員），卻還是徒勞無功，他只得了六分。「我完全不在狀況內，就是找不到節奏，」柯爾說，「那是當下的壓力所造成的。我持續出手、持續嘗試找到節奏，但就是找不到。無疑地，這絕對是我人生中最失意的一場比賽。」

歐森認爲安到場觀賽的壓力，影響了她的兒子。當時在歐森的教練團中擔任畢業生教練的佛雷澤，看著柯爾完美地完成例行熱身程序，看不出任何他會陷入陰霾的預兆。「通常球員如果緊張，在熱身時也會一直失誤才對。」佛雷澤說，「球賽一開始對手就表現得不錯，他們的壓迫影響到我們，可能也影響到他的投球節奏。如果他投得順，我們可能就能拿下這場比賽，因爲我們是最佳球隊。」

柯爾十分悲痛，確信自己讓球隊失望了。「他覺得這全都是他的錯，我們都打到這裡了。」佛雷澤說，「比賽打成這樣時，你可以看到他臉上露出的沮喪，但當你的球隊擁有這樣的射手時，你總是會等著看他投出下一球。」

無論如何，就算柯爾的三分球只拿出他這個球季的平均水準，甚至只比平常差一點點，亞利桑那大學就能夠晉級到冠軍賽了。「我會一直責怪自己讓球隊輸掉這場比賽。」柯爾在一九八八年接受運動作家費恩斯坦（John Feinstein）的採訪時這樣說道，「大家不斷過來跟我說，這不是我的錯，但我真的不相信。我真的認為，而且會一直這樣覺得，如果我再表現好一點，我們會贏下這場比賽。大家不懂的地方是，其實我可以忍受這件事。這件事永遠會有點困擾我，但也就是這樣而已。我不會被這件事逼得喘不過去。我只是那天投不進而已，我是個射手，而我只是在最壞的情況下失去準心罷了。」

「因為我的人生中發生過許多風雨，我不會把一場大學籃球賽掛在心上太久，即使這是我人生中最重要的比賽之一。我失望嗎？絕對是。氣炸了？你猜的沒錯！不過我垮掉了嗎？不可能。我曾經從比這件事更慘痛的失落中站起來。」

柯爾成為NBA史上其中一名擁有最非傳統的成功職業生涯的球員。一九八八年選秀會，他在第二輪後段（總順位第五十）被鳳凰城太陽隊選中。球隊總裁柯蘭基羅（Jerry Colangelo，他是後來那名總裁的父親），被批評說是因為好意，而挑選了亞利桑那州球迷喜愛的球員。「他表現出值得讓人一試的實力，」柯蘭基羅說，「這才是重點，而他擁有足夠的技巧。他優異的投球能力足以保證他擁有這個機會。」

柯爾新秀球季只出賽二十六場，大部分時間都被放在傷兵名單，接著就立刻被送到克里夫蘭，替騎士隊打了三個球季，球隊又把他交易到奧蘭多，他在那裡與一個叫做俠客歐尼爾

（Shaquille O'Neal）的新人中鋒合作半個球季。不上不下地打了五個球季後，柯爾在家中開心地與妻子瑪歌特和剛出生的兒子尼克歡聚，不過他的職業生涯正走到十字路口。他在思考是否要打電話給歐森，並放棄NBA，開始進入教練生涯。

一九九三年九月，柯爾以自由球員身分與芝加哥公牛隊簽約。接下來十個球季（在芝加哥、波特蘭，並兩度加入聖安東尼奧），柯爾季賽與例行賽加起來會出賽超過七百六十場，而且只先發出賽過一次，不過他以可靠的第六人身分活躍著，且從板凳出發時能夠貢獻不少分數。柯爾也成了聯盟三分球命中率最高的球員，一九九四—九五年球季的五二．四％命中率，這個單季最高三分球命中率紀錄維持了十五年才被打破。隔天，他的三分球命中率是五一．五％，而公牛隊也拿下破紀錄的季賽單季七十二勝，並拿下喬丹世代的第四座冠軍。

一年後，柯爾彌補了自己在NCAA四強賽那次的失敗。

一九九七年總冠軍賽第六戰，比賽剩下二十八秒時兩隊戰成平手，芝加哥聯合中心球場裡所有人都推測球應該會傳給喬丹讓他投出可能拿下比賽勝利，更精確地說，是拿下冠軍的一球，因為公牛隊在這個系列賽已經取得三比二領先了。暫停時間快要結束時，頭上蓋著白毛巾、拿著開特力杯子在喝的喬丹，走到距離兩張椅子遠的柯爾旁，並輕聲要他先做好準備以防萬一。

「如果那個人沒來守我，」柯爾回話時，提到了防守他的球員，猶他隊明星後衛史塔克頓，「我會做好準備的。」

這時喬丹已望向別處，點了點頭。

穆斯伯格（Brent Musberger）在ESPN的球賽廣播節目中大喊，「如果是由喬丹以外的任何人執行這次投籃，那可會成了獨家新聞呢！」而這顯然是可能發生的情節。柯爾發球給皮朋（Scottie Pippen），他在比賽剩下十一秒時將球傳給位於左側的喬丹，不過正如喬丹所想的，史塔克頓跑過來包夾他。

柯爾在弧頂位置有大空檔。

喬丹在剩下七秒時發現他，柯爾冷靜地在二十呎位置將球投進，讓公牛隊取得八十八比八十六領先，且未再讓出領先優勢。喬丹獲選為總冠軍賽MVP，不過是柯爾這球拿下NBA總冠軍。

在冠軍遊行上，柯爾講了他所知道的這一球原本的規畫，說總教練傑克森（Phil Jackson）要喬丹執行最後一擊：「而喬丹說，『傑克森，你知道的，在這種情況下，我無法真正舒適地把球投出，所以我們得設計另一套戰術進行。』所以我想到了自己，嗯，我猜我得再幫喬丹一把！」喬丹和傑克森兩人已經笑翻了，不過柯爾說完這段他曾經幫了NBA史上最偉大球員一把的事情後，對他們聳了聳肩——這也確實讓芝加哥球迷的興奮情緒來到最高點。柯爾將幫助自己度過那段黑暗期的親切與幽默感，在他職業生涯的最高點時展現出來。

「柯爾擁有能夠馬上吸引你的體能天賦嗎？不，他沒有，」跟柯爾一起在芝加哥打了兩年球的阿姆斯壯（B. J. Armstrong）說，「不過待在柯爾旁邊的時間越多，你就會開始理解一些事情。」

一九九八年公牛隊再次贏得冠軍，這也是柯爾連續三年得到總冠軍。一九九八—九九年球季中，柯爾被交易到聖安東尼奧，並在六月拿下另一座冠軍。柯爾四年拿下四次冠軍，讓他成爲完成這個壯舉的首位非塞爾提克隊球員。除了能夠誇耀自己投進冠軍賽致勝球外，柯爾現在還成了運動酒吧裡運動小問題的答案。

又過了幾個球季，柯爾能夠感覺到二十年的籃球競技正在背棄他，對他很久之前靠著手術治好的右膝蓋更是如此，所以當他有機會在二〇〇二—〇三年球季重回波波維奇執教的聖安東尼奧時，他知道這應該是他最後一段演出了。「我能感覺到身體正在崩壞。」柯爾說。

柯爾打了七十五場比賽，是一九九六—九七年以來出賽最多的一年，但儘管一場只出賽十二分鐘，柯爾仍繳出四〇%的三分球命中率。他那不斷逼近的退休日，讓他感到滿滿的自由而非恐懼。在不用擔心合約的情況下打球（柯爾自己提到：「我並不期待有人會傻到給我另一份合約。」），剩下的每場比賽，柯爾完全只爲了樂趣而打。「過去已取得成功，前方又沒有壓力等著你的感覺眞的很棒，」他說，「只要把眼前的事情做好，然後上場打球。那年我感到無比解放，打起球來也是這麼回事。」

柯爾小心謹慎地打到了季後賽。進入到對上同州勁旅達拉斯獨行俠隊的西區分區總決賽第六戰時，柯爾前五戰一共只打了十三分鐘。在隊友間，他開始叫自己「泰德」（Ted），這是參考了屍體被冷凍保存的棒球名將泰德．威廉斯（Ted Williams），在缺少使用的情況下，柯爾感覺到他那三十七歲的身體變得冰冷無比。

馬刺隊只要再贏一場就能晉級總冠軍賽，不過一路走來無比蹣跚。第五戰他們在主場葬送了十七分的領先優勢，並在第六戰後半段時仍處於落後局面。由全明星球員諾威斯基與奈許所率領的獨行俠隊，看似擁有魔力能夠拿下這場比賽，將這個系列賽帶入在聖安東尼奧舉行的關鍵第七戰。

這時，波波維奇最後一次叫了柯爾的球衣號碼。

拜前一晚客房服務送了一些壞掉的烤布蕾所賜，先發的帕克使不出全力，波波維奇在第三節還剩下三分四十四秒時第一次把柯爾換上場。

柯爾立刻傳出助攻，讓傑克森投進三分球，接著自己也在底線投進一顆高弧度三分球。「有些人真的守我守得很緊，」他說，「有時候當你投出一球高弧度的球時，就會有種很快進入狀況的感覺。你就是在很詭異的情況下，把自己微調好。」

在馬刺隊落後十二分時上場打了十分鐘時，柯爾傳出一次助攻，讓吉諾比利投進三分，接著又一次助攻給傑克森投進三分。接著傑克森又投進一顆三分球後，獨行俠隊只以七十一比六十八領先。

接下吉諾比利的傳球後，柯爾投進一顆空心三分球追平比數。

接著他又投進一顆三分球。

又一顆。

當范艾克索在比賽剩下兩分五十一秒時上籃進球，中止馬刺隊二十三比〇的攻勢時，達拉斯已經超過八分鐘沒能拿下分數，並落後八分。最後柯爾拿下十二分，這是他六個月來單場最高得分。第四節聖安東尼奧以三十四比九，在得分上壓過了達拉斯，並以十分舒適的十二分差贏得這場比賽，又一次晉級總冠軍賽。

「這是個令人難以置信的時刻。你得身歷其境才能明白這個時刻對我們所有人來說意味著什麼。」也在經歷了十四個球季後退休的羅賓森說道，「這個時刻就是柯爾的縮影。這裡有個傢伙沒上場多少時間。他沒感受到什麼球場上的氣息，不過當他被叫上場時，這名男子便會拿出強大的表現。這段過程十分痛快，因爲這眞的很『柯爾』。他就是那種人，這也就是爲何那時喬丹會叫上他。如果你得仰賴某人，需要某個可以信賴的人，他就是那個人。」

柯爾在分區冠軍賽的爆發表現也沒讓波波維奇太過驚訝。「這個傢伙總是全程參與練習，會跑步和投球到汗流浹背，」他在總冠軍賽前這樣對記者說，「即使他沒有上場，還是每天不停練習和訓練。」

多年來，馬刺隊的教練與球隊總裁都想讓隊上球員全都不只擁有天賦，還有高尙品格。「人生太短，不能跟蠢蛋處在一起。」波波維奇說道，「這是一門生意，但不是世界上最重要的事情。」

總冠軍戰對上紐澤西籃網隊，柯爾總共只上場二十分鐘，不過馬刺隊輕鬆寫意地在第六戰拿下冠軍。手上握有五枚冠軍戒指的柯爾，以NBA史上三分球命中率最高（四五·四％）的射手身分退休，而他、妻子和三個小孩不久後就從聖安東尼奧搬到聖地牙哥郊區。

二〇〇四年，柯爾加入一個投資團隊，協助薩佛（Robert Sarve，他是亞利桑那大學校友）以當時最高收購金額紀錄的四億零一百萬價格收購鳳凰城太陽隊。三年後，薩佛雇用柯爾（當時是個成功的電視播報分析員）擔任他的總經理。這段時間，柯爾正考慮擔任教練，但覺得時機不對，可能等到他三個小孩大一點再說。在家人仍然住在聖地牙哥郊區的情況下，柯爾試著讓鳳凰城隊脫離過往快節奏的打法，進入到以控球後衛奈許、中鋒史陶德邁爾以及總教練狄安東尼帶領下的新世代。太陽隊的空中進攻讓他們成了NBA最令球迷血脈賁張的球隊之一，不過柯爾希望太陽隊能打出更多防守。

接下來三年，太陽隊的成績僅是在平庸和尚可間徘徊。柯爾第一年擔任總經理時，太陽曾贏下五十五場比賽，不過他用馬里安（Shawn Marion）交易來上了年紀的俠客歐尼爾，最後證明是一場災難。太陽隊在季後賽第一輪遭到淘汰，而迪安東尼也辭職轉任紐約尼克隊總教練。新任總教練波特（Terry Porter）在接下來的球季進行四個月後就遭解雇，並由進攻大師簡崔（Alvin Gentry）接任。太陽隊贏了四十六場，但未能打入季後賽。二〇〇九－一〇球季稍有起色，儘管選秀會後未能從勇士隊手中獲得柯瑞，但拿下了五十四勝。他們挺進分區冠軍賽，最後在第六戰從湖人隊手中敗下陣來。

這個球季結束後，柯爾辭去總經理一職。「等到他當上總經理，才領悟到這不是他在這個產業該做的事情。」佛雷澤說。待在鳳凰城的三年把柯爾榨乾了，他十分想念陪伴家人的時光。這時他才四十四歲，他還有時間等待回到NBA的好機會降臨。那天來臨前，柯爾希望盡可能把時間花在陪伴妻子與孩子上，或許再接一些播報比賽的工作吧，畢竟他退休到加入太陽隊行政部門中間這段時間，在TNT電視台工作了三年。

二〇一〇年六月二十九日，柯爾回到TNT電視台擔任分析師的消息公布。「我仍然能夠享受這項比賽本身，但也不介意擔任更好的職位。」那天他這樣說。

兩個星期後，拉各布（柯爾長期的高爾夫球友，而這段關係可回溯至九〇年代後期）——宣布他要買下金州勇士隊。

到了二〇一四年五月，柯爾是地球上最炙手可熱的總教練人選。身為TNT首席直播分析師，他的名聲在籃球界中越來越響亮，而且他從不吝於分享他的看法。就在幾週前他剛接下這份工作時，柯爾就對詹姆斯加入邁阿密的那場「決定」節目提出譴責——「開了一個節目宣布你要遺棄你的家鄉是不對的」，並質疑熱火隊能否馬上贏得冠軍：「你得找到一名得分後衛，幾個有防守能力的大個子，而且發展一支球隊——一支真正的球隊，需要時間。」（柯爾這段話似乎有先見之明，一年後邁阿密在總決賽敗給達拉斯。）

最重要的是，柯爾沉著、冷靜、深受他人喜愛，且清楚了解自己的能力。此刻距離他打完最後一場比賽退休已經有十一年時間，不過身材苗條、頂著一頭短且整齊的金髮，以及隨時掛在臉上的笑容，柯爾看起來仍然跟擔任贏得五次總冠軍的替補控球後衛時期差不了多少。有個專家要柯爾搬到東區執教紐約尼克隊，他過去在公牛隊時期的總教練以及導師傑克森，是這支球隊的總裁。

不過柯爾現在人正在奧克拉荷馬市一間會議室中，在裡面講評雷霆隊與快艇隊這次季後賽系列賽。房間裡還坐著拉各布、柯克、邁爾斯與席列克，柯爾描繪著他做爲勇士隊總教練的話，會採用什麼戰術。柯爾花了三個多小時，說明所準備的偵查報告、自己會如何微調陣容、增強睡眠與飲食可能會探索到什麼現象，以及他會怎麼把分析整合在他每場比賽的職責之中。

至於他的教練團成員，柯爾想要雇用布拉特（David Blatt，一名在歐洲各地擁有二十年執教經驗，且擁有卓越進攻觀念的教練），簡崔（他之前待在鳳凰城時的前任總教練），以及亞當斯（Ron Adams，擁有將近二十年NBA助理教練經驗，並且是聯盟最棒的防守奇才之一）。所有人都對柯爾的自信與事前準備留下極佳印象。他的簡報有六十幾頁，其中有三分之一是針對勇士隊的內容，而且是簡報前幾個小時才加進來的。勇士隊決策人士搭飛機離開奧克拉荷馬時不停討論那些文件。「裡面有許多細節是第一次擔任總教練的人想也想不到的。」後來柯克告訴《舊金山紀事報》，「不過他（柯爾）已經鉅細靡遺地考量過了。」

隔天柯爾和勇士隊同意簽下一紙五年兩千五百萬美元的合約。他得處理掉手上留著的一小份太陽隊股份，不過他無法跟過去在鳳凰城一樣，從聖地牙哥每天通勤上班了。柯爾出乎大家預料，屏棄他在紐約的朋友和導師，接掌一支備受期待、更具天賦的球隊。馬克．傑克森說的沒錯：五十一勝還不夠。拉各布期待球隊有更優秀的表現，而且他期待這件事盡快發生。

柯爾深知要有這樣的表現，最好的方式就是盡快贏得球員信賴，讓他們接受他的這套辦法。他在接受聘用的新聞傳出去前，就先打了電話給柯瑞，並在接下來幾個星期，私下拜訪像是波格特（人正在澳洲）和巴恩斯（人在邁阿密）等球員。他也公開讚美傑克森一番，這個舉動是要讓球員看到他展現出對這個目前已然成型的團隊表示尊敬與認同，且讓他們保持傑克森世代留下的傳統，像是許多高掛在球員休息室牆上，上面寫著「我為人人」的激勵海報。

對柯爾來說，去奧克蘭而非紐約，也意味著他不會被逼著採用「三角戰術」這個由傑克森與助理教練溫特（Tex Winter）在芝加哥公牛隊時期（其中包括柯爾贏得三連霸那段期間）不斷採用，且時間點與走位已經能夠被預測的複雜、過時戰術。現在，柯爾會採用部分三角戰術（類似康乃迪克大學女籃傳奇教練奧瑞瑪〔Geno Auriemma〕使之達到完美的高位動作），以及基本動作元素（精準的傳球、站位意識）等柯爾認為要在現代NBA成功所需的要素。

不過除了三角戰術外，還有很多可以活用的戰術，而柯爾這輩子無論是擔任球員或職員，都從許多這項運動的偉大人物身上學到許多知識。波波維奇、威肯斯（Lenny Wilkens）和狄安東尼，還有傑克森，全都對策略有各自的看法，讓柯爾可以從中挑選，活像是籃球書呆子的吃到飽大餐：繞底、掩護拖車、反身切入、清開空間，一切戰術都以快速、持續移位為基礎。把這些戰術通通融合在一起，並未比過去傑克森植入的戰術強過多少，這種傳統風格進攻仰賴高位擋拆、低位單打，以及為柯瑞與湯普森制定三分球戰術。這種可預測、場上動作略微停滯的戰術，無法將這支球隊的天賦完全發揮出來。使用適宜的話，擋拆會是項絕佳武器，也會留在柯爾的進攻戰術中，不過勇士隊還有許多戰術要打。

要建置所有新想法，柯爾需要他可以相信的可靠助理教練。布拉特是柯爾名單上的第一順位人選，他原本已經跟勇士隊深入協商了，不過突然有個機會跳了出來，六月中克里夫蘭騎士隊開出總教練職缺給他，讓他執掌這支重建中的隊伍（不過三個星期後，詹姆斯回到家鄉的騎士隊，整件事情產生劇烈改變）。柯爾的其他目標，簡崔和亞當斯，兩人都同意加入。有簡崔協助設想全新進攻戰術，還有亞當斯竭力增進球隊已經很不錯的防守，金州勇士隊的新方向是增強攻守陣式與功能性。

柯爾的教練團隊除了有新面孔加入，還雇用了幾個大家熟悉的人，讓團隊更加完整：

- 曾在NBA打滾十年，並在湖人隊拿下兩座冠軍的華頓（Luke Walton）受聘為助理教練。前亞利桑那大學傑出選手，並曾與伊古達拉並肩作戰一年，現年三十四歲的華頓，也是UCLA傳奇人物和名人堂球星比爾．華頓之子。剛褪下NBA球員身分一年的華頓，對當代球員與現代籃球十分熟悉。不過除了在二〇一一年NBA封館期間擔任幾個月曼菲斯大學助理教練外，他並未擁有任何教練經驗。
- 前太陽隊球探與奈許的私人教練佛雷澤，受聘至球員發展部門工作。佛雷澤也是柯爾在亞利桑那大學時期的隊友，以及他最好的朋友之一。
- 科林斯（Jarron Collins）曾在NBA闖蕩十年，其中一年是在柯爾擔任太陽隊總經理期間效力太陽隊，他也受聘至球員發展部門。在邁爾斯擔任他的經紀人前，科林斯與雙胞胎哥哥傑森同為史丹佛大學球星，他在二〇一三年四月在《運動畫刊》中宣布自己是同志，導致馬克．傑克森做出具爭議性的恐同評論。

拉各布對於柯爾沒有重複在他之前那些總教練所犯下的錯誤感到欣喜若狂。他雇用了有經驗、採開放態度、適應性強，且在工作時可以相處得輕鬆愉快的人，來擔任他助理教練團的骨幹。拉各布看過太多從內部瓦解的公司，原因僅僅是**大家無法忍受與他們共事的人**。這通常是源自領導問題，而柯爾似乎打從一開始就放低姿態，採取更具建設性與協同性的態度。最重要的是，他希望手下的球員把熱情投注於比賽之中，要記得，無論如何，打籃球時應該要開心愉快才是。

從一開始這樣的態度就十分重要。雖然傑克森犯了錯，而這件事的影響只會持續到下一個完整球季，若是如此，傑克森之前導致的化學效應就會不復存在，也能夠讓大家知道如何在NBA成爲贏家。展望未來，勇士隊還不確定能夠打出比傑克森時期更棒的籃球，或贏下更多場比賽，不過儘管因爲無法化解的歧異造成傑克森突然遭到罷黜的結果，但如果沒有他的貢獻，球隊也不可能擁有成功的未來。

而儘管在球季最後，他們勝利的氣勢被快艇隊給澆熄了，拜某些徹底改善的打法所賜，勇士隊已站穩聯盟後勢看漲球隊之一地位，這支球隊處於能與NBA那些長期以來的勁旅互相較勁的邊緣。所有跡象已存在了好幾個月，二〇一四年一月，體育記者羅威在《格蘭特地》網站寫了一篇特輯，標題是〈爲何不是勇士隊？〉，其中提出一個大膽且引人注目的論點，重點放在金州勇士「已具備成功運作的一切所需。」這個想法上。他的說法是，伊古達拉的加入，已讓該隊先發五人成爲菁英級陣容，是支「可能會是整個NBA最棒陣容」，羅威在調查進階數據後導出這個結論。他們在強悍的西區仍是中等球隊，不過他們的基礎已經打好了，正要開始起飛。

「一個競爭者的原物料已經備齊了，」羅威總結道，「想像一下：在金州有個潛在競爭者。

或者這再也不只是想像。」

⁂

幾乎是柯爾一抵達奧克蘭，勇士隊就面臨兩年半前拉各布勉強批准艾利斯至密爾瓦基的交易案後最急迫的人事決定。

明尼蘇達灰狼把勒夫像條紅蘿蔔般掛在勇士隊的鼻子前，不過灰狼想以湯普森做為回報。表面上這個交易案要讓金州勇士隊把他們鍾愛的浪花兄弟拿去換勒夫，這位三度入選全明星賽的球星，不只是頂級得分手（每場平均二十六分），而且也是優秀的三分射手，上一季在大量出手的情況下，三分球命中率也達到了三七．六％。官方資料六呎十吋（約二〇八公分）的勒夫，還是個令人垂涎的「延伸四號」，即能在外圍投球，並且能迫使防守者離開禁區貼身防守，進而清出空間的大前鋒。也就是實際上他能至少將一個大個子球員逼出低位，在勇士隊想要時釋放出他們的禁區攻擊能力。

然而這其中存在幾個問題。勒夫比湯普森大一歲，他也不是湯普森這種得分後衛，所以沒辦法這麼簡單替換。而勇士隊這種儘管在最動盪不安的傑克森時期都維持著某種平衡的生態系統，也無可避免地在某些地方令人感到煩燥不安。最後，柯爾保證會恢復強調防守的基礎，而一般公認勒夫不是個好的防守者。與勒夫在板凳時相比，他上場時灰狼隊每四十八分鐘讓對手多得五．

六分，投籃命中率增加一・二%。勇士隊的內部分析也證實勒夫防守上的缺點。

確實，勒夫很會得分，擁有狙擊手般的三分投射能力，而且還是UCLA校友（跟邁爾斯一樣），不過球隊內部存在相當強烈的阻力，尤其是有兩名舉足輕重的人不想進行這個交易：柯爾和威斯特。**在經營事業與運動隊伍上，有時候不做某件事，比做了某件事更能影響你的組織**。在這個案例中，這兩位深具說服力的反對者，對於湯普森更好，更符合勇士隊的比賽風格以及未來計畫，提出令人信服的理由。特別是威斯特，堅持一定要把湯普森留在勇士隊。他以毫不含糊的方式，對大家清楚表示湯普森被送走的話，他就辭去職務。大衆看法則多有分歧，有些球迷認爲勒夫可能會是拿到冠軍缺少的那塊拼圖，其他人則並沒那麼相信此事，像是NFL名人堂球員洛特（Ronnie Lott），就親自在YouTube上傳一支影片，敦促拉各布把柯瑞和湯普森都留下來。

「我們鼓勵大家進行激烈的辯論，」後來拉各布這樣說道，「不過當時做決定是我的工作。大多數時間我確實會聽從整個團隊的決定，然後就照這個決定去做。我確實認爲這其中有所不同，這也是我們之間的不同之處。那是矽谷的作法、企業家的作法。那不是大公司的作法。」

最後，拉各布聽從他的新教頭與最資深幕僚的意見。所有關於這次交易的討論就此停止，訓練營結束後湯普森簽下總值七千萬美元的四年延長合約。柯爾與威斯特（還有，我猜是洛特）達成了他們的願望，浪花兄弟仍會繼續並肩作戰至少三個球季，同時勒夫在詹姆斯離開邁阿密重新加入克里夫蘭後，也在同年夏季後段被交易到克里夫蘭。

就在勇士隊努力要決定湯普森的歸屬時，邁爾斯在想辦法撐起球員陣容中較弱的部分。七月時，他簽下資深控球後衛李文斯頓（Shaun Livingston），擔任柯瑞的替補。出身伊利諾州皮奧里亞市，一度被譽爲傑出高中新星的他，不太會投三分球，且最爲人所熟知的事蹟，是在二〇〇七年遭受十分駭人的斷腿事件（這件事讓他花了一年半復健），不過他身高六呎七吋（約二〇一公分），擁有一雙長手臂，擅長中距離跳投，被視爲是個不自負也不會裝模作樣的好隊友。九年打了八支不同球隊，會讓一個人對NBA生涯產生一種全新看法，而李文斯頓對勇士隊要求他擔任任何角色都抱持開放態度。柯瑞現在有了一個稱職替補，能在接替他上場時延續球隊攻勢。

九月時，勇士隊簽下巴伯沙（Leandro Barbosa）這個即將進入他在聯盟第十二個球季的側翼得分手。雖然只有六呎三吋（約一九一公分）且投球姿勢十分古怪，但正如他的綽號「巴西幻影」（Brazilian Blur），他的運球推進速度極快速，並且如果他抓到你在防守時閃神，也能夠輕鬆在外線投籃入網（生涯三分球命中率是三九％）。巴伯沙打過四支不同球隊，不過他表現最好的一年是待在鳳凰城的時候，這也是柯爾熟悉他這個人和他敬業態度的原因。在巴伯沙與李文斯頓搭配下，柯爾現在擁有一對經驗豐富的二線陣容，能在他的要求下隨時準備好上場做出貢獻。

不過柯爾知道，儘管有個人已經讓先發陣容增強了，但他能讓二線陣容再強大些。在打了兩場熱身賽，且柯爾生涯首次擔任總教練的第一個訓練營進行到一半時，他與伊古達拉，這名擁有四千八百萬美元合約，十年NBA生涯七百五十八場出賽全爲先發，每場平均能拿下將近十五分的球員討論，問他是否願意把先發小前鋒的位置讓給巴恩斯。即便是對一個擁有十幾年執教經驗的總教練來說，這都是個大膽要求。

起初伊古達拉就和所有已經證明自己能力的員工一樣有點躊躇，不過讓他相信把巴恩斯拉上來的效用（柯爾相信這能加速他過去受到阻礙的整體發展），且有伊古達拉帶領由李文斯頓、巴伯沙、格林與史貝茲組成的二線陣容，這四名稱職的角色球員能夠隨時與先發球員交錯搭配，讓柯爾和助理教練簡崔將兩個陣容在需要的時候混搭上陣。

出乎組織內部某些成員的意料，柯爾成功說服伊古達拉，接受這個基本上是在沒有犯錯的情況下遭到降職的情況。正如某位過去的全明星球員告訴《運動畫刊》的，「我同意他這個大方向……我在聯盟闖蕩十一年，而我希望自己的專長也能夠用各種方式顯得出眾。」多年來，拉各布與邁爾斯不斷強調**要引進把球隊放在自己之上的高品格球員**，而伊古達拉演繹了這個概念的精髓（柯爾和伊古達拉都是亞利桑那大學校友，兩人有種特殊情感，這可能也有幫助）。

勇士隊下一場熱身賽把伊古達拉擺到替補，這場在洛杉磯面對柯比、奈許與湖人隊的比賽，勇士隊以四十一分大勝。

在陣容輪替確定下來後，柯爾也完成了自己的劇本，未來幾年柯瑞和湯普森都會並肩作戰，而板凳組成也好到足以在聯盟最糟糕的球隊中站上先發，看起來勇士隊終於準備好從他們多年來不斷上升的軌跡中獲益。

⚫⚫⚫

為了保持輕鬆快活，柯爾背負不小壓力。柯瑞和其他球員說了很多新教練的好話，並感謝他對於傑克森過去所建立下來的東西表示尊重，不過要建立信任得花點時間。再加上這名過去從未有執教經驗的白人，取代了深受旗下球員喜愛的非裔美國人總教練，而且他被解雇的理由讓大部分球迷難以釋懷，有可能在某一刻大家會突然崩潰。球季開打時，球員之中有七六・七%爲有色人種，不過聯盟三十位總教練則只有三位。柯爾不想爲這種外部因素而焦慮擔憂，但儘管如此，這個問題仍然存在。

勇士隊度過了熱身賽，八場對戰贏下六場，看起來柯爾在進攻上對於球的傳導與球員動向的預測上非常成功。柯瑞和湯普森得到過去從所未有的大空檔，擔任小前鋒的巴恩斯也對球隊做出貢獻，甚至李和波格特這兩個前場長人，都能泰然自若地摘下籃板和傳出好球。這段期間他們每場得分超過一百一十分，比上季平均高了六分。當然，熱身賽的數據幾乎沒有參考價值可言，因爲每支球隊在微調陣容與球員上場時間時不太考慮場上的狀況，不過得分多些（只要不會對防守造成損害），永遠比得分少些更可取。而且就在開幕賽前幾天，前往客場對上拉納迪夫的沙加緬度國王隊時，金州勇士看到一個等著要讓聯盟爲之瘋狂的強大力量。

隨後李因爲大腿後肌拉傷停賽，這個傷勢跟讓他去年球季最後只能在場邊觀戰的傷勢類似。等到他確定開幕賽無法上場後，柯爾便把格林拉上來擔任先發大前鋒。

考量這個在當時看來似乎不合邏輯的球隊陣容調整決定時，其實很難提出任何比用格林替換李要好的做法。格林直到這個時間點爲止，都不過是個情緒化的角色球員，偶爾能夠擔任鎖住對方球員的防守者、展現些許長射能力，有時能像控球後衛一樣傳導球。出身密西根州立大學的他成了「雙不能」，比一般得分後衛高大，跟聯盟頂級小前鋒與大前鋒相比，又有身材劣勢。在體育世界中，就跟其他事業的主要領域一樣，決策人士會說他們看重多樣性，不過如果那樣比較方便，也會毫不猶豫地把你貼上一個標籤。正如格林在過去兩個完整球季僅僅先發十八場（包括季後賽）所表明的，球隊就是在做**風險規避**。

格林的脾氣跟十年老將一樣暴躁，很容易在場上露出驕傲自大態度。這是他對於自己在選秀會上掉到第二輪所流露出的眞實情感。他能夠隨時從腦中背誦出在他前面被選中的三十四名球員，不只是背出他們的名字，還有哪支球隊挑中的，順序爲何，以及在那之後，這些年來他們的職業生涯如何發展。那年勇士隊最後跳過了他（用第七順位籤選了巴恩斯），而且還是兩次（用第三十順位籤選了艾澤里），這對他來說也不是小事，不過他知道奧克蘭對他來說是個完美的落腳處。

反過來看，柯爾對他來說是個完美的教練。身爲某個得在NBA持續不斷證明自己的價值超過十五年的球員，而且又以有時會浮現肆無忌憚的狂怒，同時又以不理性的自信而聞名——柯爾在格林身上看到自己的影子。在柯爾成爲格林的教練前兩年，柯爾曾在拉斯維加斯觀看格林在夏季聯盟的比賽，他對某個勇士隊職員坦承道：「我不知道格林在場上是打什麼位置，但我知道自己希望他留在場上。」

初期格林的上場時間少得可憐，不過他總是想給大家留下印象（就算練習時，格林不管對上任何人都極少退縮）。他的新人球季才過了六個星期，勇士隊就開始他們這個球季第一次東岸客場之旅。在前往南方對上衛冕軍邁阿密熱火隊前，他們贏下前四場比賽。開季以來，格林打得十分平凡沒有生氣，二十一場比賽都有上場，但平均只上場十三分鐘，平均得分不到三分。那天晚上第一次上場，傑克森竟然要他去和詹姆斯捉對廝殺，詹姆斯近幾個月以來，奪下了NBA冠軍、獲得總冠軍賽MVP、贏得奧運金牌，並且獲選爲《運動畫刊》年度最佳運動員。

整個晚上，格林都自信滿滿地執行他的任務，無論詹姆斯從底線運球切入、投三分球或低位單打，格林都圍繞在他身旁。他無法完全守住詹姆斯（誰可以呢？），不過格林的防守表現，像是已經在NBA打滾四、五年了一般。第四節一開始，詹姆斯設法往籃下硬切，並造成格林的犯規。接著詹姆斯說了些像是過去喬丹要帶給對手致命打擊時所說的垃圾話，他不斷對格林說，「你太小隻了！」在這次進攻上，確實，格林沒有占到足夠位置好阻止詹姆斯持續朝籃框挺進，不過這位新秀的防守對詹姆斯造成的影響是無庸置疑的。那天晚上詹姆斯在場上，而格林坐在板凳上那十六分鐘，詹姆斯投五中四。格林上場的那二十六分鐘呢？只有投十八中八。那場詹姆斯只摘下三籃板，也是該球季最低。

比賽最後兩秒鐘，格林從巴提耶（Shane Battier）身邊溜走（他跑去協防湯普森），他往籃下切時接到傑克的傳球，輕鬆上籃得分。是因爲格林「太小隻了」沒被注意到，讓他可以在面對NBA最佳球隊時，隨心所欲在球場上飛奔嗎？無論如何，勇士隊以九十七比九十五獲勝。格林上場打了生涯新高的三十分鐘，拿下七分，且他在場上時，讓統治聯盟的MVP只拿下二十三分。那個球季，熱火隊會再次贏得總冠軍，不過從這個晚上起，格林打出名號了。

柯爾深知靠著用心與詭計來克服懷疑者是什麼感覺。他在格林身上看到自己也曾經歷過的那種努力要獲得NBA同儕尊敬的態度。不過就他的案例來說，通常是與他自己的隊友有關。某次公牛隊練習時，柯爾的眼睛被喬丹打成瘀青，當時他們兩人互相講垃圾話，飛人喬丹就越來越火大。雖然得到一個黑眼圈，柯爾知道他不會因爲閉上嘴而獲得喬丹尊重，而格林也抱持同樣的精神。柯爾與格林在這種特立獨行的態度上有許多重疊之處。「我未必會說自己驕傲自大，」後來，在二〇一四－一五球季他對《格蘭特地》說道，「我只是很有自信。我未必會說自己是個渾球，我只是不接受任何人對我說垃圾話。我未必會說自己對人不敬，但你得要贏得我的尊敬。」

開季時勇士隊啓用格林做爲大前鋒，搭配中鋒波格特以及小前鋒巴恩斯。擁有柯瑞和湯普森這對後場搭檔，金州勇士想要從一開始就讓全聯盟大吃一驚。而且他們達成史上第一次開季三連勝（拿下沙加緬度、洛杉磯湖人以及波特蘭），贏得輕鬆無比。

這時Sport VU多鏡頭攝影追蹤系統開始完全成熟，並延伸至NBA每個角落。現在各個球隊都擁有強大分析工具可供他們快速算出防守價值，像是拿格林與李來比較。後者從未被視為菁英防守者，不過現在可以精確計算出，用格林取代李升級了多少。當李被邊緣化後，一直不斷有人在爭論柯爾是否應該把他擺回先發。李的薪水是一千五百萬美元，比隊上其他球員都多，不是小數目，不過到了李健康到能夠上場時，格林已經成為柯爾手上不可或缺的齒輪了。

球季才開始幾個月，金州勇士就被視為NBA最棒球隊了。開季打出五勝二負後，他們順利地拿下十六連勝，直到在客場對上曼菲斯才敗下陣來。隨後他們在接下來十九場比賽中拿下十四勝，到了球季前半段結束，戰績為三十五勝六負。柯瑞以平均接近二十三分與八助攻，成為MVP熱門人選。湯普森的得分產出跟柯瑞相差無幾。波格特因右膝發炎連續缺賽十二場，不過勇士隊那段時間的戰績是九勝三負。伊古達拉欣然接受第六人的角色，實際上就是二線陣容的領袖，每場比賽平均上場二十七分鐘（只比去年少了五分鐘），拿下七分，而擔任先發球員的巴恩斯有長足的進步。從北卡大學畢業至今第三年，投籃命中率來到四九．二％（生涯平均命中率為四一．九％），且三分球命中率也達到四二．六％（生涯三分球命中率是三五．二％）。

柯爾將伊古達拉與巴恩斯互換的決定有了回報。他決定，即使李確定回歸後，還是會把格林擺在先發陣容之中，他已經鐵了心要這樣做。他們現在擁有聯盟最佳戰績，並在進攻效率值上排名第三。他們還擁有NBA最棒的防守效率值，每一百個攻防只讓對手攻下九十六．九分，考慮到他們的比賽節奏比其他球隊都快（每場比賽會打超過一〇一個攻防），這實在是個驚人壯舉。

他們的淨效率值（Net Rating），也就是每一百個攻防比對手多得多少分數，是有紀錄以來最高數字。籃球數據網站Basketball Reference 預測勇士隊獲得總冠軍的機率爲接近四〇%，遠比其他球隊都高。

金州勇士隊花了不到三個月，就成了有超高機會拿下他們四十年來首座總冠軍的隊伍。

在柯爾執教下，做爲一個組織，勇士隊對嘗試可能對球隊未來有益的新科技抱持比過去更加開放的態度。柯爾在亞利桑那大學時期的隊友，目前擔任助理教練的佛雷澤，與一位名叫強森（Chris Johnson）的男子聯繫。過去六年，強森在美國海軍擔任臨床神經心理學醫師，並負責他們位於聖地牙哥的作戰神經科學實驗室（Operational Neuroscience Lab）。他跟UCLA也有點關係，曾於二〇〇五年在那裡取得心理學博士學位，並在耶魯大學做了兩年博士後研究。強森也是個看喬丹在芝加哥公牛隊時期長大的球迷，這讓他馬上就成了柯爾的球迷了。

接下來幾個月，強森擔任兼職球隊心理醫師，一個月會到灣區兩次，在球員有需要時跟他們交流，甚至會僅僅是爲了確保球員有好好冥想而突然傳簡訊給他們。強森非常強調保持專注的重要性，不要屈服於完美主義的誘惑，並在壓力下做出良好決定。

柯爾希望能藉由提倡**更好的睡眠與休息習慣，做爲另一種管理壓力的方式**。球員狀況一直以來都是令柯爾著迷的主題。他在二〇一四年的麻省理工史隆管理學院運動分析論壇上，思索著「不是根據上場時間，而是身體受到的壓力」來爲球員設計體能訓練計畫的可能性。雖然在練習時使用像是胸腔加速度感應計等設備是個好的開始，目前在程度上還無法量化身體的壓力，不過睡眠必然是個對抗NBA這種嚴酷賽程的絕佳方式。對勇士隊來說更是如此，由於他們身處極端的地理位置，在二〇一四－一五年例行賽期間，他們是所有球隊中移動距離最遠的，總共約爲五萬四千九百五十四英哩。

球季開打前，球隊的運動表現總監萊爾斯提醒柯爾，要持續諮詢睡眠專家。勇士隊的運氣不錯，全國最棒的運動員睡眠習慣專家之一，正好就在灣區。二〇一一年夏天，史丹佛大學一位名叫馬雪麗的研究員所出版的研究指出，只要做些調整，像是增加睡眠時間到十小時，並在需要的時候睡午覺三十分鐘，就能讓大學籃球員因此獲益。馬雪麗發現球員的衝刺速度變快、疲勞程度降低，且罰球與三分球命中率都有顯著成長。

擁有超過十年的睡眠研究經驗，馬雪麗與勇士隊合作，提出讓他們能夠化解艱困賽程對他們所造成的影響的方式。她要求球員把比賽當日的午睡時間，從兩到三小時縮減到三十分鐘左右。她建議球員晚上睡覺前將手機關機。勇士隊也想辦法重新安排交通排程，好縮減從客場比賽地回家時搭乘長程夜間班機的比例，因爲這會嚴重破壞球員的生理時鐘節奏。「你可以試著將晚上的狀況與白天比賽表現連結起來。」馬雪麗說，「我的策略是這樣的，把這個問題帶回去研究，試著找出表現突出的地方，從小改變開始做起，然後我們會隨著時間不斷累積小改變——這樣做似乎相當有效。」

自從伊古達拉加入勇士隊那年起，就已經深深感受到這些練習帶給他的好處，他甚至會把自動調溫器的溫度降到華氏五十七度（約攝氏十七度），讓他的核心溫度冷些，而即使某些球員（像是波格特）反對調整長期以來的習慣，但非常樂意有更好的睡眠品質。「我未必是要推翻所有他們過去知道的一切。」馬雪麗在談論她的做法時說道，不過伊古達拉的支持是這一切的關鍵，「他會對球隊其他成員造成滴漏效應。他這樣做成功後，同時倡導這個行爲，這樣做顯然很有幫助。」

球隊也整合更多球員健康與體能相關的客觀數據組。這也是柯爾多年來不斷在思考的事情，而現在他待在一個擁有資源與意願將這類技術中心的發想往前推進的組織。他們與芬蘭的新創公司Omegawave 合作，以臉部電極的方式取得球員心跳變化數據。澳洲廠商Catapult Sports，在勇士隊的衣服上安裝無線GPS感應器，能夠將練習時的加速度、作用在骨頭與關節的力量，以及動作方向的改變即時記錄下來（勞資協議中禁止球隊記錄個別球員比賽時的數據，不過練習時則沒有限制）。

以上大量數據，接下來會整合起來供勇士隊做爲內部評估資料使用，每天會讓球員回答一些簡單的問題，他們將表格填好後交回，以確定他們是否做好比賽準備。像是他們的睡眠狀況、感覺有多疲累、思考的速度多快——這些因素都會納入最終決定。柯爾和他的教練團接下來就可以解讀這些資料，做出哪個球員可能需要減少上場時間，甚至是停賽一晚的結論。

接近三月，距離季後賽大約六個星期時，這些評估開始顯示出令人不安的跡象。特別是柯瑞與湯普森，都接近「超標狀態」（red-lining）。教練團擔心這樣一來很可能會立刻面臨受傷或表現嚴重下滑的狀況。最終，邁爾斯與柯爾告訴大家這是他們兩人的決定，不過其實只是因爲數據顯示，浪花兄弟需要盡早休息。

柯瑞停賽了兩場，一場是二月底在印第安納，另一場是三月中在高緯度的丹佛。湯普森也在對丹佛的那場比賽休息——「我知道有些球迷可能是爲了看柯瑞和湯普森而特別來到丹佛的，」柯爾說，「但不幸的是，我們基於球隊的長遠利益，無法這樣做。」然後湯普森在三天後擊敗湖人隊的比賽中扭傷右腳踝，接下來三場比賽都缺賽，這也是他NBA生涯中第一次因爲受傷而缺賽。沒有他的三場比賽球隊都拿下勝利，不過湯普森在沒有出現任何問題的情況下，歸隊打完這個球季最後十三場比賽。

先不提其他球員，湯普森在柯爾的體系下不斷成長。即使強調轉換防守，即使採用了新的、更精簡的進攻戰術，湯普森表現還是比過去都要好。一月時，他在甲骨文球場面對沙加緬度國王隊時大爆發。在伊古達拉休戰一晚且柯瑞只得十分的情況下，湯普森提供超乎尋常的進攻火力，最後拿下五十二分，其中包括在第三節攻下三十七分，打破NBA球員單節得分紀錄。在那一節，湯普森十三次投球全數命中，其中有九顆是三分球（在倒數幾秒鐘投進的第十顆三分球，因爲在裁判吹哨比賽時間結束後才進球，被判定不算分）。

還沒過兩個星期，柯瑞在對上達拉斯獨行俠隊時攻下五十一分，這要拜他三分線投十六中十所賜。球季才剛過一半，柯瑞投進將近一百五十顆三分球，命中率四〇．四%，不過他在後面三十三場比賽，三分球命中率來到驚人的四九．三%，最後以總數兩百八十六顆，打破他在兩年前所創下的兩百七十二顆舊記錄。在四月例行賽結束前的某次練習中，柯瑞連續投進七十七顆三分球，總共投一百顆進九十四顆。他的罰球命中率（九一．四%）以及抄截（一百六十三次）也領先全NBA。

格林也以強勢表現結束這個球季。如果上半球季顯露了他在場上幾乎可以辦到任何事的能力，那麼下半季就是更加放大他這個特質。勇士隊後四十一場比賽，格林出賽三十九場，平均拿下十一．七分、八．五籃板、三．八助攻，以及一．六抄截，每項數據都比前四十一場進步。還有哪位球員在勇士隊下半季同一時間到達這樣的數據水準呢？奧克拉荷馬隊的威斯布魯克。一旦把他的防守算進去，擁有多面向技術的格林，成了金州勇士隊最終的關鍵因子。

同時，和諧再次於勇士隊的練習設施周圍紮根。像是亞當斯會在其中一個球場陪格林練球、佛雷澤會在另一個球場餵球給柯瑞投籃。傑爾范德回了邁爾斯要他提供勇士隊應該實施什麼計畫的想法的電子郵件後，會跑到球場上幫李文斯頓撿籃板球。而且如果練習時，威斯特或柯克剛好經過，他們會收到歡迎的目光。這裡鼓勵大家提出自己的看法，而且每天來訓練的時候感覺都不像是，嗯，訓練。這是拉各布和古柏撒下將近五億美元在這個可憐組織時的願景：**當所有人都享受著他們做的訓練時，這支球隊就會獲得應有的報酬。**

目前爲止，一切都好。

「當你在行政部門裡，坐在我們這些人的位置上時，」邁爾斯曾經這樣對我說，「最重要的事情，就是你的球員會回應你的教練。而我們球隊無疑是會回應他們的。他在擁有這種競爭優勢上取得了正確的平衡，而他也相當能夠拿捏球隊的脈動——什麼時候要推一把，什麼時候要拉回來，以及要怎麼在整個球季都保持這樣的狀態。」

邁爾斯對柯爾的評價完全正確。二〇一四—一五年球季勇士隊完全有理由會殘破不堪，任何決定都可能是事與願違，不過每個決定都以知識與自信來制定。也許他是一邊做，一邊學習怎麼展現他自己的教練風格，至於籃球這項運動？幾十年來，這項運動裡裡外外他早就都摸透了。

「許多教練與大眾在他們的專業上會不斷找尋那個聖杯，而這會損害你的個性。這會創造出偏執、創造出不安全感。」邁爾斯補充道，「柯爾在球員時就立下許多豐功偉業。能把冠軍戒指戴滿一隻手的人並不多，不過那能夠帶給你自信以及自負，那並非傲慢或自大，而是某種程度的自信。NBA裡有許多球員不斷追求一座冠軍，他們相信柯爾能夠為他們指引一條道路，讓他們能夠去嘗試並獲得它。這件事非常困難，而且得備齊所有條件，但我用他們的角度思考，他們會看到一個人，心中想的是怎麼樣對他們最有利，而且在籃球與人生上給出指引。我認為這對他們來說非常新鮮。」

三月十六日，距離球季結束還有一個月，金州勇士已經成為西區第一支確定進入季後賽的隊伍。這是在甲骨文球場對上湖人隊那晚確定的，由於奧克拉荷馬輸給達拉斯，勇士隊的魔術數字歸零。這個消息是在快到中場前一次暫停時宣布的，確定晉級字樣在體育館的大螢幕上不斷閃動。他們擊敗洛杉磯，戰績來到五十三勝十三負。

勇士隊十分順暢地又拿下十連勝，把連勝數字挺進至十二。他們以六十七勝，只有十五敗的成績結束這個球季。最終勇士隊比西區第二名多拿下十一勝，成為NBA史上第十支在例行賽拿下六十七勝以上的球隊。

當柯爾在板凳席拿到每節的攻守數據時，他主要會觀察三個數字：勇士隊的助攻、失誤，還有對手的投籃命中率。他對這些數據最有共鳴，他們的失誤在聯盟排在中段，助攻數則以二十七·四次領先全NBA，且對手投球命中率是聯盟最低的四二·八%。他們的籃板、抄截與火鍋也都排在聯盟前六。他們的進攻效率排在第二不是什麼令人訝異的事，不過他們也成為三十七年來首支打完整個球季防守效率與比賽節奏排名都是第一的隊伍。**勇士隊打破了現代籃球所有傳統觀念，同時讓這項運動看起來充滿生氣且輕鬆愉快。**

雖然一般推測柯瑞會拿下MVP，但還是有些人持不同意見，其中較著名的有他的前總教練傑克森，他說如果他有一票的話，他會投給休士頓的哈登。波格特於愚人節後一天被問到前一年傑克森做出的預測時，給出一個最真誠的回應：「嗯啊，那天是愚人節。」

不過柯瑞確實輕鬆拿下MVP，一百三十張第一名選票，他拿到了一百張。他也是球隊搬到西岸後隊上第一個獲選MVP的球員，也是隊史第二人，上一位拿到MVP的球員是一九六〇年的張伯倫，當時他還是費城勇士隊的新秀。柯瑞也成為第一位超過一場比賽單場拿下至少五十分並投進十顆三分球的球員，且平均每場比賽上場三十二·七分鐘，是史上單季平均出賽時間最少的MVP，足見球隊在強調健康與安適這點收到成效，不需要某位球員在場上過度燃燒自己。

格林意外被拉到先發後，蛻變成為球隊的心臟與靈魂，在年度防守球員的票選只屈居聖安東尼奧的雷納德之後。湯普森單季投進兩百三十九顆三分球，排在史上第九。巴恩斯八十二場比賽全勤，生涯第一次單季平均得分達到雙位數。

距離季後賽只有三天之遙，金州勇士在經過例行賽的實戰考驗後仍然保持健康。五名先發球員全都出賽超過六十五場，且沒有發生重大傷勢，證明勇士隊的訓練與分析部門採用的新方法，對球員確實受用。球季開打前，柯爾宣布球隊的哲學為「眾志成城」，這個領導方針推動這支球隊取得NBA最佳戰績。

為季後賽備戰時，柯爾說了一個他在聖安東尼奧時，從波波維奇那裡聽來的警世名言。這名馬刺隊教頭喜歡在球員跟某支預期要擊敗的球隊比賽前，宣揚「適當的恐懼」這個概念。世界上最糟糕的事，就是讓一支比自己差勁的球隊在你手上拿下勝利。過去一整年，柯爾會不斷把這個故事拿出來說，努力要讓他的球員保持專注。且當他們在球季最後一個星期，以些微差距險勝明尼蘇達（聯盟戰績最差的隊伍）後，柯爾又一次不經意地援引這個概念：「我認為他們已經準備好迎接季後賽了，」柯爾說，「他們滿心期待，而我也非常相信，當季後賽到來時，我們會重新展現出優勢。正如我們之前提過的，我們會一直保持適當的恐懼，也會變得更加犀利。」

此刻，貴為西區第一種子，並擁有全聯盟最佳戰績的勇士隊，只要「適當的恐懼」能做為他們奮戰的燃料，他們就會繼續維持這樣的態度。

CHAPTER 8

皇帝殺手

2015年季後賽

經過漫長的四十個年頭，金州勇士隊再次奪下冠軍。

一九七七年後，勇士隊第一次連續三年晉級季後賽，而且他們似乎不只準備要完成拉各布拿下西區冠軍的目標，甚至有可能拿下四十年來首座總冠軍。他們以NBA史上第十佳戰績結束例行賽，且是聯盟史上前一年拿下五十勝以上球隊，隔年戰績進步最多的紀錄（進步十六場），不過如果他們沒能拿下總冠軍，這樣的成就會令人感到毫無價值。

第一輪是面對新崛起的紐奧良鵜鶘隊，由前選秀狀元，肯塔基大學超級球星戴維斯所帶領，儘管他今年才二十一歲，不過進NBA三年來，已狠狠蹂躪各個與他對位的大前鋒與中鋒。他的火鍋數連續兩年領先聯盟，同時平均拿下二十四分與十籃板。另外還有三名能幹的後衛伊文斯、戈登（Eric Gordon）與哈樂戴（Jrue Holiday）與他搭配。伊文斯在二〇一〇年時曾經擊敗柯瑞拿下年度最佳新人，單場平均拿下十六分也排名隊上第二，同時戈登（每場十三．四分）以及哈樂戴（十四．八分）也能在外圍製造威脅。再加上安德森（Ryan Anderson）這位六呎十吋的替補大前鋒，能在籃下取分，也能像射手一樣投進三分球，鵜鶘隊擁有能夠大量進球，無論遇到什麼對手都能讓比賽緊湊無比的深厚得分手陣容。紐奧良甚至是讓勇士隊吞下他們例行賽第十五敗，也是最後一場敗仗的球隊，在四月七日時以一〇三比一〇〇險勝，並讓勇士隊全隊只有兩名球員拿下雙位數得分，同時戴維斯拿下二十九分、十籃板、四火鍋，沒有任何失誤。

儘管如此，在這輪季後賽，勇士隊仍然在一個星期之內橫掃紐奧良。在甲骨文球場輕鬆拿下兩勝後，勇士隊在克雷森特城的第三戰進入第四節時落後二十分。他們不只把比賽逼到延長賽，還以一二三比一一九拿下勝利，柯瑞最後拿下四十分與九助攻，也是這場比賽第三節、第四節與延長賽拿下最多分的球員；並在正規比賽最後十二秒飆進兩顆三分球，迫使比賽進入延長。這是金州勇士隊隊史第一次在進入第四節落後至少二十分的情況下贏得比賽，過去這樣的情況下，是〇勝三百五十八負。

當然，鵜鶘隊並不是那種無堅不摧的競爭對手，不過這場比賽給了勇士隊一種必然能夠取勝的感覺。他們確實從未放棄比賽，即使在比賽剩下六分鐘還落後十七分時也沒有，一點也沒。而第四戰在柯瑞拿下三十九分與九助攻的成績下，勇士隊以一〇九比九十八終結這個系列賽，且在對上下個對手前，獲得整整七天的休息時間。

第二輪對手曼菲斯灰熊隊，會是勇士隊一個十分強悍的考驗。他們建構一支十分符合NBA傳統打法的陣容，每場投進三分球數是聯盟倒數第二低，且陣中沒有球員平均得分超過二十分。不過他們的陣容十分平衡，例行賽時有五名球員平均得分來到雙位數，並以聯盟第三佳的防守為傲，每一百個攻防只讓對手攻下一〇二·二分，這個數字與勇士隊不遑多讓，不過曼菲斯跟金州勇士不同之處在於，他們的進攻節奏緩慢，是NBA第五慢的球隊。灰熊隊能夠打破勇士隊仰賴的比賽節奏，並把球賽中來回攻守轉換與快攻的數字降低，且每一回合都打著一板一眼的半場進攻。要打破這個局面，勇士隊得要掌控節奏，或是在比賽中適應灰熊隊的打法，進而擊敗他們，端看當下哪一種方法比較有效而定。

勇士隊以一〇一比八十六拿下第一戰，不過比賽激烈程度遠比一般十五分差距的比賽更高。雖然勇士隊兩分球命中率高於五〇%，三分球命中率為四六%，不過全場球員得分最高的柯瑞，也只拿下二十二分。灰熊隊掌控著比賽節奏，不過他們在攻守兩端都沒能打出很好的表現。

第二戰灰熊隊出乎大家預料，維持球隊原本的風格，以九十七比九十贏得比賽，給了勇士隊一場震撼教育。那場比賽勇士全隊沒人得分超過二十分，且全隊命中率只有四二%，三分線命中率更是低到二三%，還發生了二十次失誤，這些失誤讓灰熊隊拿下二十二分。賽後，勇士隊休息室內的氣氛像是一個被眾人吹捧的重量級拳擊手，第一次被擊倒在地板上。「所有人都期待我們會在季後賽無敗過關，根本沒人預料到我們會在主場輸掉比賽，」格林在休息室外帶著有些嘲諷的口氣說道，「現在整個世界正在崩塌，灣區就像是被大地震侵襲過一般。」格林說得俏皮，不過甲骨文球場內部的震盪卻是眞實無比。

柯爾覺得球隊失去他們平常的鎭定姿態，而且二十次失誤遠超出可接受範圍。「他們理應贏得勝利，」輸球後柯爾這樣評論灰熊隊，「他們狠狠痛擊我們一頓。」

不過眞正的痛擊是在三天後，曼菲斯以九十九比八十九又拿下一勝時。在灰熊隊以五十五比三十九領先下進入中場休息後，勇士隊不斷力圖追趕，但還是沒能追回太多失分。他們的投籃命中率基本上就是複製第二戰的數字，而柯瑞則是悲慘的投二十一只拿下二十三分。相較勇士隊，灰熊隊摘下更多籃板、失誤更少，連助攻都高過對手，在各項數字都完全碾壓金州勇士隊。曼菲斯隊的防守，在艾倫（Tony Allen）、蘭道夫、與加索（Marc Gasol）的帶領下，群策群力，一刻也不放鬆。此刻勇士隊在系列賽落後，原因令人費解，而柯爾得在勇士隊落後更多前，破解灰熊隊的防守陣式。

勇士隊的防守建築師，並且曾被喻爲「以學術研究貫通球場知識的思考者」的助理教練亞當斯想出一個辦法。即使只有六呎四吋（一九三公分），不過艾倫是灰熊隊陣中最棒的一對一防守者。只要讓他無效化，甚至如能迫使他待在板凳席上就更好了，這樣就能解放勇士隊的進攻。亞當斯建議柯爾指派七呎中鋒波格特去防守艾倫。更具體的做法會是，波格特只要在艾倫進入禁區時守緊他，一旦他待在外圍，就把外圍空檔機會都放給他。

爲何這種交換防守對金州勇士隊來說可能會奏效？因爲艾倫整個球季跳投都十分糟糕（投籃命中率只有三二％），而且生涯季後賽三分球命中率糟糕透頂，在超過一百場季後賽中，三分球命中率僅僅只有一〇％。如果勇士隊快要輸掉第四戰，就要迫使艾倫跳投，同時波格特要隨時協防其他踏入禁區的對手球員。艾倫越是投不進，就越能帶給對方總教練喬格爾（Dave Joerger）把他們最棒的大鎖防守者換下去的壓力。且在艾倫被放逐後，勇士隊在場上就有更多空間可運用，在三分線有更好的機會，這樣一來就更有機會擊敗灰熊隊禁區的長人陣（蘭道夫和蓋索）。

這個策略完美運作。在波格特幾乎沒有跟防站在外圍的艾倫下，灰熊隊在第一節投出三記三分球（比整個例行賽任何一場投的都要多），全數未能命中。同時，在擁有更多運作空間下，柯瑞拿下二十一分與四助攻，讓勇士隊在中場時取得十七分領先。

艾倫下半場幾乎沒什麼上場，第三節初幾次三分出手皆未命中。打不到五分鐘喬格爾就把他換下場，比賽剩下來的時間幾乎都坐在板凳上，只有在第三節最後十秒鐘上場露個面。最後，儘管發生二十一次失誤，且籃板（四十九比四十五）與助攻（二十四比二十二）都落後對手，勇士隊還是以一〇一比八十四拿下勝利。在前兩場比賽總計三分球投五十二只中十二後，勇士隊接下來三分球投三十三中十四（命中率四二．四％）。艾倫不在場上對球賽明顯造成全面性的影響。

「敵隊中鋒跟你的先發得分後衛對位，這光景可不常見。」隔天喬格爾說道，並補充說，艾倫大腿後肌有疼痛情況，第五戰跟後續比賽可能會坐壁上觀。當時，艾倫在例行賽最後兩星期就因大腿拉傷缺陣，不過季後賽每場都有出賽，且第四戰身體看起來並無大礙，至少之前喬格爾從未在賽後媒體訪問時提到任何有關他傷勢復發的事。然而，艾倫應該幾乎確定仍有某種程度的傷勢，如果只是基於勇士隊小幅度的防守變陣，就讓灰熊隊捨棄他們隊上最佳側翼防守者，實在是件難以置信的事。儘管如此，這個系列賽的情勢有些古怪，且最終對灰熊隊造成了不利的結果。

就在甲骨文球場舉行的第五戰比賽開始前，艾倫的名字正式從球員名單中刪去，勇士隊也順利以九十八比七十八獲勝。這場比賽的步調照金州勇士隊的標準來看，是低得令人煩惱（這天晚上只有八十七個攻防），不過勇士隊對灰熊隊採取三分雨攻勢，投三十中十四（命中率四六．七％）。灰熊隊原本在第一節剩下不到兩分鐘時取得兩位數領先優勢，但接下來勇士隊打出一波十一比〇攻勢，取得二十六比二十五的些微領先。之後灰熊隊再也沒能超前。

柯爾將第一節最後的攻勢稱為一個「奇蹟」。他不樂見他的球隊在開打前幾分鐘表現得如此焦慮不安。無論如何，勇士隊每節得分都比灰熊隊多。而在有機會於曼菲斯結束這個系列賽的情況下，柯爾只給球隊一個信息。「不要再磨蹭了，」他對大家說，「把事情搞定吧。」

這場比賽沒能打出分差二十分的一面倒局勢，不過勇士隊在第六戰拿出應有表現，以一〇八比九十五終結了灰熊隊，**繼一九七六年後首次晉級西區冠軍賽**。艾倫重回灰熊隊先發陣容，不過球賽開打不到六分鐘就被換下場，他的活動度明顯受限，波格特再次忽視站在外圍的艾倫，在這場關門戰中，灰熊隊確實無法承受進攻時四打五的局面。勇士隊的防守讓對手的投籃命中率只有三七％，三分線命中率更是只有二五％。

柯瑞的三十二分對勇士隊來說已是綽綽有餘。這個系列賽投進的二十六顆三分球，比灰熊隊全隊加起來還多一球。

這個系列賽或許是個比預期更難對付的挑戰，不過勇士隊迫使自己即時適應比賽狀況，以三連勝成績擊敗對手班師回朝。柯爾看著這個系列賽的勝利差點溜走，認為球隊還需要下一些更猛烈的藥。而對於亞當斯這樣的助理教練來說，收到這樣的公開讚譽實在非常了不起。不久的將來還會有更多微調與調整，不過一個具有凝聚力的工作文化，會鼓勵指揮鏈的各個環節都勇於發聲，來拯救勇士隊的賽季。

沒過多久，這個系列賽的狀況就會再度重演。

籃球諸神，以他們無盡的智慧，將休士頓火箭隊送進分區冠軍賽，而非洛杉磯快艇隊這支靠著全聯盟最強大的進攻效率（每一百個攻防攻下一一二．四分）拿下五十六勝的球隊。快艇隊在兩分球命中率領先聯盟，三分球與助攻則是排名第三，同時擁有全聯盟第二低的失誤數。以加入三分球與罰球的價值爲計算方式的真實命中率（True Shooting Percentage）來看，勇士隊（五七．一%）與快艇隊（五六．五%）排名聯盟第一與第二。如果他們繼二○一四年那次充滿火花的季後賽後再次對陣，這個系列賽一定會被炒熱到無比瘋狂的境界。

火箭隊與快艇隊這個球季的戰績都是五十六勝二十六負。由於二十一年來首次奪下南西區冠軍的緣故，火箭隊取得第二種子順位。不過快艇隊先接連強勢奪勝（第一戰贏十六分、第三戰贏二十五分，接著第四戰贏了三十三分），在系列賽取得三比一領先優勢。火箭隊那年則是在失去頂級防守悍將貝佛利（Patrick Beverley）以及低位得分武器莫泰尤納斯（Donatas Motiejunas）的前提下，只能仰賴拿出高超表現的MVP候選人哈登，拿下接下來兩場比賽的勝利，迫使系列賽進入決定性的第七戰。

儘管快艇隊球星像是保羅（二十六分與十次助攻）、葛里芬（二十七分與十一籃板）與小喬丹（十六分與十七籃板）都拿出英雄般的表現，快艇隊仍然以一一三比一百的些微差距落敗。哈登展現無比激情，拿下三十一分與八助攻，不過關鍵是兩名與「三分射手」名稱無緣的選手，史密斯（Josh Smith，三分球命中率三一．六%）與亞瑞查（三五%），將快艇隊獲勝的希望徹底擊沉。這個系列賽最後三場比賽，亞瑞查三分球投二十六中十三，其中包括第七戰投十二中六，並在第四節投進兩記關鍵三分。快艇隊原本從落後二十分，到了比賽最後五十六秒追到剩八分，這時亞瑞查的三分球確保這場比賽的勝利。這個系列賽火箭隊最後拿下三連勝順利晉級的過程中，史密斯也繳出五○%的三分球命中率（投十四中七），而快艇隊只能再次思索著，何時他們才能打進隊史第一次西區冠軍賽。

快艇隊失利，對勇士隊來說是件好事，畢竟金州勇士隊現在要對上的，是一支健康狀態遠遠不到百分之百，且剛剛才跟強悍的對手打了七場比賽，耗費大量精力的隊伍。火箭隊在只有休息一天的情況下來到奧克蘭，同時勇士隊在與灰熊隊纏鬥後，整整在家休息充電了三天。

不過火箭隊在許多方面，都和勇士隊擁有同樣的精神。在總經理莫雷這個麻省理工史隆管理學院運動分析論壇的共同創辦者建構下，他們完全體現鼓吹禁區（因爲命中率高）與三分投射（因爲投三分的價值高於兩分）的順位，高於其他進攻手段的現代籃球。根據Sport VU 的數據，與金州勇士隊的三〇·九％相比，例行賽火箭隊在三分線出手的比例爲三九·四％，而在距離籃框十呎內出手的比率，占了他們出手總數的四八·四％，這意味著他們有接近八八％的出手不是極靠近籃框，就是在三分線外，這比例高得嚇人，但這就是莫雷的打法。

火箭隊雖然採用與勇士隊相仿的分析輔助工具，但他們的攻守效率上卻差了一截。勇士隊每場三分球出手數排名聯盟第四，但命中率卻是聯盟第一（三九·八％）。而儘管火箭隊三分球出手數是聯盟最多，命中率只能排到聯盟第十四名（三四·八％）。因爲出手數的關係，火箭隊每場三分球命中數高於勇士隊（十一·四對上十·八顆），不過不進數越多，代表有更多防守籃板（這個數據金州勇士排名聯盟第四），以及更多快攻得分機會，這個項目勇士隊以每場二十·九分排名第一。

對上防守效率排名聯盟第八（每一百個攻防讓對手拿下一〇三·四分），不過因爲受傷與連日征戰累積許多疲勞的火箭隊，勇士隊對於掌握這次獲勝的機會擁有充足自信。

此刻，很明顯地火箭隊來到奧克蘭時並未被第一種子玩弄於股掌之間。第一戰打了一節半時，客隊領先來到十六分，不過接下來六分鐘勇士隊打出一波二十五比六攻勢，在柯瑞中場前貢獻的二十呎絕殺下，打完半場勇士隊取得三分領先。

那天晚上李文斯頓得到十八分，其中包括在第三節關鍵反擊期間拿下十分，這是柯爾調整後的「小球」陣容，把原本伊古達拉的位子用李文斯頓取代的打法再次奏效，李文斯頓比伊古達拉還要高一吋。「我們在打小球時，」賽後這位六呎七吋的替補控球後衛說道，「其實不盡然有這麼小。」這個陣容把格林拉到中鋒，而對方的霍華德（當時他的左膝有傷）與他的替補卡佩拉（Clint Capela）都沒能守好他。最後格林拿下十三分十二籃板，以及全隊最高的八助攻。火箭隊只能靠哈登與史密斯（兩人在第四節分別拿下十分與八分）讓比數不被拉開，不過後來在柯瑞打出一波七比〇的攻勢，且全場拿下三十四分的表現下，幫助勇士隊拉開比數，以一一〇比一〇六拿下勝利。

第二戰看似勇士隊應該是大勝而歸，特別是單單只看賽後兩隊攻守數據的話更是如此：金州勇士隊祭出三十一次助攻，籃板與火箭隊打平（三十九顆），投籃命中率五三．二％。讓勇士隊感到棘手的，是哈登（三十八分，十籃板與九助攻）以及霍華德（十九分十七籃板）兩人共計投三十二中二十一（命中率六五．六％）。

不過火箭隊的問題是其他球員沒能貢獻出接近上述兩人的效率。亞瑞查與史密斯合計投二十五中八，只攻下十七分。勇士隊在板凳球員得分上以二十比十五領先，同時波格特敲出五記火鍋。這樣的球員深度與防守讓這場比賽有了截然不同的結果。柯瑞維持一貫身手，拿下三十三分，而哈登在球隊最後一次進攻時組織進攻，槍響前絕殺球不進，讓勇士隊以九十九比九十八取得令人振奮的一勝。無論休士頓怎麼追分，金州勇士隊都能擋住對手。

第三戰，在柯瑞以十九次投籃拿下四十分下，勇士隊談笑間以一一〇比八十五輕取休士頓。通常仰賴三分球取勝的火箭隊，這天晚上三分球百投不進，投二十五球只進五球。他們幾乎沒有在對手身上施加任何防守壓力，打完上半場勇士隊只發生一次失誤，這是他們自從二〇一二年十二月以來首次上半場只出現一次以下失誤的比賽。且在拿下這場勝利後，因為聯盟史上七戰四勝制下前一一六次取得三比〇優勢的球隊從未被翻盤的情況下，勇士隊幾乎可確定晉級NBA總冠軍賽。在前十三場季後賽只吞下兩敗下，目前勇士隊在季後賽的勝率（八成四六）比例行賽的勝率（八成一七）還要高。

自然地，他們放掉第四戰。這場比賽是火箭隊在這個系列賽中唯一打出上一輪對上快艇隊那種令人驚訝的表現，也確實如此。即便柯瑞、湯普森與格林都得到超過二十分，哈登在投二十二球拿下四十五分的情況下力壓對手。亞瑞查與史密斯共計拿下三十七分，最後火箭隊在得到替補陣容的貢獻下，以一二八比一一五獲勝。

比輸球更讓勇士隊在意的，是柯瑞在第二節火箭隊領先十九分時，發生的一次嚴重跌倒事件。這位MVP用假動作把亞瑞查騙起來，接著跳起後在空中摔倒，頭和脖子著地。他後來回到場上幾乎打滿整個第二節，不過那一刻大家的心跳都停止了。中場休息時柯瑞一直待在休息室，邁爾斯、球隊的醫療團隊，甚至連他的父親戴爾都從場邊跑過來關心他。儘管柯瑞第三節打到一半時就回到場上，且打滿最後十八分鐘，但終究無法縮小火箭隊領先優勢。賽後，柯瑞說那是他在比賽中經歷過最嚇人的一次跌倒，但他沒事：「我只想爬起來，重新整理好自己，並相信這段過程。」

現在這個系列賽要移轉至奧克蘭，而感覺就像是要進行一場加冕儀式。

兩歲大的萊莉．柯瑞（Riley Curry），在甲骨文球場待不到五分鐘，就回到勇士隊鮮少有人使用的家庭休息室。幾乎其他親友頭上都還卡著黃色彩帶，在場上慶祝、自拍，互相擊掌，不過萊莉那受過十六年NBA洗禮，深知如何悠遊脫離場上喧鬧氣氛的祖父戴爾，帶她回到比較寧靜的空間。

戴爾帶著孫女時，親了她的臉頰且滿臉笑容。他臉上的笑容不只代表祖父的愛，還有看著自己長子帶領一支即將要拿下冠軍的球隊那份驕傲。

確實，這就是柯瑞，一如往常，幫助勇士隊以一〇四比九十，確保球隊完全且穩穩地拿下勝利。柯瑞繳出所有勇士隊需要他拿出的數據，二十六分、八籃板、六助攻和五抄截，雖然第四戰那次嚴重跌倒事件，只是個一閃而逝的回憶，但這一場的表現，確實提振了大家的士氣。此刻，勇士隊將要挺進NBA總冠軍賽。

拿下這場勝利後，柯爾說道，「我總是會想到萊利（Pat Riley，NBA知名教頭）那句名言：『當你在NBA執教時，有勝利，也有痛苦。』他說得沒錯。在大多數時間裡，勝利比其他事情都更令人感到欣慰。不過進入總冠軍戰，對四十年來第一次走到這裡的勇士隊來說，這不只是欣慰，而是喜悅，我們的球員正在感受。」

柯爾這段話可說一針見血。休息室裡的氣氛先是愉悅欣喜，接著便是極為專注。原本有音樂，接著沒有了。到處洋溢的歡笑，但沒有人表現得過度興高采烈。當某位記者把比賽數據拿給柯瑞看時，他十分震驚於哈登的總失誤次數（十二次）。格林將他的Snapchat帳號關閉。所有人都好整以暇地換裝。只要稍加感受，當然可以明顯感受到成就感，不過無疑地，最終目標尚未完成。「我們對於今晚的表現感到非常驕傲與開心，」柯瑞說道，「我們得要好好休息一個星期，做好準備，讓我們的心情和比賽計畫都保持正確。」

勇士隊在各項數據都優於火箭隊。霍華德以中鋒身分出賽四十二分鐘，然而勇士隊在籃板的爭奪上還是以五十九比三十九的差距勝出。勇士隊獲得較多快攻得分（二十六比二十），禁區得分（五十比三十四），以及二次進攻得分（十八比八）。波格特拿下他多年來最妙的數據表現之一：上場十九分鐘，投一中〇拿下零分，十四籃板附帶兩次火鍋。就連巴恩斯這個季後賽平均只拿下十分的球員，都繳出他兩個月以來的最高得分二十四分。

這場比賽唯一令人擔憂的，就是上半場拿下全場最高十五分的湯普森，在第四節時用投籃假動作將亞瑞查騙起來後，頭被他的膝蓋狠狠撞了一下。雖然賽後感覺有類似腦震盪症狀，但他會及時復原參加總冠軍賽。此外，金州勇士現在有好幾天時間來修復身體，以面對他們人生中最大考驗。

贏球後，柯瑞就跟第一戰結束後一樣抱著萊莉，並提出這支球隊目前爲止，是如何從傑克森的球隊轉變成柯爾的球隊，最能反映出他心中看法的評論。

「這個夏天走得十分艱困，」柯瑞說，「我們跟快艇隊激戰七場後落敗充分證明了此事，而更換總教練也造成相當大的衝擊，不過我判斷這是兩個獨立的決定。我不同意第一個決定，但你得要雇用對的人，而我認爲他們做到了。顯然地，他們做到了。我們踏進訓練營第一步開始，就按照他對於球的流動、球員流動的哲學來做，而他也明確保留我們過去兩年建立起來的防守，並將之提升到另一個層次。柯爾非常謙遜，深知他接掌了一支充滿天賦的球隊，而他也非常幸運，因爲我們已經身懷一些經驗，而且我們能夠，能夠不用經過重建之類的過程，所以我們好整以暇地迎接一個偉大的球季，而我認爲我們超出許多人的預期。」

「不過身爲球員，這就是我們一直以來關注的事，而且來到這個地步，感覺蠻不錯的：我們距離總冠軍，只有四勝之遙。」

他們現在要做的，就是扳倒當今世界上最棒的籃球員。

當克里夫蘭騎士隊堅持到二〇一五年六月四日上午時，無論他們認爲自己有多好，對其他球隊來說，都會認爲他們是股強大的威脅。詹姆斯連續第五年打入總冠軍賽，且在過去六週季後賽賽場上，都是騎士隊最閃亮的巨星，十四場季後賽每場平均拿下二十七．六分、十．六籃板、八．三助攻、一．八抄截，以及一．三火鍋。

不過這樣的產出也讓他付出代價，詹姆斯每場要投二十五球，比例行賽要多出手六次，而且命中率只有四二．八%，掉了六個百分點。他的三分球也是個大坑，從三五．四%掉到一七．六%。他肩負無比重擔，不過要在季後賽晉級到最後，取決於能否不計任何代價贏得比賽勝利。如果這意味著投出四十球，拿下三十五分，而能比對手多得一分，那就這樣做。

這整個球季，厄文與勒夫，兩位都曾三次入選全明星賽的騎士隊三巨頭成員，已經準備好追隨詹姆斯所樹立的榜樣。除了因爲膝蓋肌腱炎發作而在東區冠軍賽缺賽兩場外，厄文在前三輪季後賽的表現一直十分出色，平均拿下十八．七分，且供應四八．一%的三分球命中率。同時，勒夫則是在第一輪對上塞爾提克隊時被打下場，接下來的比賽都無法上場，當時他和塞爾提克隊中鋒奧利尼克爭搶一顆雙方都未控制住的籃板球時，左肩被奧利尼克拉到而脫臼。三天後勒夫進行手術，而且要休息至少四個月。他在克里夫蘭的第一個球季打得有些掙扎，各項數據都急遽下降，不過勒夫在對上波士頓前三場比賽（都爲騎士隊拿下勝利）漸入佳境，平均拿下十八分、九籃板，三分球命中率四七％。

然而少了先發大前鋒，騎士隊在一片質疑他們能否成爲總冠軍戰競爭者的聲浪下，頑強地堅持下去。在將波士頓剃光頭後，他們用六場比賽解決芝加哥，再次展現出強大的宰制實力，把六十勝的頭號種子亞特蘭大老鷹隊剃光頭淘汰。在這四場比賽中，詹姆斯助攻只差一點點就打出平均大三元的數據：三十．三分、十一籃板、九．三助攻。過去五十一年來，克里夫蘭這座城市從未贏過任何職業運動冠軍，而詹姆斯這種程度的表現，讓人相信一切都有可能發生。

在七場比賽中擊敗金州勇士隊四次？不太可能，特別是在沒有勒夫的情況下，但確實有些機會。

同時，勇士隊善加運用西區冠軍賽結束後的休息日，把球員身上累積的碰撞與擦傷通通養好。柯瑞在第四戰頭著地跌倒，以及第五戰湯普森頭遭到膝蓋痛擊，讓金州勇士飽受驚嚇，不過進入總冠軍賽時，這些傷勢並未造成影響。這時，以五根手指都有冠軍戒指可戴而自豪的柯爾，深知如何讓他的球隊集中注意力並做好準備。對於消除他們的焦慮、對新體驗瘋狂的期待，他其實沒辦法做什麼，不過祕訣在於讓他們專注當下，不讓他們的心神與行動太過超前。直到第一戰獲勝前，不用管第二戰的事情，以此類推。柯爾說了些過去他在芝加哥和聖安東尼奧奪冠時的故事，也叫華頓分享兩年前在湖人隊贏得冠軍的事。「一旦踏上球場，就是開始打球，一切回歸平凡。」柯爾在第一戰前一天這樣說道，「這仍然只是一場球賽，但你得要理解這件事才行，明白這一點最好的方式，就是試著盡可能忽略一切混亂。」正如他在比賽正式開始前，在休息室對他的球員所說的，「當我們走出這個房間時，我們要無比放鬆。我們要讓心神翱翔。我們要帶著樂趣。我們掙到了這段旅程，每一秒都應該要樂在其中。」

騎士隊睽違八年再次打入總冠軍賽，而勇士隊上一次站在這裡已是好幾個世代前的事，兩隊都無比熱切地力圖在第一戰一開始就拿出好表現。

騎士隊先將比數拉到十四分領先，接著勇士隊急起直追，到中場休息時勇士隊將差距縮小到三分。第三節打到倒數階段，伊古達拉抄了詹姆斯的球，隨即朝前場狂奔，幾乎在時間結束前將球放進，讓兩隊比數在進入第四節時，打成七十三比七十三平手。「他並沒有比詹姆斯強壯，」賽後柯爾說道，「不過他非常強壯。他可能沒有對方那麼重，你知道的，他少了五十幾磅，但伊古達拉知道自己在做什麼。」後來伊古達拉說，在總冠軍賽防守詹姆斯時壓力非常大，腎上腺素會飆高到無法承受的地步。這讓他想起小孩可能會樂在其中的那種無憂無慮的打球方式。「當你像個小孩一樣，進入那種狀況時，就跟小時候把襪子當球玩一樣，」他說，「那時你成天在房間裡拿襪子當球玩，所以當回歸那種心態，就會專注在打球上。」

當最終拿下全隊最高二十六分的柯瑞，在比賽剩下五十三秒時在二十呎的位置沉著地將球投出入網，讓勇士隊取得九十八比九十六領先時，看起來好像足以獲勝了。但莫茲高夫（Timofey Mozgov）在剩下三十二秒時的兩顆罰球又將比數追平。下一球，柯瑞切入上籃時被厄文從後面蓋了一記火鍋。最後六秒時，詹姆斯和尚波特（Iman Shumpert）都有機會投進致勝分，但兩人都未能逆轉戰局。

在延長賽剩下兩分二十秒時，這場比賽不只拿下二十三分與六助攻，且整晚奇蹟似地守住柯瑞的厄文，在切入時滑了一下，使得他在東區冠軍賽對上老鷹隊時迫使他休戰好幾場比賽的左膝再次扭傷，而這也讓克里夫蘭隊的運勢急轉直下。這時已經領先四分的勇士隊推進前場，巴恩斯又在左邊底線投進一顆三分球，把領先拉大到七分。厄文一跛一跛地走進休息室，此後騎士隊持續熄火，到剩下不到十秒才終於又拿到分數，最後勇士隊以一〇八比一百拿下勝利。

隔天早上照完MRI後證實厄文膝蓋骨斷裂，他今年的季後賽之旅已經結束。在他與勒夫缺陣下，克里夫蘭在總冠軍賽剩下的賽程中少了隊上第二和第三棒的球員。取代厄文擔任先發的是德拉維多瓦（Matthew Dellavedova），來自澳洲，今年是他在NBA的第二年，而他大學時是在灣區，距離奧克蘭東邊十英哩的聖瑪麗大學打球。這位替補控衛例行賽平均只有五分與三助攻，這意味著缺少厄文的貢獻，球隊整體數據會大幅下降，但騎士隊沒有其他選擇了。德拉維多瓦在東區冠軍賽也因為幾次明顯的大動作，博得「骯髒球員」名號，這也是布拉特教練得要忍受的事情之一。

即使厄文幾乎打滿第一戰，勇士隊仍然能夠正確執行他們比賽的計畫。整個季後賽騎士隊將對手的三分球命中率壓制到剩下二八．一％，不過柯爾的球員們在外線繳出投二十七中十（三七％）的數字，籃板也以四十八比四十五優於騎士隊，並且只發生十二次失誤。他們在進攻上彼此搭配得不是太好，五十三分鐘的比賽時間裡共投進三十九球，但只有二十四次助攻，不過只要在總冠軍賽拿下一勝，那就是一勝。終場詹姆斯拿下四十四分，不過是投了三十八球才拿到這些分數；金州勇士每場球都會採取這樣的防守方式。

然而，延長賽的勝負通常難以預料，而第二戰運勢則是與上一戰相反。這次騎士隊在比賽後段控制住情勢，在剩下三分十五秒時領先十一分，不過接下來勇士隊開始反攻。剩下最後十秒，那天晚上至此投十八球只進四球的柯瑞，從三分線弧頂位置啓動，切過詹姆斯與湯普森，在無人防守下挑籃進球，將比數追成八十七比八十七平手，又一次迫使比賽進入延長。

不過延長賽也延續柯瑞那天整晚悲慘的表現，他在延長賽前四投盡墨，到了最後七秒鐘勇士隊落後一分時，他得到下一次出手的機會。這記十九呎跳投原本可能拿下這場比賽的勝利，但由於德拉維多瓦揮舞雙手影響了柯瑞，這球投成一記越過籃框掉到詹姆斯手中的麵包球。

克里夫蘭以九十五比九十三獲勝，詹姆斯以三十九分、十六籃板與十一助攻（其他騎士隊球員加起來還少他三次助攻）拿下大三元，足以讓球隊拿下勝利。「我們打的不是可愛籃球。」提到克里夫蘭步調緩慢的進攻時，詹姆斯這樣說道，「如果你想看我們打得性感、可愛，那不是我們的作風。我們現在不是這樣打球的。在每個面向都要無比強悍……以三二%的命中率拿下總冠軍賽其中一場的勝利，證明了我們能夠多麼勇敢堅定。」

湯普森拿下領先全勇士隊的三十四分，美中不足的是這是他用了低效率的二十八球拿到的。柯瑞三分球投十五球十三不中，比過去所有總冠軍賽其他球員單場投不進的次數都多，打破前尼克隊球員史塔克斯（John Stark）在一九九四年總冠軍賽第七戰創下的十一球紀錄。「有時候球就是不會按照你希望的方式彈。」提到他那位正困頓掙扎的球星時，柯爾這樣說，「球沒進沒關係，繼續投就是了。我看過很多人發生這種狀況。我在喬丹、鄧肯身上都看過，無論是誰都一樣。沒人能對艱困的夜晚免疫。」柯爾自己只能回想一九八八年NCAA最後四強時的表現，當時對上奧克拉荷馬大學，他十次三分球出手都沒進，不過他肯定柯瑞會找回準心。

問題在於勇士隊其他人並未挺身而出，全隊都沒能集中注意力並缺少能量。在克里夫蘭舉行的第三戰（這場比賽拉各布與勇士隊行政部門全體成員都飛過去觀戰），打完前三節勇士隊只得五十五分，以十七分落後進入第四節。第四節柯瑞大爆發單節拿下十七分，讓最終比數比表面上看起來要更接近。「我從未見過有人像他這樣急停跳投，從來沒有。」賽後詹姆斯說道。

正如柯瑞比賽結束前的大心臟，詹姆斯則是從比賽開打到結束都表現得無比耀眼。他的四十分、十二籃板與八助攻完全展現出他在球場上的統治力，而且他在比賽最後兩分鐘時抄掉柯瑞兩球，更是幫助球隊以九十六比九十一保住勝利的關鍵。

勇士隊曾在西區準決賽時一度以二比一落後曼菲斯，不過這時的壓力不能與當時同日而語。騎士隊支配著比賽節奏，而且詹姆斯展現出遠遠超乎地球上其他籃球員的水準。雖然命中率只有四〇％，但詹姆斯在總冠軍賽前三場繳出平均四十一分、十二籃板與八助攻的成績。他在三分線上的命中率有三五％，且面對身體衝撞也能隨心所欲地進攻，每場平均得到十三．三次罰球機會（這個系列賽對上騎士隊，勇士全隊平均單場可獲得十九．七次罰球）。

金州勇士隊貧弱的投籃仍舊未見起色（如第三戰巴恩斯投八中〇拿了鴨蛋），如果給他們足夠時間可能會進步些，不過如果沒辦法拖慢詹姆斯的腳步，那他們就毀了。

柯爾被問到球隊目前壓力指數從一到十來看的話是多少時，他笑著說，「壓力指數差不多是五．一三，我不確定，我們正在打NBA總冠軍賽，每個人身上都背負著壓力。」

「你可以說目前的壓力狀態是非常高的，」他補充道，「而我們得試著找出讓壓力降下來的方法。」

第四戰前一天晚上，尤朗（Nick U'Ren）找到拯救勇士隊這個球季的方法時，正在他位於克里夫蘭鬧區的旅館裡，不停看著之前的比賽片段。

詹姆斯卓越的表現對前三戰造成的影響不只是他拿下的亮眼數據，而是在他這樣的打法下，騎士隊打出自己的進攻節奏，進而摧毀勇士隊的防守。只要布拉特的球隊不斷餵球給詹姆斯，讓他不斷進行低位單打或孤立單打，比賽節奏就會陷入停頓。勇士隊幾乎沒有辦法迫使對方發生失誤，打出轉換攻擊，靠著快攻得分，不過這個系列賽不是靠著誰摘下最多籃板或傳出更多助攻才會勝利。

比這些都重要的，是有沒有辦法阻止詹姆斯。

這也是尤朗不斷觀看比賽影片的原因。二〇〇九年他從聖地牙哥大學畢業後，就一直在男子籃球隊的管理部門工作，且柯爾（當時是太陽隊總經理）曾雇用他在太陽隊擔任實習生，尤朗的NBA生涯就是不斷研究影片。回首當時，SportVU在NBA掀起一陣風暴前，標記比賽內容的過程非常辛苦，而且需要十分仔細。尤朗得要辛勤地把比賽片段按照進攻與防守一段段分開，並且要手動標記影片中所有相關動作。當時只有這樣做，對行政部門或教練團隊來說，影片才有用處。

柯爾卸下總經理一職前，先確保尤朗成爲正職員工才離開。接下來四年尤朗仍然待在太陽隊，等到柯瑞前往奧克蘭後，這位新任勇士隊總教練延攬尤朗擔任特助。當然，他負責影片，但也要處理像是柯瑞每天的行程安排，以及球隊練習時播放的音樂清單等。他會在柯瑞操練最後階段協助佛雷澤。柯爾喜歡身邊圍繞著努力工作，但同時面帶笑容，且不會嚴肅看待一切事物那種正面積極的人。柯瑞半開玩笑地說尤朗是他的「幕僚長」，並鼓勵他如果覺得自己可以貢獻什麼想法就盡管說出來。

現在，尤朗正看到二〇一四年總冠軍賽的影片，當時柯爾的導師，聖安東尼奧總教練波波維奇做出改變球隊命運的動作，大膽更換先發陣容。在這個系列賽戰成平手時，波波維奇意識到他的球隊需要回歸基本面：傳球、防守，只要更聰明些即可。他把例行賽先發五十場，且季後賽二十場比賽中十八場先發的中鋒斯普利特（Tiago Splitter）移至板凳，改爲讓例行賽先發二十四場，但季後賽未曾先發的三十二歲籃球浪人迪奧打先發。接下來三場比賽馬刺隊分別以十九、二十一與十七分獲勝，並拿下另一座總冠軍。詹姆斯各項數據皆盡下滑。迪奧在第四戰拿下接近大三元數據，並成了這次系列賽接下來幾場比賽的無名英雄。波波維奇將這個策略命名爲「中球戰術」。斯普利特比六呎八吋的迪奧高了三吋，不過馬刺隊的傳球與防守提升一個層級。詹姆斯說當時「基本上就是在場上一次面對四名控衛。」

不過勇士隊的情況（落後一場而非平手）更加不利，而尤朗在深夜打給助理教練華頓時提出的建議，也遠比把內線球員換掉更加劇烈。他認爲柯爾應該考慮把七呎中鋒波格特放在板凳，改用六呎六吋的側翼球員伊古達拉先發。把波格特丟到二線陣容可能代表籃板與鞏固籃下的能力會遭受打擊，不過伊古達拉是名菁英級防守者，無論詹姆斯做什麼，都能如影隨形地盯著他。這也代表六呎七吋的格林實際上是打中鋒，而且要防守莫茲高夫；同時六呎八吋的巴恩斯則要與騎士大前鋒湯普森捉對廝殺。華頓接受這個建議，並希望柯爾一起床就開始思考這個建議。他在凌晨三點時傳訊息給柯爾。

隔天早上吃完早餐，大家把這個戰術從裡到外好好討論了一遍。當然，勇士隊對於這樣的布陣並不陌生。例行賽時，柯瑞、湯普森、巴恩斯、伊古達拉與格林一起上場的陣容在三十七場比賽中，總共打了一〇二分鐘。這是柯爾這個賽季第五常用陣容，且每一百個攻防要比對手多拿二十一・八分，從任何角度來看，這個淨效率值都十分優秀，但還遠遠不如勇士隊最有效率的五人組合。且爲了讓這個陣容能夠運作，伊古達拉需要對詹姆斯使出史詩級防守才行。

柯爾也同意這樣變陣。除了相信伊古達拉能夠牢牢守住詹姆斯，這位教練認爲這樣做能清開場上空間、讓傳球路線更加暢通，或許能在這支有時看起來前途一片黯淡的球隊眼前燃起希望火光。開賽前被問到陣容是否會有任何調整時，柯爾沒有直接承認會做出變動。等到開賽前幾分鐘，聯盟規定球隊提交先發名單時，這個動作才公之於眾。金州勇士隊這一季的命運就落在這個決定上了。「如果這樣做行不通，那是你的錯，」比賽開始前，柯爾開玩笑地對尤朗說，「如果行得通，我就把功勞給占走。」

騎士隊取得十六比九領先，湯普森在不到五分鐘的時間就摘下四籃板。尤朗十分緊張地坐在勇士隊板凳區後方，臉上表情看起來十分擔心球隊沒有做出回應。這時助理教練迪馬科（Chris

DeMarco）探過身來告訴他別擔心。勇士隊在內線進攻與投球上看起來漸入佳境，很快就會扳回頹勢。

迪馬科說的沒錯。金州勇士隊在第一節結束時領先七分，到了中場休息，領先擴大到十二分。詹姆斯上半場投十二中四拿下十分，他在第三節時活了過來，投八中三拿下十分，不過伊古達拉讓他在第四節一分未得。最後詹姆斯拿下二十分，同時伊古達拉拿下本季新高的二十二分，波格特那天晚上上場不到三分鐘，勇士隊徹底擊敗對手，以一〇三比八十二獲勝。

儘管尤朗的「小球」陣容布局那天晚上並沒有拿下十分亮眼的優異數據——根據進階數據，那場比賽這個陣容實際上只在場上跟騎士隊打了十四分鐘，不過獲得的效益則是貨眞價實。整體而言，金州勇士隊整體防守大幅提升，克里夫蘭打出季後賽最低分的一場比賽，現在季後賽情勢轉爲對勇士隊有利。勇士隊這場只有七次失誤，是本季例行賽與季後賽失誤最少的一場比賽。看到伊古達拉壓過詹姆斯的心理效應，讓他們共同的恐懼得到釋放。「這就是一次街頭鬥毆，」格林說，「沒人使出小動作，不過他們不斷攻擊，我們也不斷攻擊，這就是這個系列賽如此令人興奮的原因所在。」

勇士隊現在要回家打第五戰。他們要做的就是在甲骨文球場拿下接下來這幾場比賽，這樣一來，冠軍就是他們的了。

賽後，柯爾作勢向媒體爲了賽前就波格特先發的事欺騙他們而道歉。「我不認爲他們會基於道德而拱手將獎盃奉上。你要贏球他們才會給你獎盃。」他說，「對此我深感抱歉。」他也將榮耀全部歸功於尤朗對這次變陣的建議。「他是我們教練團的骨幹，我不在意這個想法是從哪來的。」柯爾在第五戰前說道，這與拉各布在職員工作手冊中寫的內容相似。**「無論這個想法來自何處，只要是好想法，我們就會採用。」**

接下來柯爾繼續把伊古達拉放在先發陣容，因爲事情順利的時候就不需要調整。詹姆斯從第四戰的潰敗振作起來，在第五戰拿下四十分、十四籃板與十一助攻，獲得這輪季後賽第三次大三元。那天晚上克里夫蘭有接近三分之一的攻勢都由巨獸般的詹姆斯所發起，而且他只發生兩次失誤。

不過勇士隊也繳出顛峰表現。柯瑞打出分區冠軍賽以來最棒的一場比賽，只投二十三球就拿下三十七分。第三節鎖死克里夫蘭，讓他們只得到十七分，金州勇士最後以一〇四比九十一獲勝，在這個系列賽取得三比二領先。伊古達拉拿下十四分、八籃板與七助攻。波格特？他整場都沒上。不到一個星期前，看似克里夫蘭對這個系列賽展現的決定性控制力，此刻已蕩然無存。

最後重擊是柯瑞在剩下兩分四十六秒時投進一顆令人驚嘆的荒唐三分球，讓勇士隊領先達到十分。在德拉維多瓦如影隨形的貼身防守下，柯瑞使出一連串看起來像是手跟球都貼了磁鐵才有可能做到的耍球與胯下運球，完全展現出這個系列賽的高水準。那無比熟練的運球花招，也成了他的招牌之一。後來柯瑞也將這球視為他個人職業生涯最愛的一球。

賽後，柯瑞被問到這顆三分球是否會成為決定這個系列賽走向的代表性一擊。他沒有咬下這個誘餌，正如柯瑞所說的，「等我們贏得總冠軍後，我可能會有更好的答案。」

系列賽第六戰移師至克里夫蘭，這次勇士隊一開始就取得領先。在柯瑞拿下九分的情況下，球隊打完第一節後取得十三分領先，不過騎士隊在詹姆斯豪取十一分下，進入中場休息時讓勇士隊的領先縮減到剩下兩分。勇士隊在第三節取得二十八比十八的優勢，除了大家齊心合力外，要感謝艾澤里的八分進帳。這個看似不可能發生的貢獻，讓勇士隊在比賽剩下最後十二分鐘時取得十二分領先。

處於遭擊敗邊緣的克里夫蘭，在第四節耗盡所有精力。詹姆斯投十二球拿下十分，但四次三分球出手盡墨。史密斯在第四節從板凳出發拿下十五分，且他那天晚上第四顆也是最後一顆三分球，在比賽剩下最後三十三秒時，將勇士隊的領先縮減到剩下四分，不過沒多久柯瑞與伊古達拉的罰球就讓比賽結果大致底定。騎士隊在最後讀秒階段三次三分球出手都沒進。柯瑞抓下最後一顆籃板球，然後用力將球拋向天空。柯爾在場中央與布拉特握手，同一時間他的球員們互相擁抱，又叫又跳地慶祝勝利。

經過漫長的四十個年頭，金州勇士隊再次奪下NBA總冠軍。

因爲對詹姆斯的防守，以及適時在進攻端爆發，伊古達拉獲選總冠軍賽MVP。騎士隊第六戰的策略爲堵死柯瑞與湯普森，卻迫使伊古達拉等球員打擊他們。嗯，伊古達拉得了二十五分，送出五助攻，而且打完這個系列賽後，最後他以平均十六．三分成爲總冠軍賽得分第三高球員。對於一個原本職業生涯場場先發，後來接受做爲替補這種安排的球員，這個獎項是最終的肯定。「我完全沒想過這些事。我的內心一片空白。」他說，「這是一段漫長的旅程。」

對於湯普森，這位曾拿下數次冠軍的前選秀狀元之子，有著牛仔酷炫風度的犀利射手來說，這一刻的感受十分強烈。「能說出我們是世界上最棒的隊伍，這種感覺實在太棒了，」他說，「這是我們攜手努力得來的，讓我們能享受這晚，老兄。這是我們應得的。」

對於格林，這個第二輪入選，比賽風格超然於傳統NBA打法的球員來說，這個晚上完成他從密西根州薩基諾出發的一段幾乎不可能實現的旅程。當勇士隊需要他拿出表現時，他貢獻十六分、十一籃板與十助攻，締造生涯首度季後賽大三元。「許多人都說我絕對無法在這個聯盟打球。太慢、太小，投籃不夠好，沒辦法守住對手。他又能做好什麼事？他連個技巧都沒有，」他說，「我有強大的心臟，這就是讓我脫穎而出的原因。這只是我整個人生中不斷被質疑的時刻之一……他們仍然可以說，喔，他太小隻了、他太這個、他太那個，他們絕對不會把這些標籤從我身上拿掉。」

對李文斯頓而言，一座冠軍意味著職業生涯終於圓滿。從他高中畢業以來對他做出的種種偉大表現之預測從未實現，但現在他永遠都是個冠軍了。「在這裡跟我的兄弟們一起成爲世界冠軍，老兄，這很難用言語來形容，」他說，「這是一段漫長的旅程。我擁有兩個職業生涯，眞的，感覺就像是我活了兩次。現在在這裡成爲世界冠軍，這是世上最美好的，也讓這段旅程值得了。」

對於像是巴伯沙、史貝茲、波格特和李這些職業生涯開始走下坡的老將而言，這次慶祝讓他們從多年來追尋一個難以企及的目標中解放。對於像是巴恩斯、艾澤里（兩人都是出自二〇一二年選秀，同年還有格林）這些年輕球員而言，這次勝利代表職業生涯從手上沒有冠軍戒指這個會隨著時間，如同雪球般越滾越大的壓力中解放。

對邁爾斯而言，這個晚上代表他加入行政部門這個動作終於獲得肯定，這個雇用案一度令業界人士側目。他帶給這個職位一個截然不同的經驗，並照他所想的方式學習，而他這樣的做法，讓他爲新的世代建立一個籃球強權。不意外地，在季後賽期間，邁爾斯獲選NBA二〇一五年年度最佳行政人員。而勇士隊在分析與注意休息與體能上的投資也獲得回報，後來ESPN的一項研究中指出，勇士隊那年是**全聯盟球員因傷缺賽時數最少的球隊**。

對柯爾而言，這次勝利是他這輩子以最偉大的成功以及最低的失敗風險播下的種子累積而成的，而現在，他是自從一九八二年的萊里以來，第一個生涯首年執教就拿下冠軍的總教練。而且他執教了第一支進攻節奏領先全聯盟的冠軍隊伍，這也明顯表現出勇士隊與其他球隊在根本上的不同之處。

多年來，柯爾都拒絕教練職務，直到他三個小孩長大，直到他準備好，直到完美的機會加上遇到對的人。走到季後賽最後，這條路他走了十二年才到達，儘管他提到這些時總離不開經驗，不過這段時間仍然對他造成了磨難，他背部的傷勢成了此後揮之不去的麻煩。「我幾乎要忘記這段時間有多折磨人了，」他說，「我的意思是，連續兩個月的情緒與體能上的壓力，就像坐雲霄飛車一般。回顧這段日子時，孩子，我甚至不確定這件事會不會發生。」

這一刻，柯爾只能感謝勇士隊受益於衛冕冠軍馬刺隊在第一輪遭到淘汰，以及後來的對手像是休士頓和克里夫蘭都有傷病問題。「情勢對我們有利，不過我們也把握住這些優勢，」柯爾補充道，「每年都會發生這些事：一隊隕落、一隊翱翔，是傷痛之故，球是圓的，諸如此類的。到最後，一切都不重要了。唯一重要的，就是我們完成了工作。」對柯爾而言，不只跟他妻子，還有他的孩子跟他一起慶祝此事（上一次在聖安東尼奧贏得冠軍時，他的孩子都還小），對他來說就是一切。

對柯瑞而言，建立在父親陰影下那職業生涯的承諾，終於實現。柯瑞以二十一場比賽投進九十八顆三分球，創下單年季後賽投進最多三分球紀錄，打破二〇〇〇年溜馬隊米勒所創下的五十八顆舊紀錄。現在柯瑞是MVP，被視爲NBA史上最具破壞力的射手之一，以及冠軍球員。他也是目前待在勇士隊陣中時間最長，唯一從科漢時代存活至今的球員。終場哨聲響起幾分鐘後，他在場上親吻並擁抱艾莎與萊莉，慢慢開始感受到得到冠軍的事實。

「我認爲我們確實感激，這一年從開始到結束，我們完成的事。」柯瑞說，「在此刻，就NBA長遠的歷史來看，眞的很難說六十七勝代表什麼意義，達成此事有多困難，不過我們也以奪下冠軍來證明自己。所以我認爲，我們必須更感激這整段旅程。我認爲我們絕對是支偉大球隊，以及一支應該在史上最佳球隊名單中留名的球隊。這個球季，我們有許多值得驕傲的事。」

「我太高興了，老兄。上帝是良善的。」

他們在凌晨三點抵達。

從帕西菲卡到佩塔盧馬，從聖荷西到索諾瑪，以及灣區各地，根據警方說法，有五十萬人於星期五早上聚集在奧克蘭鬧區，展開醞釀了四十年的慶祝大會。他們前來爲勇士隊完成NBA史上最具統治力的球季之一致意。他們前來，徹底驅散過去的擁有者招來的惡魔。他們前來追憶那些從未獲得如此功績，但被深愛的金州勇士球星：穆林、里奇蒙、理察森、哈德威、戴維斯，以及許多其他球星。他們前來感謝沒有離隊的柯瑞。他們前來感謝拉各布與他的擁有人團隊，他們在五年內實現了改變這個組織的承諾。

而且他們只花了五年（其實是四年七個月又一天，拉各布提醒群衆），獲得一座一度看似不可能拿到的總冠軍。

那天所有人依序在奧克蘭耀眼的陽光下上台。台上的明星是柯爾，他再次扮演如同一九九七年說他「幫了喬丹一把」，占了喬丹致勝球功勞的完美喜劇角色。這次，柯爾詳述他是怎麼樣在九個月前接下這份工作，並擔心要怎麼在短時間內改善球隊：「沒什麼天分。幾乎沒有投籃能力。沒什麼防守。不可靠的多樣性。最重要的是，令人摸不著頭緒。我的意思是，看看這些傢伙。」接著他細數了一連串勇士隊做得非常棒的事，幾乎從加州郊區就可望見台下使眼色表示同意的樣子。他的結語也激起一陣歡笑：「所以，我在九個月裡把這些事全搞定了，謝謝大家！」

不過就所有那天下午上台說話的人而言，這一刻對拉各布來說更是意義非凡。在遠方的梅里特湖閃耀的陣陣波光，以及勇士迷不斷咀嚼他說出的每個字句下，他站上台講了十分鐘話。始於二〇一二年三月十九日的噓聲合唱，那個從他剛成爲擁有者就對他造成阻礙的事件，認眞地說，感覺就像是幾十年前的事了。他感謝整個團隊上下所有人，他感謝球迷（「我們最棒的資產！」）在球隊最貧弱之時仍然不離不棄，以及稱職地代表團隊做出表現的球員們。最後他感謝未婚妻庫蘭忍受他那因爲經營一支職業運動隊伍而導致的「瘋狂」。

接著，就好像要彰顯這句話的重要性般，拉各布緩慢地說了另一個宣言與承諾。

「這一切不是偶然……一切都不是偶然。」在說出結語前，他停了幾秒鐘，低頭看看手上的紙條。

「當我們再完成一次時，就會知道，這並非偶然！」

CHAPTER 9

升級

2015—16年球季

完成歷史性的季後賽73勝空前紀錄。

正常情況下，勇士隊的休賽期會充斥著戲劇性情節、爭議或受傷復健等，讓球迷（與決策人員）整個夏天與秋天都緊張不安的事件。

不過金州勇士隊終於贏得他們多年來未能獲得的總冠軍。經過四十個年頭，勇士隊第一次站上籃球世界的頂端。

那現在呢？

當球隊贏得總冠軍後，通常其陣容會無可避免地以某種方式崩壞（無論是美國大聯盟或英超足球，幾乎所有主要職業運動都適用），不是因爲自尊心（雖然確實會有此事）就是因爲經濟問題。當贏球時，球隊最佳球員的身價會直線飆漲，且假使隊上某位球星今年剛好成爲自由球員，差不多就只能賭他會走人了。

不過在這一點上，勇士隊運氣很好。他們隊上所有核心球員的合約至少要到二〇一五—一六年球季才到期。李那紙二〇一〇年七月由拉各布的擁有人團隊核准通過的合約還剩下一季，他被交易到波士頓換來巴布（Chris Babb）與華勒斯（Gerald Wallace），三個星期後華勒斯又被交易到七六人隊，換來替補球員傑森（Jason Thompson）。他們在選秀會用第一輪選秀籤選了大一棄學生魯尼（Kevon Looney）這位出身UCLA，擁有天賦但尚需磨練的大前鋒。他們重新簽下巴伯沙，並找來有三年NBA資歷的得分後衛克拉克（Ian Clark），兩人都是一年合約。他們給了前公牛隊球員戈登（Ben Gordon）一個機會，但訓練營開幕後兩星期就將他揮棄。除了幾個不重要的板凳球員，勇士隊陣容與去年拿下冠軍的陣容一模一樣。

然而，有個問題迫在眉稍。這時格林成爲自由球員了。跟他同樣是在二〇一二年選秀會上加入球隊的成員，巴恩斯和艾澤里都是第一輪被選中，簽的是四年新人合約，所以他們還有一季才會成爲自由球員（球隊在二〇一五—一六年球季開打前有提供這兩位球員延長合約，兩人都拒絕這份合約）。不過第二輪被選中的格林，二〇一二年時只簽了一紙三年的合約。勇士隊可以跟進其他球隊提給他的報價，但格林正式進入交易市場。

從一開始，雙方就都希望討論出一個對雙方都有利的合約。有鑑於他的低選秀順位，加上沒人預料到他會有如此爆發性的成長，格林生涯前三季薪資少到令人覺得滑稽。勇士隊贏得冠軍那天，他的薪水在隊上排到了第十二名。

現在，邁爾斯可以讓他成爲聯盟薪水最高的大前鋒之一。在集體談判協議的規則下，金州勇士隊最多可提供他五年最高約莫九千三百萬美元的合約，其他球隊最多只能提供格林四年總金額六千九百萬的合約。最後勇士隊會付格林多少錢成了球隊總部裡的談資，特別是在球隊贏得總冠軍後更是如此。大家不是很擔心最後會不會簽下合約，問題在於，要價多少？

最後，雙方同意簽下一紙對球隊與球員來說都合理的合約。五年總金額八千二百萬美元，格林合約第一年的薪資是一千四百三十萬，在隊上排名第二。砍了差不多一千一百萬薪資，讓勇士隊在財務上有了彈性，使得他們距離奢侈稅還有一段距離，而且還有一些空間，未來能夠加強球員陣容。

合約年後，金州勇士隊的氣氛領袖終於拿到符合他天賦的薪水，等到明年夏天薪資上限上調後球隊也有更多空間。當格林打視訊電話給母親瑪麗告訴她這個消息時，瑪麗雙手捧著臉，馬上就哭了起來。

勇士隊的球員陣容現在已經完整了。他們現在幾乎就跟之前橫掃全聯盟的陣容如出一轍，除此之外，他們在柯爾的進攻體系下打了一年多，更有經驗，也更適應了。事實上，他們引進另一個人來協助他們追求下一次冠軍。兩屆MVP，曾待過柯爾任職總管時期的太陽隊的奈許，受雇擔任球員發展顧問。柯瑞還在戴維森學院時，曾參加奈許舉辦的夏季訓練營，且讓當時還在適應控球後衛打法的他，增添一些如何打出NBA控衛水準的相關知識。曾經是位於矽谷的聖塔克拉拉大學球星的奈許，也十分熟悉灣區的籃球文化。當時，網景公司開發的網頁瀏覽器：網景領航員（Netscape Navigator）在科技產業掀起一波革命，而奈許則是在課堂間邊運球邊探訪聖塔克拉拉大學校園各處來增進他的控球技術（一年後他改成運網球，籃球對他來說挑戰性太低了）。遠在柯瑞就讀戴維森學院時期打出優異表現的十年前，奈許自己就是個小個子控球後衛（跟柯瑞一樣只有六呎三吋），擁有致命的傳球與三分球能力，不過卻無法在菁英級分區獲得尊重。雖然奈許住在洛杉磯，但他會定期到北方出席球隊練習，並以過去二十年來最佳球員之一的身分提供自己的看法。

至於柯瑞，他再次不需要花一整個夏天復健。佩恩第四年擔任柯瑞的私人教練，這個夏天他移師愛莫利維爾（由柯瑞買單），於是這位MVP能夠將訓練時間最大化。柯瑞開始在訓練時配戴閃爍裝置，他得一邊運球，同時拍打經過設計，會隨機發光的感應器，就像是在玩新版的多點觸碰互動遊戲。在佩恩的催促下，柯瑞也開始在訓練時戴上日蝕護目鏡，這樣會讓他的眼睛持續轉換快門，在轉換動作時看東西不會霧茫茫，注視的物體形狀更加銳利，這稱之為「閃爍感應訓練」（Stroboscopic sensory training）。我們不妨就把它想成眼睛與反射神經的阻力訓練，類似美式足球員伸展時使用萊卡材質彈力帶，或是棒球選手揮棒練習時在棒頭裝上一個加重甜甜圈。這些訓練的目的，都是要讓運動員平常的動作增加重量或複雜度，等到卸下這些裝備時，動作就會變得更輕鬆、肌肉記憶也更加確實，而且比較不會被外力刺激所影響，讓基本動作變得更如同反射，更稀鬆平常。

且在彭福爾德（Lachlan Penfold）這位來自澳洲的革新運動科學專家，取代離隊的萊爾斯成為球隊體能訓練主管後，球隊便一頭栽進比過去更先進的新科技。有些勇士隊球員開始使用一種注入鹽水的設備，該設備能模仿失重狀態，幫助放鬆、恢復，強化視覺能力，稱做「感覺喪失分離艙療程」。正如柯瑞對ESPN所說的，「在一個小時裡，只有我和自己的思緒。」球隊也與舊金山一間叫做「光暈神經科學」（Halo Neuro-science）的公司合作，他們製造的耳機能夠傳遞微量電流至穿戴者的腦中，根據此公司網站的描述，「大腦的運動皮質會暫時處於高度學習狀態，並持續一個小時。」理論上這可幫助增進從下肢反應力到爆發力等所有能力。勇士隊幾乎完全沒有任何考慮，就採用這項裝置了。

至少根據預測市場所述，他們似乎需要利用一切優勢來衛冕冠軍。等到季賽準備開打時，在四個月前的總冠軍賽落敗的克里夫蘭，根據民意調查分析網站《FiveThirtyEight》的統計，獲勝的賠率最高，爲二八％；金州勇士則以一八％這個不小的差距排名第二。

不過這是根據這幾個月的情況所做的推測。在對上紐奧良的開幕賽來臨時，勇士隊似乎已備齊連續拿下兩年冠軍的一切所需。

一切所需，除了他們的總教練。

NBA艱苦的漫長球季會對所有球員造成損害。當球員發生受傷的情形時（想想厄文在總冠軍賽第一戰膝蓋骨碎裂的狀況），就能明顯看出此事，不過這份磨難也會影響到相關人士，包括教練。所以柯爾在總冠軍賽期間背部椎間盤受到的傷，最後決定在七月底進行手術。疼痛變得太過劇烈，他沒辦法做瑜伽，也不能打高爾夫。同時這也意味著他夏天剩下的計畫有許多都得中止，這個療程能讓柯爾在訓練營開始時復原。

五個星期後，柯爾的健康狀況急遽惡化。這次手術導致他的脊髓液外流，讓他極度疼痛。頭痛、暈眩、易怒，這不是他以總教練身分拿下總冠軍後花了幾個月治療後預期的結果。九月初進行的手術治好了脊髓液外流，不過疼痛狀況仍持續發生，這份疼痛消耗了他大部分的思緒。訓練營開始後幾天，柯爾知道他無法在籃球上投注必要的注意力。

十月初，柯爾第二次手術過了一個月後，勇士隊宣布他會無限期缺賽。「我們不希望復原療程拖的太長，」邁爾斯說，「不過就目前而言，我們不知道確切的時間表。我們會每天評估他的復原狀況。」

柯爾說他會在健康狀況允許的情況下持續參與球隊事務——像出席球隊練習或觀看比賽影片之類的，不過直到疼痛緩解或有能力控制前，他不會回到場邊執教。「這個時候，」他對媒體說，「我只想恢復健康，回歸球場上下的正常生活。」

柯爾在奧克蘭執教第一個球季時的首席助理教練是簡崔，不過紐奧良鵜鶘隊引誘他到南方擔任他們的總教練了。柯爾選擇不要在夏天期間雇用替代人選，於是履歷上只有一季NBA教練經驗，現年三十五歲的華頓，在柯爾離隊期間升任為臨時總教練。比賽期間華頓仍有亞當斯、科林斯與佛雷澤等人從旁協助，而柯爾也會在比賽開始前與中場休息時待在甲骨文球場。

不過一旦跳球後比賽開打，才剛卸下NBA球員身分沒幾年的華頓，就要掌控全局。他稚嫩的熱忱在執教前幾個星期驅動著他。他就像柯爾一般，在練習時協助演練戰術，不過他會參與大部分的過程，就好像他仍然是球員一般（他特別樂於跟格林互飆垃圾話，知道這樣做能讓他在比賽時拿出最佳表現）。華頓的帶隊風格跟柯爾沒有明顯分歧，不過他的進攻方式更允許球員自由發揮。除了偶爾會感到焦慮，隨著球季進行，華頓也顯得更有自信，且更嫻熟於讓球員專注在比賽上了。

而勇士隊也更加成長茁壯。他們取得開季二十四連勝，過去從未有NBA球隊達成這個紀錄。如果回溯至上個球季例行賽最後四場比賽的話，勇士隊的二十八連勝是聯盟史上第二長的連勝紀錄，只落後一九七一—七二年球季的湖人隊。一九七一年萬聖節當晚在洛杉磯，儘管古德里奇（Gail Goodrich）拿下三十八分，湖人隊還是以四分之差敗給金州勇士隊。接下來他們又打出一波三十三連勝，其中包括三度擊敗勇士隊。湖人隊是連續六十五天未嘗敗績，但拜到下個球季的休賽期所賜，勇士隊的連勝紀錄技術上來說延續了兩百四十九天。

即使勇士隊首度遭遇失利（在經歷七場客場之旅，且前一晚對上波士頓時打到二度延長賽才贏球，對密爾瓦基時氣力放盡）後，仍持續贏球。他們把戰績推升至二十九勝一負，再來是三十六勝二負，接著是在中西區客場之旅後拿下三十九勝四負，其中包括回家前以三十四分大敗騎士隊，並在下場比賽以三十一分差距擊敗公牛隊。金州勇士在主場甲骨文球場的十九場比賽全數獲勝，不久後每場比賽都變成無比愉悅的兩萬人大型派對。拉各布的未婚妻庫蘭會帶領球員的妻子與女友到球場附近的大橋俱樂部（Bridge Club）來杯賽後龍舌蘭。感覺就像是勇士隊有可能做到從未有球隊辦到的，例行賽四十一場主場賽事全勝。

有將近三個月時間，勇士隊打出自一九九五—九六年球季由巔峰期喬丹率領下打出七十二勝，且只有十敗的芝加哥公牛隊後，最具統治力的團隊籃球。二十年來，這支公牛隊（裡頭還有值得誇耀的替補控球後衛柯爾）一直被視爲是NBA史上最佳球隊。

勇士隊正朝著王位前進。

而且他們是在總教練不在場邊下達戰術、替換球員，即時做出變陣策略下繳出這種表現的，這說明**柯爾只用一個球季就奠定基礎，像是讓他的教練團善盡其職，並且可以代替他讓球隊保持好表現；讓球員把柯爾教導他們的東西內化成自己的能力，並且像自己的本能一樣在場上展現出來**。

柯瑞上半季的表現可說引人入勝，他的數據跟他過去曾經累積的有所不同。打完三十場比賽後，他已經投進一百四十顆三分球，實際上已經達到他單一球季最高紀錄兩百八十六顆的一半了。他平均拿下三十分、六．五次助攻，以及兩抄截。他在前四十一場比賽就有七場得分在四十分以上。柯瑞只有在十二月底時因腿部挫傷缺賽兩場，以健康與全然自信的姿態進入下半球季。

格林在這一季開始也打出絕妙表現。有許多球員在簽下第一紙大約後，在獲得豐厚收入下，表現會下滑或是展現出稍稍失去動力的態度。但格林並未如此，他在華頓執教期間繳出平均十四．五分、九．五籃板以及七．四助攻的數據。他的防守仍保持菁英級水準，每場有一．三抄截以及一．三火鍋，而且他在場上的時候，金州勇士隊對手的各項數據皆盡下滑。他的三分球命中率有四一．四％，這樣一來也使得場上攻勢更加順暢。格林與柯瑞的擋拆戰術成爲NBA最致命的戰術，如果順利執行的話，基本上是無法阻擋的。

而勇士隊在總冠軍戰時運作良好的「小球」陣容，現在有了新的綽號——「死亡陣容」，這是十一月底時當地媒體創造的新詞，考慮到比賽的結果，這個綽號似乎更加貼切。雖然巴恩斯因爲腳踝扭傷緣故，勇士隊前四十三場比賽他缺賽了十六場，但已經足以鞏固住全聯盟最令人恐懼的五人組合的名聲。這段期間，這個陣容在二十場比賽中總共上場九十五分鐘，繳出NBA所有陣容中最棒的淨效率值。每一百個攻防，死亡陣容比對手多得六十．二分，展現出強大的防守能力。總的來看，全聯盟最有效率值最高的四組球員陣容中，勇士隊就占了其中三組。

接下來到了一月中，在球隊前四十三場比賽贏了三十九場時，在賽前影片研究會議上，柯爾向球隊宣布他要回到場邊板凳席執教了。他嘗試過所有能紓緩背痛的方法——包括醫療用大麻，不過只有時間能幫他復原到可以回歸的程度。在柯爾參與了近幾場客場之旅的情況下，對這支球隊來說，回歸消息並沒有讓他們太過吃驚，不過球員們全都十分高興。看著他們的教練處於狀況明顯不佳的狀態，大家都覺得十分難熬，這也是他們堅持下去的動力之一，不只是要贏球，還要爲了教練而贏。

現在，柯爾歸隊了。勇士隊再次成爲一個整體。

那天晚上金州勇士以十二分之差擊敗印第安納，接著在兩天後痛擊聖安東尼奧，大勝三十分。這兩場比賽柯瑞平均拿下三十八分，總共投進十四顆三分球。柯爾再次掌管全局的情況下，勇士隊成爲更加強大，對聯盟其他球隊帶來更大威脅的巨獸。

接下來一個月，柯爾回到場邊執教後的前十四戰，勇士隊拿下十三勝，把戰績提升到「噁心的」五十二勝五負。在二月初一段爲期五天的時間裡，勇士隊受到歐巴馬總統的邀請訪問白宮、回到主場在杜蘭特拿下四十分與十四籃板的情況下仍然擊敗奧克拉荷馬隊，隔天又出席在聖塔克拉拉附近舉行的第五十屆超級盃。下個星期，柯瑞、湯普森和格林都會在多倫多舉行的全明星賽出場。

接下來這場比賽，定義了金州勇士隊今年閃爍耀眼的球季。

二月底，勇士隊長途跋涉至寒冷的奧克拉荷馬，在星期六晚上全國轉播下與對方一決雌雄。

這是令人疲憊的七場客場之旅最後一戰，大家的情緒有些高漲，特別是格林。在所有正在適應柯爾回歸的球員中，格林是在轉換上遭遇最多困難的人。在柯瑞、湯普森與史貝茲等人受益於柯爾的回歸時，格林的助攻、使用率（一個表示特定球員進攻參與度的指標），以及總得分都呈現顯著下滑，同時失誤與犯規也增加了。最明顯的部分就是格林的三分球幾乎消失。華頓執教期間，格林的外線命中率有三三．一％；自從柯爾回來後，這個數字暴跌至二二％。

到了對上奧克拉荷馬雷霆隊那場比賽時，格林已明顯不滿意自己的表現，上半場打得也不順。三次三分球出手都沒進，傳球被抄走兩次，其中一球是在第二節最後一分鐘時他試圖要傳給站在左邊底線的洛許時被擋下來。羅伯森（André Roberson）截走這個傳球並將球傳給威斯布魯克，讓他往前場衝刺上籃。

勇士隊在落後十一分的情況下回到休息室，而格林對柯爾發了脾氣。「我不是機器人！」他對總教練吼道。後來ESPN報導，當時柯爾要格林找個位子坐下冷靜一下，格林突然激動地說：「操你媽的，過來求我坐下啊！」格林說如果柯爾希望這樣，那他這場比賽剩下的時間就不會投球。他過去一個月以來在場上作用減少造成的沮喪感終於爆發了。且因爲休息室的門沒有完全關上，場邊記者莎爾特斯（Lisa Salters）聽到格林無比響亮的吼叫聲，並在下半場開始時在全國放送的ABC電視台轉播時報導這個消息。這是柯爾時代過去從未發生過的現象，但並非勇士隊成軍後第一次出現這種狀況。在過去其他教練執教時，這種爆發事件時有所聞。這類事件在過去幾個球季曾造成一些紛擾，而在二〇一五－一六年球季這個團隊，在數百萬人觀看比賽時爆發這個新聞，是否會造成與過去類似的命運，是個待解問題。

金州勇士隊在第三節一開始打出一波六比〇攻勢。接下來發生一個近乎災難的意外：柯瑞切入後傳球給巴恩斯上籃得分，不過這時威斯布魯克已經被騙起來，且落地時以尷尬的角度踩在柯瑞的左腳踝上。這位MVP跛著腳在訓練員蘭恩（Chelsea Lane）與警衛沃克（Ralph Walker）的攙扶下走進休息室。勇士隊緊張地等他回來，如果他眞回得來的話。

柯瑞離開了五分鐘，回來時勇士隊只落後七分。他在接下來四分鐘只投進三顆三分球，勇士隊以五分落後進入第四節。

在比賽剩下幾分鐘時，金州勇士決定好要怎麼打了。下半場只有投十二中二悲慘表現的威斯布魯克，在比賽剩下四分五十一秒時投進一顆刁鑽的上籃，讓雷霆隊取得十一分領先時，柯爾換上死亡陣容。從這時起到正規比賽時間結束，勇士隊打出一波十八比七的攻勢。杜蘭特在終場前十五秒投進的三分球，看起來好像會爲雷霆隊保住勝利，不過湯普森在最後十二秒時的挑籃，把差距縮小至兩分。

接著威斯布魯克在邊線匆忙地把球傳給杜蘭特，他被巴恩斯和伊古達拉包夾。這兩名球員試圖對杜蘭特犯規時，他把球往前場傳。湯普森碰到這顆傳球，改變球的路徑，格林在球快彈出場時把球救回並傳給伊古達拉，他在二十呎位置想要投出追平分，但被杜蘭特犯規，此時距離比賽結束只剩下不到一秒鐘。

伊古達拉兩罰俱中，比賽進入延長賽。

雷霆隊在三十三秒內迅速拿下五分，不過柯瑞在四分十三秒時切入籃下迫使杜蘭特犯下第六次犯規，剩下的比賽時間只能在場邊觀戰。隨後柯瑞又投進一顆三分球（平了他單季投進兩百六十八顆三分球紀錄），再來又投進破紀錄的三分球，在比賽剩下兩分二十九秒時將比數追成一一〇平手。

直到雷霆隊差點投進比賽致勝球前，雙方仍然互相拉鋸。在剩下十秒兩隊戰成一一八平手時，威斯布魯克閃過湯普森嘗試在十四呎處跳投，結果投歪了球掉到伊古達拉手中。伊古達拉把球甩給已經在前場等待的柯瑞，柯爾選擇不要叫出最後一次暫停，而是讓柯瑞和勇士隊策畫他們自己的命運。

剩下三點五秒，柯瑞運球過中線。

剩下二點五秒，柯瑞從三十七呎處將球投出。

剩下〇．八秒，柯瑞這球刷網進籃。

「柯瑞，從超遠的距離，碰！碰！」負責播報的布里（Mike Breen）喊道，「喔，柯瑞這球怎麼投的！」

這位MVP衝到隊上板凳席，接著朝著球場遠方高聲吼叫並聳肩搖擺肩膀慶祝。柯瑞只用二十四次投籃就拿下四十六分。他這場投進十二顆三分球平了聯盟單場紀錄，在這個可敬的紀錄上追平了科比．布萊恩與馬歇爾（Donyell Marshall）。在夏洛特家中觀看這場比賽的佩恩，想到在練習時投過這種球無數次的柯瑞，心中滿是驕傲。「他一出手，」佩恩說，「我就知道會是好球。」

最終比數：金州勇士隊一二一，奧克拉荷馬雷霆隊一一八。

這是柯瑞職業生涯中最無所畏懼的表現，雖說這次出手拯救了一支這場比賽開打前戰績五十二勝五負的球隊的這個說法似乎有點愚蠢，但這樣的形容並非全無價值。在格林上半場打得荒腔走板，柯瑞腳踝明顯有傷勢，且事實上雷霆隊（四十一勝十七負）也並非弱隊的情況下，你無從得知這個賽季接下會怎麼發展。這確實是金州勇士隊自二〇一五年總冠軍賽第四戰以來最大的勝利。且再次強調，他們是從表現絕佳，犯滿離場前拿下三十七分與十二籃板的杜蘭特手中存活下來。這場比賽結束後，ESPN記者史特勞斯發了一個推文，異想天開地放眼接下來的休賽期，因爲杜蘭特肯定成爲自由球員而將發生的一些不可知的陰謀，「我甚至無法估算杜蘭特與柯瑞攜手合作的話會是什麼樣的存在。」

這場比賽格林八投盡墨，但抓下十四籃板與送出十四助攻。這場比賽之後，一直到球季結束，他的數據全部開始向上提升，接下來幾個星期的態度也有明顯改進。格林原本急遽下滑的三分球命中率呢？從那次中場事件後，球季剩下的比賽，他的三分球命中率達到三三．六％，甚至比華頓暫代時期更高。

球隊對這個事件採取低調態度，兩天後柯爾對記者說，「這是NBA。我待過的每支球隊都曾發生過類似事件。每支球隊，不管是不是冠軍隊伍，都會發生。」

那天晚上除了這些附加戲碼外，贏下比賽勝利讓勇士隊確定晉級季後賽，這是從一九八七—八八年的湖人隊以來，第一次有球隊能夠在三月以前達成晉級（技術上來說，這個條件在柯瑞於延長賽投進三分球前就達成了，因爲在南方四百五十英哩處開打的比賽中，聖安東尼奧擊敗休士頓，不過金州勇士不需要知道這件事）。

更重要的是，勇士隊繼續獲勝，其中包括三月的十七場比賽拿下十五勝。他們以六十八勝七負進入四月，而且最後七場比賽只要贏下五場，就能讓芝加哥公牛隊那一度被認爲是無法打破的單季例行賽七十二勝紀錄黯然失色。更難以置信的是，勇士隊在甲骨文球場仍然未嘗敗績，主場三十六戰全勝。整體來說，自從二〇一五年一月於延長賽敗給芝加哥後，在奧克蘭就沒再輸過一場例行賽。那次失利後，他們寫下主場五十四連勝的NBA紀錄。

也許勇士隊預知這天晚上的比賽會打得不順。四月一日愚人節早上，柯爾試著開格林玩笑，讓格林覺得自己當晚得坐足板凳，但這玩笑並不成功。「我沒能搏得太多笑聲，而且格林還瞪了我，」柯爾說道，「我告訴他我會讓他休兵一晚，因爲他需要休息。他就瞪了我，然後我說『愚人節快樂』，可是沒人笑出來……他們通常能接到梗的，不過這次場面很冷。」

笑話沒成功，而那天晚上波士頓塞爾提克隊也在甲骨文球場以一〇九比一〇六獲勝，柯瑞與巴恩斯在比賽最後十秒時接連投出追平分三分球都沒進。失誤（二十二次）摧毀勇士隊，不過與輸球同樣令人沮喪的地方在於，波士頓這個確定進入季後賽的球隊，擁有在任何一個客場取勝的能力。「這種感覺很怪，」時隔這麼久之後再次在主場輸球後，柯瑞說道，「我們得從這種感覺走出來，繼續前進。」

四天後，繼輕鬆大勝波特蘭後，金州勇士又在家裡輸給弱隊明尼蘇達灰狼隊，該隊打到這場時，這季戰績只有二十五勝五十二負。他們擁有一些正在培養中，深具天賦的年輕球星，諸如前選秀狀元威金斯（Andrew Wiggins）以及唐斯（Karl-Anthony Towns），不過勇士隊應該能輕易擊敗他們才對。可惜事與願違，勇士隊打到延長賽，以一二四比一一七落敗。

這次輸球讓勇士隊今年的戰績來到六十九勝九負。他們還剩下四場比賽，如果他們想寫下勝場紀錄的話，已經沒有失誤的空間了。但他們接下來的賽程並不輕鬆。在主場面對聖安東尼奧隊後，他們得在客場對上曼菲斯，接著再次面對聖安東尼奧。如果前面都獲勝，第七十三勝是在主場跟曼菲斯打最後一場比賽。這時灰熊隊飽受傷兵困擾，遠遠沒有去年在分區準決賽對上勇士時一度在系列賽取得二比一領先那麼具威脅性。在早已退出季後賽席位爭奪戰的曼菲斯，只爲了自身驕傲而戰。

同時，馬刺隊則是強悍的對手。在波格特缺陣的情況下，勇士隊在三月十九日時經過一番苦戰，但仍沮喪地以八十七比七十九落敗。這就是馬刺隊典型的勝利模式——勇敢、低得分，且讓對手感到十分棘手。柯瑞那場打出本季最糟糕表現，全場投十八球只得到十四分，三分球十二投只中一球。湯普森出手二十次得十五分，三分球投七中一。這場比賽也是勇士隊這一年得分最低的一場，投籃表現則是第二差。等到他們再次回到這個球場時，馬刺隊那年主場戰績爲三十九勝〇負，且在AT&T中心球場已是四十八連勝。勇士隊從一九九七年後，例行賽就沒能在聖安東尼奧拿下勝利。想達到七十三勝，他們得打破長達十九年的連敗紀錄。

＊＊＊

不過前面的比賽先處理。勇士隊在甲骨文球場相對輕鬆地以一一二比一〇一拿下馬刺隊，取得第七十勝。柯瑞拿下領先所有球員的二十七分，贏球後，他對勇士隊放棄休息且有可能犧牲季後賽時的健康來追求七十三勝一事提出他的看法。「這項運動歷史上有兩支球隊達到了我們現在的高度，」他說，「這是我們的旅程。目標是贏得總冠軍，且大家都不應該在例行賽犧牲，但如果你能打，且覺得自己能上場並貢獻能力，在季後賽持續建立起動力，那我們就這樣做吧。」

金州勇士的第七十一勝比預期中困難許多，必須要在最後五分鐘扳回九分落後。不過柯瑞、巴恩斯與伊古達拉在賽事後段發起三分球攻勢，格林也在比賽最後一分鐘將柯瑞沒投進的上籃補進，拿下關鍵兩分。格林在第四節三次三分球出手全數命中，拿下全隊最高的二十三分。儘管全場共有十八次領先互換，且曼菲斯全場只發生六次失誤，金州勇士隊還是存活下來了。

第七十二場勝利，又是另一次勇士與馬刺隊的經典對戰，不過柯瑞與三月那場令人氣餒的敗仗時不同，拿出超越滿分的表現。在隊上這位MVP拿下三十七分的情況下，隨著比賽進行，勇士隊每節得分都較前一節更多——從十四到二十一，再來是二十七，最後是三十，並以九十二比八十六獲勝，這是自從柯林頓總統第二次宣示就職以來，勇士隊第一次在聖安東尼奧拿下例行賽勝利（這場勝利也讓金州勇士的客場戰績來到三十四勝七負，爲NBA史上最佳）。賽後，柯爾套用已故職業網球選手格魯萊提斯（Vitas Gerulaitis）的話：「沒有人——我的意思是沒有人——在自家球場連續擊敗金州勇士隊三十四次。沒有人！」

然後在二〇一六年四月十三日，金州勇士隊以一二五比一〇四擊垮曼菲斯，**完成歷史性的季後賽七十三勝空前紀錄，且只輸掉九場比賽**。就如同二月對上奧克拉荷馬那場比賽翻版的迷人表現，柯瑞再次以二十四次出手拿下四十六分，而且這場他只打不到三十分鐘。在三分球投十九中十下，柯瑞以投進四〇二顆三分球結束這個球季，把他的舊紀錄兩百八十六顆，用無法以常理推斷的四一%命中率大幅推進。

距離邁爾斯受雇擔任總經理助理的消息洩漏出去正好滿五年那天，我站在甲骨文球場上的屋樑窺看證實能更精確分析比賽的動態追蹤攝影鏡頭後幾個小時，勇士隊正提升至前所未有的高度。「我的說法會跟二十年前一樣：我不認爲這個紀錄有可能被打破，」一九九五—九六年拿下七十二勝的芝加哥公牛隊陣中的替補控衛柯爾說道，「但我們想要拿下這個紀錄，這些傢伙想拿下它。」

柯爾注意到勇士隊的比賽表現隨著例行賽結束有所下滑，儘管他們的戰術成功率仍然保持高水準，但他們變得十分仰賴三分球。在主場敗給波士頓與明尼蘇達顯示出，他們的失誤在許多情況下已攀升至無法接受的程度了，不過當一場接一場贏球時，很難點出這種小缺失。**有時候教練不只要決定什麼時候要點出缺點，還要決定什麼時候不要點出來**，有時讓他們注意到這件事會有淨負面效益。所以柯爾悄悄放過此事。

勇士隊穩穩鞏固了他們身爲NBA史上最會傳球隊伍之一的地位。打完例行賽，他們總共傳出兩千三百七十三次助攻（位列史上單一球季第十六名）並且是過去二十年來唯二進入單季助攻數前一百名的球隊。他們有四十三場傳出三十次以上助攻，是近三十一年以來最高（最接近的是亞特蘭大隊，有十八次）。他們有十三場比賽傳出三十五次以上助攻，比近二十八年以來任何球隊都要多（在他們後面的是？明尼蘇達，只有三次）。柯爾那種仰賴擋切的混合式進攻戰術，在他執教的第二個球季變得更加強勢，讓勇士隊轉變成爲八〇年代那種每場比賽拿下一百二十五分是稀鬆平常的懷舊打法（金州勇士隊有十八次得分超過這個數字，比一九九〇—九一年球季以來任一支球隊都要多）。

這種歷史性的助攻數，是靠著勇士隊異乎尋常的進攻效率以及他們專注在搶下沒投進的球所促成的。他們的防守並不像上個球季一樣犀利（勇士隊的防守效率從第一名掉了三名到第四），不過他們第一次在防守籃板數上領先全聯盟，這意味著有更多靠著攻守轉換取分的機會。在過去，勇士隊在總籃板數領先的同時，進攻籃板數通常也會領先，這個數字意味著他們是因爲濫投而有這樣的數字。這次，勇士隊在進攻籃板上只排名聯盟第二十一，這也證明他們擁有高投籃命中率。

因巴恩斯受傷而沒用多久就遭到封印的死亡陣容，只在三十七場例行賽中使用了一百七十二分鐘。在與至少打了這麼多時間所有的五人陣容相比，死亡陣容爲全NBA最佳，淨效率值爲四四·四。至少回溯至二〇〇〇—〇一年球季，這個數值都是任何五人陣容能打出的最高淨效率值。

勇士隊平均每場投進十三·一顆三分球，是NBA史上最高數字。總共投進一〇七七顆三分球，是史上首支三分球總數破千的球隊。且在過去十七支平均三分球投進數破十的球隊中，勇士隊的三分球命中率最高（四一·六%）。無論是數量或效率，金州勇士隊不僅充分利用了這個大家認爲是無效率的攻擊方式，並且設法重新定義三分投射固有的殺傷力。

柯瑞就是以上壯舉的最大原因。從來沒有人能夠在一個球季裡投進三百顆三分球，然而柯瑞最後投進了荒謬的四〇二顆（YouTube上有人放了每一顆三分的影片，片長九分三十秒）。這是他七年來第三度打破單季三分球紀錄。柯瑞與湯普森（兩百七十六顆）兩人的長射總和，占了勇士隊比賽總得分超過二〇%。NBA史上從未出現過一隊同時擁有兩名能夠持續一整季都保持良好長射水準的球員。

不過柯瑞這個球季優異之處不只是長距離投球威力，他打出有史以來平均得分超過二十五分的球員中，最高的眞實命中率。他也是史上平均得分超過三十分的球員之中，有效命中率（Effective Field Goal Percentage）最高的，比賈霸（Kareem Abdul-Jabbar）、喬丹或張伯倫任何一個球季都高。而且由於過去從未有平均得分超過三十分，同時出賽時間少於三十五分鐘的球員，柯瑞的球員效率指標（評估球員總貢獻最棒的指標）來到了史上第八。只有張伯倫、喬丹與詹姆斯單季球員效率指標曾經比他高。他也是自艾佛森以來第二位在得分與抄截兩項數據同時領先全聯盟的球員，並成爲繼兩次獲選MVP（以及後來成爲金州勇士隊顧問）的奈許後，首位打完整個球季後，達到命中率超過五〇%、三分球命中率超過四五%、罰球命中率超過九〇%的球員。

「我們說過許多關於我們每天晚上都會祈禱彼此打好比賽的事情，」拿下這場勝利後柯瑞說道，「而且只要我們把心思放在持續進步上，持續做著讓我們到達現在這個狀態的事，誰知道我們能做得多好呢？」湯普森說勇士隊去年曾經贏得總冠軍，知道季後賽有多難打：「我們知道得做什麼才能贏球。」

而比任何人都積極追逐七十三勝的格林，比其他隊友更多話，這場比賽打完後無比歡欣。比賽結束的哨聲響起後，他雙臂緊抓著球，拒絕交給其他人。被問到那晚對他代表何種意義時，格林以他一貫的態度回答。「這代表我曾是最棒球隊其中一員，」他大笑著說道，「而且沒有很多人可以這樣說。」

這個回答完全表現出勇士隊當時自信的程度。他們感覺自己無人能敵，可能也眞是如此。他們輕鬆擊敗聯盟每一支頂級競爭隊伍，冠軍似乎是他們的囊中之物。

正當拉各布（幾個星期前曾對《紐約時報》吹噓說勇士隊「可能比其他球隊強了幾光年」）從球場跑到勇士隊休息室跟大家一起慶祝時，他手上拿著將在隔天出刊的《舊金山紀事報》，有一整頁放了柯瑞歡欣鼓舞的照片，標題是，「史上最棒」。

CHAPTER **10**

再次回歸

2016年西區季後賽

他們已經兩度逆轉戰局。會再逆轉一次嗎？

當眾人注意力都圍繞在勇士隊追求七十三勝時，季後賽第一輪則顯現一陣突然的寧靜。例行賽最後一場對上曼菲斯的比賽，球隊媒體關係部門發出約三百五十張媒體證，人數與他們晉級分區冠軍賽時差不多。而三天後在甲骨文球場舉行的對上休士頓季後賽第一輪開幕戰，數字降至平常水準，差不多一百多張。

對球員而言，轉換至季後賽戰場是一個重新對焦的機會，讓他們將注意力放在贏得總冠軍上：十六勝就是他們與永恆不朽之間的分隔線，而他們也很清楚對於一個破紀錄的例行賽戰績來說，冠軍是唯一能夠接受的結果。當柯爾身處一九九五－九六年球季拿下七十二勝的芝加哥公牛隊之中時，他們在季後賽練習期間都會穿著由哈波（Ron Harper）與皮朋設計，上面寫著「沒有戒指就什麼都不是」的衣服。勇士隊現在也感受到壓在他們身上這份責任的重量了。

儘管勇士隊（當然）在例行賽三場對戰全勝，但火箭隊在例行賽讓金州勇士隊吃盡苦頭。休士頓是支具有天賦但功能失調的隊伍，可以某個晚上打起來像支舉世無雙的球隊，隔天晚上又會打得荒腔走板。他們目前遠遠不及一年前在分區冠軍賽遇上勇士隊時那麼成功。這支火箭隊，由聯盟得分榜第二名（排在柯瑞後面）的哈登，以及預計在球季結束後跳脫合約，放棄兩千三百二十萬球員選擇權，密謀前往他心中第一順位球隊的霍華德所率領。隊上的騷動始於開季三個星期時，總經理莫雷將總教練麥克海爾炒魷魚，改用三十六歲的畢克史塔夫（J. B. Bickerstaff）。火箭隊的戰績從開季的四勝七負，反彈至球季結束時的四十一勝四十一負，並以一場之差勝過剛崛起的猶他爵士隊，擠進季後賽末班車。他們的獎勵為何？再次對上勇士隊。

而在火箭隊中各種戲碼越演越烈的情況下，勇士隊則是以無比放鬆自在的心情迎接季後賽。柯爾十分熟悉等待著勇士隊的這份挑戰。他過去身爲一九九五—九六年球季的公牛隊，這支被認爲是NBA史上最偉大球隊的一員時，就曾經處於這種情況下。柯爾深知他得讓所有人保持專注而且要冷靜。他最大的優勢就是手下球員彼此熟識。化學效應不會是問題，不過維持專注與健康則是最高原則。

在場上，與休士頓對陣對金州勇士隊來說是再適合也不過了。火箭隊每場助攻數是聯盟第二、得分第六、進攻籃板第一，每場三分球命中數第二。不過他們的團隊防守比其他球隊更能迫使對手發生失誤。而且這支一年前在分區冠軍賽遭到淘汰的球隊，還擁有季後賽經驗。看起來勇士隊不太可能跟上個球季對上紐奧良時一樣，在第一輪將對手剃光頭，打出具有說服力的表現。

去年季後賽對上火箭隊時平均得分三十一分的柯瑞，在第一戰上半場就打出亮眼表現，拜五顆三分球所賜，只投十三球就拿下二十四分。那個下午他就像是輕鬆延續例行賽時的不凡表現。

不過中場休息前幾分鐘，勇士隊還領先二十四分時，柯瑞嘗試在十二呎處單手拋投，球刷框不進，就在他轉身要回去防守時感覺右腳稍微滑了一下，那是足以讓腳踝感到一陣不舒服的拉扯感。他在場上跳著走路，柯爾在下個死球時將他換下場。柯瑞在第三節開打時回到場上，不過打了三分鐘就再次被換下場。接下來一直到比賽結束，柯瑞不斷懇求柯爾讓他上場，他甚至說服助理教練華頓和佛雷澤幫他說情，但不管誰去說都被拒絕。「如果有任何讓傷勢惡化的風險，我們就不會讓他上場，」在球隊以一〇四比七十八獲勝後柯爾說道，「我們顯然希望能夠挺進接下來幾個月的季後賽，所以我們不希望採取任何冒險舉動。」

柯瑞覺得自己很有希望在兩天後舉行的第二戰出賽，不過柯爾要他在這一戰（勇士隊風平浪靜地以一一五比一〇六獲勝），以及在休士頓舉行的第三戰（這場哈登於終場前三秒在罰球線投進致勝分），都穿著便服即可。李文斯頓取代柯瑞先發，柯瑞例行賽缺賽的三場比賽都是由他先發，這幾場比賽他平均每場能拿下十六分，不過這並不是原來那支勇士隊。這幾場比賽李文斯頓都沒有在三分線外出手（他整個球季三分球只出手十二次，命中兩顆），他擅長的是中距離跳投，這樣一來勇士隊就明顯缺少柯瑞站在外線時幫隊友清開的空間。柯爾的球員調度，正如他所說的，「跟平時不一樣。」不過勇士隊在系列賽仍然以二比一領先，柯瑞第四戰也確定可以出賽。看起來金州勇士隊是越來越順利了。

不過在籃球賽中，某幾次攻防在當下看似不重要，卻會對後續發展造成令人意想不到的影響，第三戰最後階段就是這樣的例子。哈登進球後，比賽還剩下一點時間可讓勇士隊投進致勝球。格林接到邊線球後立刻運球，可是腳踩到邊線，這是他這場比賽第七次失誤，現在他得在比賽剩下一秒鐘，火箭隊發邊線球的情況下防守，而這場比賽實際上已經結束了。當球傳入場中，比賽結束哨聲響起時，格林過度積極地防守畢斯利（Michael Beasley），做出不必要的動作，雙手環抱把他摔到地上。

場上裁判沒看到這次摔擊，不過聯盟行政部門看到了，隔天格林遭判罰一次惡性犯規。「我不認爲那個動作有這麼激烈，不過事情就是這樣嘍。」判決宣布後格林說道，「我還是會照自己的方式打球，我不會在上場時打得綁手綁腳的。」

季後賽期間，這類嚴重犯規會累積懲戒分數。格林遭判罰一級惡性犯規，代表他現在有一分。如果勇士隊季後賽這段時間他累積到四分，聯盟就會判罰格林禁賽一場。「目前看起來這沒什麼大不了的。」CBS體育台記者賀伯（James Herbert）寫道，「不過勇士隊計畫要在季後賽繼續走下去，所以這件事可能會對後面的比賽造成影響。」

柯瑞歸隊後，第四戰開打時勇士隊又恢復了原來的樣子。雖然柯瑞上半場打得綁手綁腳，出手九次只拿下六分，不過全隊拿下五十六分，且即使把柯瑞三分球投七中一算進去，全隊總共投了二十顆三分球，命中九球。進攻十分順暢，柯瑞讓柯爾的調度回到他們最自然平衡的狀態，可是接下來勇士隊的命運再次有了改變。

第二節剩下四秒鐘，兩隊戰成五十六平手，火箭隊發球進場，亞瑞查運球推進要打最後一球。史貝茲跟平常一樣防守亞瑞查，亞瑞查運過中線時哈登過來幫他擋人。這一刻，發生了兩個宿命性事件。一個是柯瑞，他原本防守哈登，因爲哈登去擋人，因此他換去防守亞瑞查，這對金州勇士來說是好事，因爲柯瑞的一對一防守能力明顯優於史貝茲。第二件事是休士頓的莫泰尤納斯絆到自己的腳，背朝地滑過三分球弧頂位置，而這個區域正好是柯瑞防守持球者時倒退行走會經過的地方。

正當柯瑞伸展身體要防守亞瑞查槍響前的一擊時，他的左腳踩在莫泰尤納斯剛留在地上的汗水並滑了一下。出於本能，他的右膝蓋爲了穩定身體而往地上敲了一下。柯瑞在地上翻滾掙扎了一會，站起來邊走邊跳著走進休息室。中場休息結束後，他測試了一下側向移位動作，但沒花多久時間就放棄了，並搖搖頭，臉上噙著眼淚告訴隊友，他今天不能再上場了。柯瑞非常小心謹慎地走回休息室，雙手抱頭，露出不可置信的表情。邁爾斯在柯瑞身後幾步距離跟著他。那一刻，甚至連照MRI的時間都還沒排定，球隊所有人似乎都很清楚這件事的嚴重性。不過在柯瑞走出球場前，格林對他說，「我們知道的。我們會爲你拿下勝利。」

再次少了球隊最強大的球星，勇士隊全員站了出來。下半場他們將休士頓徹底壓制，並創下季後賽單場三分球命中數紀錄（二十一顆），以二十七分大勝對手。隔天早上柯瑞照了MRI，診斷結果爲右膝蓋內側副韌帶第一級扭傷。這類內側副韌帶受傷在重新評估狀況前，需要至少休息兩個星期。醫生不能保證柯瑞能在季後賽第二輪回歸，無論金州勇士隊在季後賽晉級到哪一輪，醫生都不能保證柯瑞可以回歸。

柯瑞這段時間的缺席，代表勇士隊得馬上重新研擬出一套方針。基本上，他們得在柯瑞無法歸隊的前提下繼續比賽。湯普森與格林得肩負更多三分投射責任，巴伯沙與克拉克得替補上場更多時間，且儘管沒有像柯瑞般熟悉此道，但李文斯頓得在進攻時持續運球突破。正苦於投籃低潮期的巴恩斯，他只要貢獻任何幫助對球隊來說都是錦上添花。此外他們還得提升防守，內線球員得要更努力鞏固籃板與保護籃框。

勇士隊挾著第四戰的優異表現，以一一四比八十一拿下第五戰，湯普森獲得全隊最高的二十七分。李文斯頓再次領銜先發，並得到十六分，幾乎是他第二戰與第三戰的翻版。格林拿下十五分、九籃板、八助攻，且沒有發生失誤。休士頓這邊，哈登拿下三十五分，但也送出全場最高七次失誤。霍華德摘下八分與二十一籃板，不過他打滿整個第四節卻一分未得，同時洛許與巴伯沙兩人在第四節總共爲勇士隊拿下十六分。

沒有柯瑞，勇士隊仍然奮力拿下勝利：終結了火箭隊，開始爲第二輪備戰，並希望隊上MVP的膝蓋及時復原。

在下一輪等待勇士隊的，是新崛起的波特蘭拓荒者隊，開季時他們被預估為西區墊底球隊。儘管隊上球員年輕沒有經驗，波特蘭還是拿下四十四勝，以西區第五種子身分打入季後賽。第一輪對上洛杉磯快艇隊時，在系列賽尾聲快艇隊球星保羅與葛里芬因傷缺陣的情況下，波特蘭以六戰拿下這個系列賽。波特蘭在控球後衛里拉德與得分後衛麥凱倫（C. J. McCollum）帶領下，打出一種令人想起傑克森時期勇士隊的球風，是一支正在學習如何規律贏球，同時打出自己鮮明特性的球隊。他們擁有不錯的防守能力，同時擅長限制對手的三分球出手數（每場只讓對手出手二十三次，為聯盟第八低），對手的三分球命中率（三七．一％）則是NBA第三高。即使沒有柯瑞，柯爾也十分強調盡可能在空檔下嘗試外線投射的重要性。這個系列賽勇士隊獲勝的關鍵在於命中率，而非出手數。

這個系列賽前三戰柯瑞都在場邊觀戰，而每場比賽都是由主場隊伍拿下勝利。金州勇士隊在甲骨文球場，分別以十二與十一分之差拿下前兩戰。第一戰湯普森和格林總共拿下六十分，第二戰則是靠著勇士隊在第四節封鎖對手，打出三十四比十二的攻勢，決定這場比賽的勝負。格林再次成為獲勝關鍵，全場拿下十七分、十四籃板、七助攻與四火鍋，同時湯普森獲得領先全場的二十七分。第三戰里拉德讓主場球迷眼睛為之一亮，拿下四十分與十助攻，讓拓荒者隊以一二〇比一〇八拿下重要勝利，這意味此刻跟休士頓那次系列戰一樣，第四戰已經替有可能歸隊的柯瑞架好舞台。

這次勇士隊比上次更小心。距離柯瑞照MRI剛好兩個星期。第四戰永遠是個錯綜複雜的局面。如果以二比一領先，距離將對手淘汰出局，實際上只差一勝；當以三比一領先時，拿下這個系列賽的機率就提升至九〇%左右；但如果以一比二落後，就得用盡一切努力拿下一勝好扳平獲勝的機率。

這時柯瑞雖然尚未百分之百復原，但已健康到能夠上場比賽。柯爾想要將他的上場時間限制在二十五分鐘左右，確切時間則取決於他當下的感受。柯瑞並未先發出場，至少在開球時仍以李文斯頓先發，但在合理情況下會儘快把他換上場。

接下來出現近代NBA歷史上最精采的單場表現之一。柯瑞上半場打得十分辛苦，基本上是跟李文斯頓分攤上場時間，出手十三次只拿下十一分。雖然金州勇士隊靠著第三節打出二十九比十八的優勢，進入第四節時取得一分領先，柯瑞這個晚上的表現仍然只能用悲慘來形容，三分球九投盡墨。他保持的連續一百五十二場至少投進一顆三分球的NBA紀錄岌岌可危。更重要的是，這場比賽的勝負仍在未定之數。這場比賽輸球，再加上柯瑞並未完全恢復，使得勇士隊有可能遭受被波特蘭淘汰的危機。

接下來，柯瑞醒來了。

他在比賽剩下四分三十五秒時投進這場比賽第一顆三分球，讓勇士隊取得一〇三比一百領先。接著他又用另一顆三分球回應里拉德的長射，讓勇士隊在比賽剩下兩分鐘時維持一分領先。接著在比賽剩下不到一分鐘落後三分時，柯瑞切進籃下，並將球傳給在外線等待的巴恩斯，他冷靜地退了一步，從二十六呎處出手進籃。柯瑞在比賽結束前，雙方打成一一一平手時有一次絕殺機會，不過他在十一呎處的行進間拋投刷框不進。格林在最後一秒的補籃也沒進，比賽進入延長賽。

即使以柯瑞的標準來看，接下來發生的事還是十分神奇。延長賽開打三十三秒，他就在十一呎處投進一顆拋投。一分鐘後，在弧頂位置接球後直接拔起的三分球入網，讓比賽戰成一一六平手。三十秒後他摘下進攻籃板，把巴恩斯沒投進的球塞進籃框，再次追平比數。比賽剩下兩分二十一秒，格林抄到球傳給柯瑞直接上籃，讓勇士隊取得領先，且沒再讓出領先優勢。接下來柯瑞靠著格林幫忙擋人後，在二十六呎處直接出手投進三分。拓荒者隊落後五分，並請求暫停，而柯瑞以勝利者姿態走向板凳區，他取下護齒，搥了自己肩膀幾下，對所有人，也對自己喊道，

「我在這裡！我回來了！」

接下來柯瑞又一次利用高位單擋拉出足夠空間，從右側二十五呎處出手中籃。突然間，勇士隊在比賽剩下不到一分鐘的時候領先八分，柯瑞在延長賽中得到十五分，而拓荒者隊的老闆艾倫

（Paul Allen）瞠目結舌地站在摩達中心場邊座位上。柯瑞在比賽結束前的兩記罰球，確保球隊以一三二比一二五拿下勝利，勇士隊這名替補控球後衛以在不到三十七分鐘的上場時間內，拿下四十分、九籃板與八助攻，來結束他僅此一次的替補演出。

至於柯瑞在延長賽這五分鐘拿下的十七分？是單次延長賽最高得分有史以來的最高紀錄。

勇士隊在柯瑞回到場上的情況下，展現冠軍球隊應有的風采，表現有所提升。格林拿下二十一分、九籃板、五助攻與七火鍋。湯普森得了二十三分，就連巴恩斯也在例行賽快要結束時，接獲柯瑞傳球，投進關鍵三分。延長賽一開始柯爾啓用艾澤里，在比數接近時增強對籃框的保護，接著在比賽剩下三分零六秒時換上伊古達拉。在柯瑞擔任終極要角的情況下，死亡陣容在剩下的比賽中以一波十六比九攻勢壓過拓荒者隊。

隔天，聯盟宣布柯瑞連續兩年獲選爲MVP，這個在大家意料之內的消息。在整個NBA激起廣大迴響的部分在於，他是全票通過的，這也讓柯瑞成爲聯盟史上首位以全票獲選MVP殊榮的球員。這次他發表感言時，情緒並沒有去年那麼激動。這次頒獎儀式是在甲骨文球場舉行，而非上次的勇士隊訓練設施下方宴會廳。在一些簡短的過場介紹後，他拿起麥克風，感謝拉各布與古柏創造一個令人專注且有趣的工作場所，感謝柯爾與教練團給予他自由發揮的空間，並感謝邁爾斯所展現出對球員的關懷，他不只把大家當成運動員，也把大家當成朋友看待。

柯瑞並未跟二〇一五年時一樣一一感謝勇士隊所有人，不過他確實傳達了他對於球隊所有人的敬業態度、友誼與犧牲的敬意。經歷近來的種種傷痛後，他意識到，自己並未把這一刻視爲理所當然，每個人都能意識到這一切是多麼短暫與變化無常。從波特蘭搭飛機回家後，在整整缺席四場比賽在第四戰打完延長賽後，柯瑞發表感言時，能夠感受到他酸痛的膝蓋所帶來的疼痛。

「我們每個人的個性都不同，在球隊裡的角色也不同，不過我們擁有這樣優秀的組合，而且顯然有效，」柯瑞說，「但我認爲我們需要感謝我們現在所擁有的一切。我們想要持續團結在一起，而且顯然想要看著這一年結束並完成我們的工作，且達成我們的目標，但我希望我們每天都能花一點時間，當我們在訓練設施裡，或是上場比賽時，都能感謝我們之間的情誼以及我們是多麼開心地走到這裡，並能在每一天上場奮戰。」

接著他懇求大家成功地結束這個球季，好看到這個史無前例的偉大功績有個結局。「無論這個球季最後的結果爲何，我們都會是一個因我們完成所完成的事而令人追憶的球隊。這個運動過去的歷史中，沒有任何球隊完成過台上這十五名球員創下的事蹟……所以讓我們繼續前進吧，讓我們贏得總冠軍，讓我們找到一個方法來完成它，且掌握住眼前的機會，眞正確立我們在歷史上的地位。」

隔天晚上勇士隊以一二五比一二一將拓荒者隊淘汰出局。柯瑞先發出場，只打了不到三十七分鐘，最後拿下二十九分與十一次助攻，不過也因爲他在第四節摘下十四分才確保球隊獲勝。湯普森最後以三分球投九中六的表現，拿下全場最高的三十三分，格林拿下十三分、十一籃板與六助攻。這是勇士隊典型的勝利模式，在自家球場用耐力拖垮強大的對手，最後扼殺對手的希望，並在不知不覺間讓獲勝看起來無比輕鬆。麥凱倫在最後一節拿下十六分，不過奧克蘭出身的里拉德在同一時間七投中一，付出慘痛代價。要擊敗勇士隊，通常需要隊上有幾名球員同時拿出優異表現，一個人基本上是絕對不夠的。

然而這段期間球員們都累積許多疲勞與傷勢，光是這場比賽，格林就扭傷腳踝，同時波格特也因爲大腿拉傷而退場，不過勇士隊現在只剩下八勝，就能完成籃球史上最偉大的球季。

然而，要取得接下來的八勝，代表必須達成無數極其艱鉅的課題。

整個二〇一五—一六年球季，輿論界討論到勇士隊季後賽的走向時，都喋喋不休地提到他們內心的希望，也就是希望籃球之神讓勇士隊跟馬刺隊在分區冠軍賽捉對廝殺，打出史詩級對戰內容。季賽開打沒多久，勇士隊與馬刺隊就明顯是西區最佳隊伍了，且在季賽三次對決中，三月時馬刺隊在聖安東尼奧以他們擅長的低得分打法拿下勝利，而勇士隊在他們球季最後四場比賽中兩度擊敗馬刺隊，以上種種更是加深大家想要看到這個對戰組合實現的欲望。

不過籃球之神是一群三心二意的存在，當勇士隊接連攻克休士頓與波特蘭時，馬刺隊卻以六戰敗在他們第二輪的對手：第三種子的奧克拉荷馬隊手上。雷霆隊深具場上統治力的二人組杜蘭特與威斯布魯克，每場各自平均要拿下二十分與六籃板，且隊上中鋒亞當斯每場也能得超過十一分與摘下接近十二個籃板。

不過奧克拉荷馬的優勢其實微乎其微。由於第一場以三十二分大勝之故，聖安東尼奧在這個系列賽的勝負分差仍然領先，且系列賽結束時，在抄截、火鍋與助攻上也都優於對手，同時失誤少於對手，三分球命中率也比較高。不過雷霆隊多摘下四十五顆籃板球，並在罰球命中率上占有絕對優勢。以上要素就是奧克拉荷馬隊在其中三場差距在四分以內的比賽中拿下兩勝的關鍵。在杜蘭特與威斯布魯克合得六十五分下，第六戰雷霆隊以一一三比九十九獲勝，避免到聖安東尼奧打第七戰，畢竟例行賽時馬刺隊主場戰績爲四十勝一負。

對勇士隊而言，與雷霆隊這個對戰從一開始就存在許多麻煩。杜蘭特與威斯布魯克兩人都是聯盟前五、六好的球員，且在雷霆隊各項進攻數據上皆領先全隊。杜蘭特或許是聯盟攻守最全面的球員，眞正擅長無特定位置打法的他，能投三分球、單打矮小防守者、進攻時能拉開空間，防守時能遮斷對手傳球路線。在跳投方面，杜蘭特擁有聯盟第二高的有效命中率（五一・一%），即使不運球仍然擁有致命性的攻擊能力，在每場接球後立刻投籃的得分上，也排在聯盟前二十名。

威斯布魯克身材比杜蘭特矮小些，但也更敏捷，投球較沒效率不過更具實驗性。他的不可預測性與英勇的舉動，讓他深受某些籃球專業人士所喜愛。在威斯布魯克的創意與杜蘭特的實用主義下，實在很難針對雷霆隊訂立比賽計畫，不過柯爾的策略是這樣的：如果杜蘭特與威斯布魯克照他們平常的方式打，而若勇士隊能守住其他球員（伊巴卡、維特斯、羅伯森與亞當斯），不讓他們爆發並縮小籃板球的差距，勇士隊就能制住雷霆隊。盡可能讓雷霆隊在外線投籃也會降低他們的得分效率。如果這意味著像是維特斯或羅伯森站在外線時得放他們空檔，兩相權衡後，柯爾決定冒這個險。

雷霆隊另一個關鍵因素是他們的身材優勢。勇士隊陣中有波格特與艾澤里兩位內線球員，不過奧克拉荷馬能夠用亞當斯（七呎）、伊巴卡（六呎十吋）與坎特（Enes Kanter，六呎十一吋）來回擊，更別提杜蘭特了，他的官方身高數字是六呎九吋，但如果沒有繼續長高的話，實際上是六呎十一吋（約二一一公分）。這樣的身高差距在籃板球的差距上表露無遺。在二月底時的對戰中，那晚柯瑞投進十二記三分球，其中包括延長賽時的致勝球，但雷霆隊在籃板爭奪戰上以六十二比三十二的巨大優勢勝出。

這些數據顯示他們需要善加利用杜蘭特不在場上的每一秒鐘。威斯布魯克待在板凳時，勇士隊整體與三分球命中率下降。杜蘭特在板凳時，勇士隊投籃命中率增加了一三%，三分球命中率更是高了二九%。從這個角度來看，柯爾將與雷霆隊總教練多諾萬（Billy Donovan）這名曾在佛羅里達大學執教十九年並拿下兩次NCAA冠軍，今年第一年執教NBA的教頭，就錯開球員上場時間並最佳化雙方對位上互相較勁。

不過要拿下這個系列賽，勇士隊得在最重要的時刻將球投進。雖然盡力了，但他們還是輸掉第一戰。柯瑞在中場響哨前的三分球，讓勇士隊進入中場休息時取得六十比四十七領先，不過前兩節只拿到三分的威斯布魯克，第三節豪取十九分。湯普森前三節攻下二十五分，讓勇士隊進入第四節時以八十八比八十五領先。

從這時起，勇士隊就無法及時投進外線，第四節的三分球以悲慘的投十中一做收，其中柯瑞投六只中一，湯普森則是四投盡墨。

柯爾並不十分擔心投籃，記取這晚的教訓即可，不過失誤則讓他感到煩惱。金州勇士一共發生十四次失誤，其中有一半是柯瑞造成的。反之，雷霆隊整個下半場只發生一次失誤。他們也如同預期主宰了籃板（五十二比四十四），但是十五比二的第二波進攻得分扼殺勇士隊獲勝機會。杜蘭特上場超過四十五分鐘，且他在最後三十一秒時的十七呎跳投確保球隊以一〇八比一〇二獲勝。這也是勇士隊本季四十八場主場賽事僅有的第三敗。

整場比賽打完柯瑞繳出不錯的數據（二十六分、十籃板與七助攻），七次失誤不是他正常的表現，而且他在第四節完全熄火。「我認爲能夠有機會回到場上，展現我們能在場上做到什麼，展現出我們的韌性是件有趣的事。」賽後他這樣說道，「這個系列賽會非常漫長。」

勇士隊在第二戰重振旗鼓，主要是由於隊上那名MVP展現出他的韌性。他在第一節就拿下十一分，但也在無意間爲了救一顆出界球跳進觀衆席，頭朝下跌倒，右手肘腫起一塊接近壘球大小的瘀痕。

但柯瑞沒有就這樣停止腳步。在第三節，他重現波特蘭系列戰第四場延長賽時的得分表現。第三節打到一半勇士隊擁有七分領先的情況下，柯瑞在比賽時間進行不到兩分鐘期間就拿下十五分。這段時間，杜蘭特發生兩次失誤並被吹判一次技術犯規。接下來到比賽結束，雷霆隊再也沒有將比分差距拉到十八分以內。金州勇士在不顧一切的努力下，最後甚至比對手摘下更多籃板（四十五比三十九），也以一一八比九十一獲勝，將系列賽扳成平手。

杜蘭特只上場三十五分拿下二十九分，但也發生八次失誤，其中四次是傳球失誤，他掩飾不住臉上的沮喪之情。「他們派了三個人來守我，」輸球後杜蘭特說道，「我試著要把球傳好，我在面對多名防守者下不斷失誤，所以可能我應該在三名防守者面前投籃才是。」

最後柯瑞以相當有效率的十五次投籃拿下二十八分，這樣的MVP級表現正是勇士隊需要的。「這全都是因爲我們讓球有效流動，」他說，「按照他們防守的方式，如果不多導球，不打得積極果決，就很難打出應有節奏，我認爲我們能夠做到。我們做了很好的掩護，不斷將球從兩側來回傳導。當我有了空檔時，就是比賽策略成功的時候。顯然地，我會將球投進。」

無論勇士隊認爲他們擁有什麼樣的氣勢，都僅僅是癡心妄想。他們輸掉接下來兩場在奧克拉荷馬舉行的比賽，第三戰一三三比一〇五，第四戰一一八比九十四。柯爾手下的球員兩場比賽下來投籃命中率只有四一．三%。雷霆隊在第二節打出三十八比十九的攻勢，確保第一戰的勝利；第二戰則是在第四節打出二十四比十二的攻勢，讓他們有可能在比賽回到奧克蘭時終結這個系列賽。金州勇士隊這個球季的首度連敗，來得實在太不是時候。

勇士隊的比賽策略全都未能奏效。這兩場比賽雷霆隊的籃板球分別比勇士隊多了十四和十六顆，且在這兩場勝仗中威斯布魯克總共得了六十六分，送出二十三次助攻，第三戰坎特從板凳出發拿下雙十，羅伯森在第四戰拿下生涯新高的十七分。杜蘭特除了得分（兩場共拿下五十九分），也能拉開空間，打得十分有紀律，並在防守時運用他那如同橡樹般的雙臂來妨礙對手傳球路線，且對柯爾的進攻戰術造成嚴重阻礙。這或許是他九年職業生涯防守最棒的兩場比賽。在第四戰第二節，杜蘭特二次跳躍封蓋了試圖灌籃的李文斯頓，活脫脫像是在跳跳床上跳躍一般，再再顯示出勇士隊有多麼不幸。「他們可能是我們在聯盟裡面對過最高大的球隊，」柯爾說，「而我們會繼續試著從他們伸得很長的手臂末端將球傳出去，雖然這可能不是個好點子就是了。」

除了杜蘭特這個難解的習題外，勇士隊的格林又出問題了。第三戰第二節時，格林切入，手沒抓好球，便順勢出腳踢中對方中鋒亞當斯的下部，這名紐西蘭人握著下部倒地，格林也遭判罰第一級惡性犯規，不過隔天聯盟當局將這次犯規升級為第二級惡性犯規。NBA選擇不直接將他禁賽（確實可以這樣做，實際上NBA當局可按照他們想要的方式給予懲罰），不過格林名下仍然有三點懲戒分數，只要再一次惡性犯規，就會自動遭到禁賽。

「威斯布魯克說我是故意的，不過他是NBA裡最先這樣搞的超級球星之一。」禁賽結果宣布前格林說道，「威斯布魯克在第一節最後踢了我一腳，他只是沒有踢到我踢到亞當斯的地方罷了。」不過格林此舉迫使勇士隊落入困境。他也在第二戰某次跳起投球時用膝蓋撞了亞當斯的鼠蹊部，這讓他說這只是個意外的論點更加薄弱。格林在沒有讓這個問題繼續擴大的情況下打完第四戰，不過勇士隊無法承受更多事故了。

此刻，在這個球季命懸一線的情況下回到奧克蘭，勇士隊發現自己處於需要拿下勝利這種他們最不熟悉的狀態之中。勝利不再是奢侈品，而是必需品。「目前這支球隊打得比我們好，我們得想出一些辦法來回應。」第四戰賽後柯爾說道，「事情就是這麼簡單。」

然而他們眼前的課題並沒有這麼簡單。杜蘭特統治著攻守兩端，威斯布魯克則是用大量出手與超強鬥志來彌補他的低效率。金州勇士手頭上最大的優勢，就是他們回到主場了。

不過柯爾得做點改變，於是他希望回歸基本面。爲了對雷霆隊強大的籃板優勢做出反擊，小球死亡陣線要打得更傳統一些。巴恩斯的上場時間（從季後賽開打算起，他的得分減少了二〇％）會挪給波格特。

這樣的微調效果極佳。波格特打了將近三十分鐘，這是他近六個星期以來上場時間最多的一場比賽，最後拿下十五分與十四籃板。沒有巴恩斯的死亡陣容一起打了十四分鐘，全體投籃命中率爲六一％（投二十一中十三）。柯瑞與湯普森加起來需要投四十一球才拿到五十八分，不過已經足夠。勇士隊甚至能在籃板上與雷霆隊較勁，兩隊各摘下四十五籃板。

死亡陣容後續狀況如何？這個陣容只打了最後兩分二十八秒，這時雷霆隊正孤注一擲地使用犯規戰術。這段時間勇士隊連續罰進十一顆罰球，以一二〇比一一一守住勝利，並救了他們這個球季一命。柯爾的策略奏效，金州勇士又活過了一天。「我打了四場糟糕的比賽，並試圖在第五場打好，我可不想讓球季在今晚畫下句點。」波格特在休息室裡說道，「我們還有機會。在奧克拉荷馬打球實在艱苦，我們感覺自己能在那裡打出類似今晚的表現。」

杜蘭特與威斯布魯克總共得了七十一分，不過兩人加起來投了五十九球，且發生十次失誤。賽後，他們聚集在甲骨文球場的媒體室，ESPN記者問他們，是否低估過去兩個球季在聯盟抄截榜領先的柯瑞的防守能力。這個問題並無惡意，也不是要引起爭議，不過杜蘭特正要開始回答時，威斯布魯克露出微笑並摩擦了一下臉頰，就像是要隱藏臉上的笑意。

「我的意思是，抄到球，我不太清楚，這應該只是防守的一部分，不過這方面他做得相當好。」在做出其他評論前，杜蘭特毫不相讓地說道，「不過他無法守住最棒的控球後衛。我認為他們在包夾威斯布魯克上做得不錯，湯普森、伊古達拉和柯瑞，他們偶而能守住他一兩球。他的防守腳步不錯，他的手擺得不錯。不過，你知道的，我喜歡兩隊對陣時由他來防守威斯布魯克。」幾分鐘後，當威斯布魯克和杜蘭特離開時，威斯布魯克怒視那名ESPN記者。

幾分鐘後，柯瑞被問到剛剛杜蘭特所做的觀戰心得的意見時，比起忿忿不平的威斯布魯克，柯瑞顯得較為平靜。「我對一對一攻防沒有太大興趣，」他說，「我的任務是遵循比賽計畫，而我過去四年職業生涯都在設法提升我防守上的存在感並做好我的工作。」畢竟，就是柯瑞在比賽剩下一分二十五秒時抄掉杜蘭特的球，確保球隊拿下勝利的。當時杜蘭特在勇士隊八分領先時，試圖要直接切過柯瑞往籃框進攻，他因爲柯瑞的壓迫而掉球，而柯瑞抄掉球後直接帶球往前場衝去上籃得分，把領先擴大到十分，整個過程耗掉了二十秒比賽時間。

多諾萬喊出暫停，而柯瑞先是朝勇士隊板凳席前進，然後停下，轉向觀衆。「我們不會回家放暑假！」他喊道，「我們不會回家放暑假！」

比賽時間結束時，甲骨文球場的球迷齊聲喊話，「星期一見！星期一見！」假設金州勇士隊在第六戰存活下來，星期一就會在這裡打第七戰。

勇士隊眞正的致命之處，以及他們爲何能拿下空前勝場數眞正根本的原因，在於他們有許多能夠接管比賽的球員。不必然每場比賽都會如此，但當隊上擁有柯瑞或格林或伊古達拉或湯普森等球員，獲勝的機率就是比較高。當這群全明星球員在場上打順了，金州勇士隊的勝率就會如同火箭升空般狂飆。就像是知名電影導演泰倫斯·馬利克（Terrence Malick）執導的史詩片，你可以推出四個人角逐奧斯卡最佳演員，而且還有符合資格的人被忍痛捨棄，勇士隊陣中不乏許多深具天賦的球員，意味著他們每個人都不能漏掉，陣中任何一名球員都能夠撐起球隊拿下勝利。

第六戰，這個角色落到湯普森身上，這個慵懶的南加州ＮＢＡ冠軍球員之子，正如球隊媒體關係部人員所說的，只要他繼續在聯盟裡打球，很快地他就不會再接受訪問了。這種態度並非出於蔑視，而是受限於他安逸的個性。運動員常說，他們偏好讓場上的表現說話，不過湯普森則是直接體現這個想法。這可能會讓人覺得不太友善，不過投籃的時候，是他最開心且最自在的時刻。其他時候，甚至是運球等舉動，在追求這種愉悅時都是次要的。

勇士隊的整體策略大抵上維持原貌。波格特會在先發位置上打更多時間，巴恩斯會跟伊古達拉交換，雙方的籃板不能差太多，而柯瑞與湯普森要盡可能多投點外線。勇士隊的首要之務，得要承受住雷霆隊那明顯的喜悅，他們已感受到在總冠軍賽出場的希望，只有咫尺之遙。如果杜蘭特與威斯布魯克打出些許他們在第三戰與第四戰展現出的統治力，勇士隊就難逃被淘汰的厄運了。

儘管柯瑞第一節一分未得，打完前十二分鐘雷霆隊還是只領先三分，不過他們在第二節打得更加積極，強勢進攻籃框，並在禁區拿下二十二分，而勇士隊只在禁區攻下六分。距離第二節結束剩下不到五分鐘而雷霆隊領先十三分的情況下，情勢看起來就像是比賽再次在前半段就註定要輸掉了。

接著湯普森站了出來。接到柯瑞的傳球後，他只用左手運了一下球，就在左翼三分線外出手，把差距縮減到十分。這是他拿下今晚勇士隊第一分後所投進的第一顆三分球。還沒過一分鐘，湯普森又投進一顆，這是在右翼接到柯瑞切傳後，使出經典的接球後直接拔起投籃。上半場剩下兩分十秒，柯瑞看到攻守轉換時跟進過來的湯普森，讓他又投進一顆直接拔起投籃三分。這時雷霆隊只剩下四分領先，不過在進入中場休息時保持五分差距。雷霆隊的進攻停滯不前，杜蘭特與威斯布魯克流於單打，缺少傳導。打完第二節這個雙人組投了三十一球拿下二十七分。柯瑞與湯普森也沒表現比較好，投二十三球拿下二十五分，不過至少他們在三分線外投十三中六（四六%），展現出強烈的威脅性。反觀杜蘭特與威斯布魯克兩人總計三分線投八中〇。此刻在休息室中的柯爾深具信心。

柯瑞在第三節打出貨眞價實的表現，拿下十四分。湯普森又貢獻了兩顆三分球，都是在第三節開打第一分鐘投進的，而他開始感覺到今天是個特別的夜晚。湯普森總共投進六顆三分球，而且這之間總共只運了兩次球，後面四顆三分球都是接球後直接拔起投籃，這也是他偏好的方式。有些球員投籃前要先運幾球找節奏，但湯普森不用，他會盡可能避免這種遲疑。

然而雷霆隊重新展現活力做出回應，打完第三節把領先擴大到八分。金州勇士還有十二分鐘的時間拯救他們這個球季。穿著白衣服，保持著希望的主場球迷，幾乎無法控制自己的情緒。

第四節開始，湯普森往場上走時柯瑞幫他做最後打氣，「你發揮的時候到了，好好在場上秀一下，開心打球吧！」

第四節才進行三十四秒，湯普森就自在的閃過莫羅（Anthony Morrow）在右翼出手，投進一顆三分球，這是他今晚第七顆。正如播報員艾伯特（Marv Albert）在替TNT播報球賽時高聲喊出的，「這將會是擁有神奇例行賽戰績的勇士隊本球季的最後十二分鐘嗎？」湯普森的投射在艾伯特的轉播中注入最後一絲疑問，且事後來看，當初「將」這個字的音調，讓雷霆隊球迷聽起來不寒而慄。

湯普森的第八顆三分球出現在不到兩分鐘後，當時伊古達拉幫湯普森擋掉他的防守者佛伊（Randy Foye），這迫使杜蘭特換防湯普森時遲了一步，他從右側底角投出漂亮弧線。不到九十秒後，波格特從威斯布魯克手中把進攻籃板摘走，在左翼卡出位置，做一個高位掩護卡掉維特斯，接著把球傳給湯普森，他像是坐在辦公椅上般，在空中往右轉身後出手，投進這顆超高弧度的三分球，在距離比賽結束還有八分三十秒時，將差距縮減到剩下五分。

在比賽時間剩下不到五分鐘時，湯普森寫下NBA的歷史。他站在距離籃框二十八呎處接到格林的傳球，得決定該怎麼做。當時教練沒有下達戰術，也沒人幫他擋人製造空間。巴恩斯與伊古達拉在左側與緊跟不放的防守者糾纏在一起。柯瑞站在右翼強邊位置，但有杜蘭特貼身防守，而格林就站在他的右側，且不是個好選擇。於是湯普森做了射手應該做的事情：投球，他的腳才剛站定就出手，而距離他只有數呎之遙的威斯布魯克，晚了一步。球就這樣掉進籃框，讓比數成爲九十六比九十二，而湯普森寫下史上季後賽單場投進最多三分球紀錄（十顆）。

接著柯瑞加入他浪花兄弟同伴的行列，在剩下四分鐘時投進一顆二十五呎遠的三分球，將雷霆隊的領先縮小到剩下一分；在兩分四十八秒時又投進一顆，比數打成九十九平手。不過在羅伯森於剩下兩分二十五秒時補進杜蘭特輕鬆上籃卻沒投進的球時，比賽勝負（儘管在湯普森英雄般的表現下）仍未成定數。就在這個時候，伊古達拉開始打出可說是他在勇士隊三年來最重要的表現，先是切入籃下左手挑籃，在比賽剩下兩分鐘時追平比數。

威斯布魯克把球帶到前場後，伊古達拉換防去守他，並在這位雷霆隊控衛往左轉身跳投時把球從他手上拍掉。這位絕大部分是因為限制住詹姆斯而獲得去年總冠軍賽MVP的球員，抄下球後冷靜地將球傳給在右側等待的湯普森，而他已經穩穩站在熟悉的右翼位置了。在杜蘭特在他面前高舉手臂的情況下，湯普森於持球時間不到一秒的情況下出手，把今晚第十一顆三分球穩穩投入籃網中。此刻，勇士隊在不知不覺間，以一〇四比一〇一領先。

伊古達拉又抄掉威斯布魯克一球，這次是在比賽剩下三十六秒而金州勇士仍然領先三分的情況下抄到的，柯瑞在對方中鋒伊巴卡防守下切入禁區，右手拋投擦板進籃，在比賽剩下十四秒時將領先擴大到五分。接著他抄掉威斯布魯克發出的邊線球，並確實控制球等對方犯規。柯瑞看著場邊球迷，高高舉起手，右手伸出五根手指，左手伸出兩根手指。場邊被此刻情況驚呆了的超過一萬八千位球迷並不需要翻譯，第七戰成了即將到來的現實。

最終柯瑞拿下三十一分、十籃板與九助攻，不過湯普森是這場比賽無庸置疑的明星，得了四十一分，三分球投十八中十一。除前兩顆三分球各運了一次球外，剩下九顆都是接球後直接出手。繼一年前在沙加緬度單節三十七分的表現後，湯普森再次展示或許只有他能辦到的投球演出。對關鍵三分知之甚詳的柯爾，認為這是「你看過最難以置信的投球表現之一。」

這個時刻最重要的是，湯普森身為柯爾最致命的五人組合成員之一，並未讓金州勇士隊失望。原始的死亡陣容上場打了這場比賽最後六分三十三秒，得分上以二十一比十優於雷霆隊；這段時間湯普森一個人的得分就跟雷霆隊全隊一樣多。當他走下球場進入球員休息室通道前往客隊球員休息室時，拉各布雙膝跪地，以與平常不同的興奮情緒膜拜湯普森，接著站起來熊抱這位他擔任老闆後，在選秀會選中的第一位球員。

「如果我們贏得冠軍，我們會牢牢記住這場比賽，」幾天後巴恩斯告訴《運動畫刊》，「這將是我們人生中最棒的一場比賽。」

沒人預料到勇士隊會面臨柯爾世代第一次第七戰，而且這是他們**自從二〇一四年季後賽第一輪洛杉磯快艇隊迫使他們進入第七戰，也是傑克森擔任勇士隊總教練最後一場比賽以來的第一次**。不過在這場比賽開打前幾個小時，甲骨文球場中幾乎看不見任何緊張氣氛。艾澤里在練習罰球，克拉克跟助理教練迪馬科在打一對一。當陣中主力球員來到球場熱身時，球隊總裁威爾茨跟搭檔蓋吉在外線附近漫步，兩人面帶微笑，偶而停下來跟訪客聊天或合照。跟幾個勇士隊球隊人員說話時，他們身上似乎全無壓力。在面臨被雷霆隊淘汰的情況下，他們已經兩度逆轉戰局。會再逆轉一次嗎？

柯爾不留任何餘地。跳球前幾分鐘，球隊宣布伊古達拉會取代巴恩斯先發出場，這跟他在第六戰下半場開打時使用的戰術相同。這個晚上，伊古達拉有個目標：對杜蘭特使出地獄般的防守。

雷霆隊上半場打得不錯，每一節得分都比勇士隊要高，回到休息室時取得四十八比四十二領先，不過勇士隊在第二節最後兩分鐘打出一波九比三的小型攻勢前，他們領先了十二分。儘管處於落後，勇士隊剋制住了杜蘭特。伊古達拉讓他只拿下九分，而且五次投籃各是難度不同的中距離跳投。從杜蘭特沒有獲得罰球，足以證明他無法靠近籃框進行積極且強勢的進攻。即使這已經是伊古達拉第十二個球季，且這次是自從去年在克里夫蘭贏得總冠軍以來，第二次以勇士隊球員身分先發出場，但仍然可以仰賴他在今晚祭出很少有人能夠使出的封鎖型防守技巧。

像是在等待時機一般，勇士隊在柯瑞投進三顆三分球的帶領下，終於在第三節打出一波二十九比十二攻勢。威斯布魯克打滿整節，不過只投三球且一分未得；杜蘭特只投五球拿下六分。

進入第四節時勇士隊領先十一分，不過雷霆隊強勢反攻，在比賽剩下一分四十秒時杜蘭特在十四呎處投進一顆擦板球，把領先差距縮小到四分。下一波進攻，在進攻時間剩下三秒時，伊巴卡孤注一擲對站在左翼嘗試投出三分球的柯瑞犯規。柯瑞三罰俱中，接著在比賽剩下二十七秒時在右側外圍使出胯下運球過人後三分線跳投入網拿下這場比賽。伊古達拉上場四十三分鐘，並把杜蘭特的攻勢控制在投十九球，拿下二十七分，並在大家開始開心慶祝時在中場擁抱柯瑞。

金州勇士九十六，奧克拉荷馬八十八。正式完成逆轉勝。

在成爲NBA史上第兩百三十七支在季後賽系列戰落到三比一劣勢的球隊後，勇士隊成了第十支在這個逆勢中存活下來並晉級的隊伍。平均來說，這樣的壯舉每七年才會發生一次。確實，主場球隊在第七戰勝出的機率有八一%，不過金州勇士是在擊敗長期機率的情況下才來到這個地步，微調他們的戰術到足以讓雷霆隊不知所措，並讓湯普森拿出他最佳、最確實的表現。從整個系列賽來看，這個第六戰的英雄打完七場比賽後，以投進三十顆三分球，成爲NBA史上單一季後賽系列戰中投進三分球總數第二多的球員。

唯一投進比他多顆的球員是誰？柯瑞，也是在這個系列賽締造的，投進三十二顆。

「所有人都把他們的靈魂留在球場上了。」杜蘭特說，「我們並不惋惜。」當時大家都還不知道，這是他替雷霆隊打的第七百三十二場，也是最後一場比賽。下次他回到甲骨文球場比賽時，情況會出現戲劇性的變化。

對於金州勇士隊來說，這場勝利意味著在衛冕冠軍上，他們擁有了嶄新的人生與機會（而在五天前，這個機會看似無比遙遠）。他們在最黑暗的時刻團結一致，並在光明處現身，傷痕累累但並未動搖，或許有些疲憊，但已經準備好再打一場。「現在對我們來說最重要的，」柯瑞說，「就是我們把自己放在理解到下一個目標何在的絕佳位置，而我們得要完成這件事。」

對於再次面對騎士隊，柯瑞很清楚，儘管非常熟悉這個對手，但他們只有兩天時間來對一個截然不同的對手預做準備。「我認爲這個系列戰會從第一戰打到第七戰，」他說，「我們已經準備好面對任何挑戰。」

CHAPTER 11
上帝旨意

2016年NBA總冠軍賽

我們走到了最後，但這就是人生。

對奧克拉荷馬達成幾乎不可能成功的大逆轉，重回NBA總冠軍賽，對金州勇士隊來說感覺就像是一次小小的奇蹟，不過克里夫蘭騎士隊也從季末一些潛在的阻礙中殺出重圍。騎士隊幾乎失敗的原因與關鍵球員受傷，或需要打出卓越表現才能在季後賽捲土重來無關。他們的麻煩是在幾個月前發生人事變動，大舉改變了球隊結構。

一月十八日，勇士隊繼七個月前的總冠軍第六戰後，再度來訪快貸球場，並以一三二比九十八徹底摧毀了騎士隊。柯瑞出手十八次拿下三十五分，伊古達拉從板凳出發得到二十分，而格林有十六分、七籃板與十助攻。詹姆斯呢？以十六次投籃拿下微不足道的十六分，而且達成一個你不會想在打完比賽後聽到的成就。這是他職業生涯主場最大的敗仗，詹姆斯完成他生涯輸分最多的一場比賽：詹姆斯在場上的情況下，騎士隊比對手少拿三十五分。勇士隊也打出詹姆斯參賽時比賽中拉出最大差距的一場比賽——第四節初，騎士隊落後達到四十三分。「這是一記不錯的老式當頭棒喝，」詹姆斯在休息室裡說道，「今晚是個教訓，說明我們距離達到總冠軍等級還有多遠距離。」

這個事件在星期一晚上爆發。儘管已經打到球季中段，克里夫蘭的戰績爲三十一勝十負，仍是東區最佳戰績，但總教練布拉特卻被炒魷魚。這項人事衝突越演越烈（一直以來，布拉特都不斷向隊職員與媒體強調他的誠意，以及多年在歐洲擔任總教練的豐富經驗），而他是在詹姆斯在《運動畫刊》宣布要回到家鄉球隊前，被總經理大衛．葛里芬（David Griffin）聘用的。

在取代布拉特的人選上，騎士隊將助理教練盧（Tyronn Lue）扶正，他以稱職的替補控球後衛身分在聯盟打滾了十二年，且到克里夫蘭待在布拉特底下工作前，曾在波士頓與洛杉磯擔任瑞佛斯教練的助理教練。更重要的是，盧是詹姆斯認可的人選，他們兩人相處愉快，這也是盧搏得詹姆斯尊重的關鍵。根據一份報導，盧擔任總教練的第一場比賽，他在某次暫停對多話的詹姆斯說出「他媽的閉嘴，讓我來說。」

騎士隊在進攻上開始打得更有效率。他們的節奏並未眞的提升，不過得分上升了——每一百個攻防多得了五分。克里夫蘭的淨效率值保持原來的水準，意味著他們每一百個攻防也被對手多得了五分，不過這樣的打球風格更適合詹姆斯。

且儘管詹姆斯的高命中率是來自於禁區得分——明星週後他的投籃有超過七〇％是在距離籃框五呎以內投出，比之前高了將近三％，但騎士隊的三分球出手數卻大幅提升。在布拉特執教的四十一場比賽中，克里夫蘭平均每場三分球出手二十八．八次，命中率三五．九%。盧執教的四十一場比賽中，騎士隊每場三分球出手三十一次，且命中率確實提升到了三六．六%。球季結束時，他們的三分球命中率排在聯盟第七。他們與命中率四一．六%的勇士隊仍然有顯著的差距，不過他們每場三分球出手數只比勇士隊少了兩次。而在季後賽時，以此爲取分之道時會更舒適些。對盧的球員來說，這代表著盡可能採取三分攻勢。

在第一輪將底特律活塞隊剃光頭時，騎士隊每場投出將近三十五顆三分球，命中率四一．三%。而他們在下一輪將亞特蘭大老鷹隊剃光頭時，每場三分球出手三十八次，且投進了一半（命中率五〇．七%）。這個系列賽第二戰，他們甚至寫下季後賽單場投進最多三分球紀錄（二十五顆），打破幾天前由勇士隊寫下的紀錄（二十一顆）。

在東區冠軍賽對上多倫多暴龍隊時，克里夫蘭稍稍回到了正常水準，每場三分球平均出手二十九次，命中率三八．九%。考量到暴龍隊是全聯盟對手三分球命中率第二高的隊伍，這樣的衰退令人感到訝異，不過詹姆斯也開始盡情強攻禁區。例行賽期間，詹姆斯兩分球命中率爲五七．四%；在對上暴龍隊的系列賽中，命中率提升至七〇．一%。在詹姆斯往內線進攻，且史密斯、佛萊（Channing Frye）與復活的勒夫帶領下的密集三分攻勢，暴龍隊無力阻止騎士隊的內外猛攻。

克里夫蘭用六場比賽結束這個系列賽，最後兩場比賽接連擊垮多倫多，於是大家盼望的總冠軍賽再次對決的戲碼終於實現。騎士隊這次要討回去年失去的冠軍；勇士隊則希望能穩固他們相信自己在歷史上應有的位置。

總有一邊會敗興而歸。

這個系列賽開打前，根據ESPN的籃球實力指數（Basketball Power Index），勇士隊有七五%的機率勝出，不過仍預期這個對戰組合會打得十分激烈。騎士隊球員十分健康，且在三分球攻勢上深具信心。勇士隊擁有全票MVP，且在一比三逆勢下逆轉淘汰雷霆隊，目前情緒處於高點。我們不可能窺探球員的內心，不過勇士隊在總冠軍賽開打前兩天的休整期中，展現出他們的氣勢。「我認爲我們很清楚接下來這一關會是什麼情況，」湯普森說，「而我不認爲我們之中會有人跟去年一樣緊張。」柯瑞也感覺十分安心，「第一次，就像場旋風，」他說，「我知道我們已經做了相當程度的準備。」

勇士隊保持著這樣的態度，在甲骨文球場舉行的第一戰與第二戰中強壓騎士隊，掌握住了這個系列賽。儘管柯瑞與湯普森在第一戰加起來只拿下二十分，勇士隊在板凳球員，像是李文斯頓、伊古達拉與巴伯沙等人合力拿下四十三分的表現下，金州勇士以一〇四比八十九拿下勝利。三天後又以一一〇比七十七大敗騎士隊。雖然發生二十次失誤，且投進四十四球只傳出二十六次助攻，只有十次罰球機會，柯爾的球員仍然展現出無人能敵的姿態。金州勇士隊在三分球上打出了統治性的表現（投三十三中十五），禁區得分也優於克里夫蘭，柯瑞是勇士隊摘下最多籃板的球員，拿下九顆。甚至連波格特都祭出五次火鍋。內線外線、前場後場，勇士隊都展現出摧毀一切的強大力量。

至於詹姆斯的部分，這兩場比賽他平均只攻下二十二分。期盼用一顆又一顆三分球打開總冠軍賽之路的騎士隊，對上勇士隊這兩場比賽，三分球命中率只有慘澹的二七％（投四十四中十二）。勇士隊的勝分差（四十八分），是有史以來總冠軍賽前兩場打完最大的差距，且前三十一支在總冠軍賽前兩場比賽取得二比〇的隊伍，只有三支最後沒能贏得總冠軍。

儘管他們已經連續擊敗詹姆斯七次（從二〇一五年總冠軍賽算起），勇士隊在公開發言時仍然沒把話說死。「我們尚未眞正贏下什麼，」第二戰擊敗對手後，柯瑞這樣認爲，「我們把握住主場優勢，這是我們應該做的事。還有好幾場球要打……我只擔心第三戰。」

柯瑞的顧慮是有根據的。如果哪一場比賽勇士隊幾乎確定會輸掉，那就是這場。大家預期騎士隊會在回到主場後釋放所有情緒，畢竟他們第一與第二戰的表現可說荒腔走板，而且快貸球館以喧鬧聞名，是最令NBA客場球隊膽怯的場館。所有跡象都指向克里夫蘭會拿下第三戰，而他們也照著這個劇本走。

勇士隊犯下一切能犯的錯。他們三分球投三十三只中九（命中率二七．三），送出十八次失誤，籃板球少對方二十顆，第一節打完就落後十七分，且沒有一名球員得分超過二十分。

在詹姆斯拿下三十二分以及厄文三十分的貢獻下，騎士隊堅韌不拔的表現讓他們以一二〇比九十強勢擊敗對手。柯爾以為他的球員會帶著更多情緒出場，不過輸球後，他意識到自己沒讓球員做好比賽的準備。「今晚我們打得太軟了，」柯爾說，「當你打得這麼軟，就會搶不到籃板球，且不斷發生失誤。這些跡象十分明顯。所以如果我們想要贏，第四戰就不能這麼軟弱。」

對騎士隊來說，待解的問題是勒夫何時能夠再度上場。第二戰第二節時，巴恩斯在爭搶進攻籃板時左手肘敲到勒夫的後腦勺。為了保險起見，這位全明星大前鋒第三戰缺戰，代表勇士隊無法利用他飽受質疑的外圍防守能力執行擋拆戰術，不過盧十分聰明地將傑佛森拉到先發陣容，雖然這是他繼二〇一六年季後賽以來首度先發，不過他整個職業生涯曾打過一二一場季後賽。傑佛森依序防守格林、巴恩斯與李文斯頓外，除了貢獻球隊想要的防守外，還在攻守數據表上添了九分與八籃板，他能清開空間，並積極衝搶籃板。曾是勇士隊一員的傑佛森，充分展現出勇士隊的精神。

不過第三戰第三節結束前有一球，成了這個系列賽走向轉變的導火線，讓克里夫蘭不會就這樣默默走人。在這節剩下不到十二秒，勇士隊落後十九分時李文斯頓對尚波特犯規，柯瑞撿起球，在響哨後上籃。當時正站在籃框旁的詹姆斯，跳起來把柯瑞的上籃球釘在籃板上。對大部分的人來說，這只是個無關緊要的過場，不過詹姆斯認為這能夠增強己方的心理強度。「當你看到世界上最棒的射手試圖要輕鬆進球或試著要找到節奏，我們的任務就是不讓他這樣做。」詹姆斯說，「如果你是個優秀的球員，且看到球要進了，無論那時是比賽中或是比賽停止時，接下來你就要感受到這件事。不是說因為你知道你能做到這件事而讓你感覺良好，不過這確實有幫助，所以我不想讓他看著球入網。」

柯瑞並沒有太多機會像他平常習慣的那樣看著球入網，事實上，他在總冠軍賽的表現十分悲慘，這三場比賽他沒有一場得分超過二十分，他累積的失誤（十五次）比助攻（十三次）還多。儘管在場上待了九十分鐘，柯瑞只有兩次抄截與四次罰球機會，他在第一輪對上休士頓系列賽時的腿部傷勢尚未康復，再加上對上雷霆隊時與對方磨了七場比賽，影響了他切入時的靈活度。雖然柯瑞不願承認他行動上明顯受限，但他失去了爆發力。「我很好，」第三戰賽後柯瑞這樣說道，「我們的狀況良好……星期五我們有絕佳機會讓這個系列賽保持在我們的掌控之下，這對我們來說會是一個挑戰。」

儘管勒夫從板凳出發，讓傑佛森保持先發出場，第四戰勇士隊打得明快，且控制住了情勢。柯爾很早就派上死亡陣容（比賽開打還不到五分鐘），上場時間也長（總共上了十七分鐘），這樣一來幫助球隊形塑出第三戰所缺少的防守壓力。柯瑞終於打出ＭＶＰ級表現：投二十五球拿下三十八分，三分球投十三中七，罰球罰十中九，六次助攻，且只有三次失誤。柯瑞看起來活力充沛，一切在他的控制之中，而且比過去幾週更健康。球隊在柯瑞的能量餵養下，三十三次進球中有二十三顆是透過助攻達成，命中率爲相當不錯的六九・六九％。勇士隊打出最符合自身球風的表現，三分球命中數（投三十六中十七）比兩分球（投四十五中十六）還多。

詹姆斯與厄文都出賽超過四十三分鐘，總共拿下五十九分，不過這樣不夠。二〇一六年季後賽克里夫蘭第一次在主場輸球，而且是在最不恰當的時間輸掉的。騎士隊目前在總冠軍戰以一比三落後，需要執行一些幾乎不可能達成的事才能贏得總冠軍，他們得在甲骨文球場擊敗勇士隊兩次，而這個球季勇士隊在這個球場的戰績是五十勝三負，他們得在第六戰面對史上例行賽在客場拿下最多勝的球隊時贏得勝利。騎士隊需要連續擊敗勇士隊三次才能存活下來，而勇士隊從二〇一三年十一月後，就再也沒嘗過三連敗。而且從來沒有球隊在總冠軍賽取得三比一領先後落敗，過去三十二支取得三比一領先的球隊，最後全都拿下冠軍。

例行賽與季後賽加起來，勇士隊已經拿下八十八勝，比歷史上任何球隊在單一球季累積的勝場數都要多。只要再一勝，勇士隊就會被視爲籃球史上最偉大的球隊。

許多運動隊伍的命運都會受到歷史上突然產生的任性，那種人類不受拘束的衝動所影響。起初，看似無意的行爲，經過一段時間，一個接一個的小小漣漪，會創造出廣泛的影響。

對勇士隊而言，他們命運的一刻就發生在第四戰剩下不到三分鐘，將勝利牢牢握在手中的時候，一次除了一個考慮不周的舉動外，其實十分平凡的進攻時。

勇士隊領先十分，柯瑞在中線附近運球時，格林上前掩護要擋掉防守柯瑞的詹姆斯。詹姆斯奮力穿過掩護，扣住格林的手臂，當柯瑞將球傳給站在右側底角的巴恩斯時，詹姆斯用左前臂將格林擊倒在地後繼續朝柯瑞追去。格林起身時，詹姆斯直接跨過他的頭與肩膀，接著格林舉起右手臂，輕輕揮過詹姆斯的下部，使得騎士隊的超級球星轉身對格林碎嘴。幾秒後伊古達拉中距離投籃不進，格林和詹姆斯兩人都兇狠地爭搶籃板，兩人都被吹了犯規。這球因哨聲成爲死球後詹姆斯動怒了，朝著格林大吼，格林在從籃下走過來的克里夫蘭當局警員，以及從格林那一側走過來的勇士隊警衛主任沃克陪伴下，冷靜地走開。幾步遠外的地方，盧默默地站著，讓他隊上最重要的球員陳述狀況。詹姆斯對於格林觸碰他的私處感到十分憤怒，而且當時裁判克勞福（Dan Crawford）就站在離他們幾呎遠的位置，目睹了整個事件，卻好心地不吹犯規。

賽後，詹姆斯提醒大家格林那無關緊要的懲戒狀態——再被吹判一次惡性犯規，就會讓格林被禁賽一場，不過無論如何，詹姆斯相信上一場的爭議舉動保證會讓格林受到懲罰。「這不是由我來判決，」即便詹姆斯在這個話題中放低身段，但他還是沒去咬這個餌，「是由聯盟辦公室決定，他們會檢視這件事。我們所有人都能在休息室裡看到事情整個過程。你知道的，就像我曾說過的，身爲競爭對手，我喜歡與格林交鋒，而且我在場上全力以赴，且把場上的事情留在場上。不過當事情有點超過的時候，就會讓我對他有所微詞。」

在系列賽回到奧克蘭且可能成爲封關戰時，聯盟辦公室等了幾乎整整兩天才做出判決。勇士隊很清楚即使格林只缺賽一場都會造成很大的影響。前四場比賽格林有八〇%的時間都待在場上，這段時間勇士隊每一百個攻防能比騎士隊多拿下驚人的十三．六分，且助攻與籃板也明顯優於對手。格林坐在板凳席時這項優勢便蕩然無存，每一百個攻防騎士隊要比勇士隊多得九．六分。格林在總冠軍戰這四場比賽的影響力，無可置疑。

第五戰前一天，勇士隊剛開始練習時，邁爾斯收到位於紐約的聯盟辦公室打來的電話，隨後他打電話給人在球隊位於奧克蘭市區的練習設施的柯爾。柯爾在練習快結束時先把格林拉到一旁告訴他這件事，接著才跟全體球員宣布這個消息：格林因反手拍到詹姆斯的敏感部位，遭判罰一級惡性犯規。NBA執行副總裁范德維奇發表了一段聲明，承認這個動作，就其本身來看並不一定會遭到禁賽，只是格林在季後賽期間累積了太多次惡性犯規，他在第一輪對上火箭隊的比賽時，公然在比賽就要結束時擒抱畢斯利將他摔倒在地，這是季後賽史上「最有意義的無意義動作」。如果勇士隊隔天贏得冠軍，那會是在缺少隊上的情緒核心與最多功能的球員下完成的。

「我確實感到好奇的地方在於，有些在第一輪就出局且已經度假七個星期的球員，跟某些現在仍然在打總冠軍賽的球員身處同一套懲罰系統之下，」聽到這個消息後幾分鐘，柯爾說道，「我不確定爲何這個事件會這樣判決。這看起來像個奇怪的規則。我們跟聯盟沒什麼好說的，可能等休賽期會討論一下這件事情。這看起來有點奇怪就是了。」

勇士隊內部群情激憤。他們認爲聯盟在沒有充分原因下，干預了這項運動，當時那個動作甚至沒有嚴重到被吹判犯規。最重要的是，勇士隊認爲這次判決，是直接對一個連場惡戰的系列賽之直接的干預。現在他們得在混亂中補上球員輪替陣容中的漏洞。

格林的禁賽成了主導總冠軍賽剩餘賽事的重點所在，不過在拿下這個系列賽上，勇士隊仍然保有優勢地位。他們的二線陣容，至少有一個晚上得展現出非凡的球技。柯爾把伊古達拉拉上先發，多少試著對騎士隊的兩名得分大將詹姆斯與厄文，保持一些防守上的壓力。李文斯頓會是第一個上場的板凳球員，且假使勇士隊能拿出漂亮的三分球命中率，總冠軍就是他們的囊中之物了。儘管聯盟做了這樣的決定（且難以置信地這麼晚才公布說會祭出懲罰），勇士隊對於他們接下來取勝的機會還是感到相當樂觀。格林不能在場邊觀戰，於是球隊計畫在奧克蘭—阿拉米達郡競技場體育館隔壁替他找了一個地方，跟邁爾斯一起待在某個奢華的包廂看球，讓他可以在勇士隊確定贏球時，隨時準備好從甲骨文球場的通道跑進球場。

「當時我認為（騎士隊）進入第五戰時會一蹶不振，」幾個月後助理教練亞當斯說道，「但接下來事情有了變化。」

勇士隊球迷可以爭辯說，是第一輪對上休士頓第三戰時柯瑞踩到汗水滑倒，或是格林在同系列戰第四場最後無腦地把畢斯利摔在地上，又或是奧克拉荷馬在分區冠軍賽取得三比一領先後，迫使勇士隊為了存活下來和晉級耗盡精力，甚至是NBA在如此戲劇性的時刻將格林禁賽，讓勇士隊輸掉二〇一六年總冠軍賽。

不過此時出現了一個引人注目的事件，讓總冠軍賽第三節還有十分三十秒時，正式讓金州勇士陷入毀滅。當時騎士隊仍保有三分領先，史密斯在無人防守下切入籃下，從左側跳起上籃。史密斯在空中時，波格特在他跳到最高點時與他碰撞，他落地時半蜷曲著身體，而這位七呎澳洲大個以尷尬角度掉在史密斯身上。落下時波格特的重心落在左膝蓋，且這時史密斯正好往他的關節摔過去。在喊出暫停前兩波進攻，波格特都躺在邊線外打滾，他在兩名勇士隊員工一人扶住一條手臂的攙扶下，跛著腳走進休息室。

從那時起，比賽剩下的二十二分三十秒，勇士隊只再拿下三十三分，跟同一段時間內詹姆斯（十三分）與厄文（二十分）得的分數一樣多。勇士隊三分球投二十中二，反觀騎士隊則是投九中四，且這時到比賽結束騎士隊都沒再抓到任何進攻籃板，勇士隊無機可趁。最終詹姆斯拿下四十一分、十六籃板與七助攻，而厄文也摘下四十一分，他在受到嚴密看管下出手投進三分，並抱著絕對不會出錯的自信連連在行進間投進擦板球，絕佳表現不容置疑。厄文的表現漂亮地展現出關鍵時刻的效率，而騎士隊在板凳球員僅僅拿下十二分之下，需要在每個小細節都表現得更好（雖然勒夫回到先發陣容，不過他上場三十二分鐘，只拿下不痛不癢的兩分）。

克里夫蘭輕而易舉地以一一二比九十七獲勝，而厄文出手二十四次投進十七球，讓他成為總冠軍賽史上唯二以超過七〇％投球命中率拿下四十分的球員（另一位是一九七〇年的張伯倫）。厄文和詹姆斯也成了總冠軍賽史上，首對在同場比賽各拿下超過四十分的隊友。詹姆斯說今晚的厄文，是他有生以來看過的最佳表現之一。

克里夫蘭還需要連續擊敗對手兩次，即使勇士隊有缺員問題，氣勢仍然向著他們。對厄文而言，此刻他是在為前一年總冠軍賽缺席贖罪。「要重現這樣的表現絕對相當艱難，」厄文說，

「但無論得付出什麼代價都要拿下勝利。」確實，他對總冠軍賽這幾場比賽造成的影響遠遠不止於此，但他已經證明過一次了。

對勇士隊來說，他們在這個系列賽仍以三比二領先，且在技術上掌控著自己的命運，不過在剩下的賽程中他們少了波格特。即使格林歸隊，波格特也不能上場分攤時間、幫忙掩護、在禁區傳導球，且（最關鍵的是）保護籃框。波格特一不在場上，騎士隊就開始強攻內線，接下來的比賽中兩分球命中率達到五〇％。柯爾把所有能上場的高個都擺上場，但全都幫不上忙。「一般來說，你會盡可能把最佳球員持續擺在場上，」柯爾說，「不過今晚不是我們的日子，怎麼打都不順。我們配不出什麼好陣容。」如今只能把希望放在格林第六戰歸隊後，替這支球隊灌注一些活力。

六月十六日早晨，伊利湖下了毛毛細雨，一位列車長希望乘客帶著愉快的心情，在克里夫蘭市區的塔城中心站下車，便說了些俏皮話。「上吧，騎士隊！今晚我們需要奇蹟，」說完後，他用廣播時那種深沉渾厚的口吻接著說：「讓希望永在。」

「希望」是個好東西，不過有詹姆斯更好。當比賽進行時，而快貸球館發出著名的攻擊性嘈雜音量時，勇士隊球員看起來茫然且困惑，他們前七球都沒能投進，讓騎士隊取得八比〇領先。打完十二分鐘後，騎士隊以三十一比十一領先，讓對手打出這次總冠軍賽第一節的最低分，這也是勇士隊季後賽第一節得分最少的紀錄。進入中場休息時，勇士隊落後十六分，且儘管第四節開打時他們把落後縮減到剩下九分，但接下來都未能將差距減少到七分以內。騎士隊讓對手陷入困境，且快貸球館裡的球迷隨時都像是要把對手生吞活剝一般。

波格特無法上場，在這個情況下柯爾選擇讓伊古達拉先發，代表大部分時間會啟用死亡陣容，這不是當初設計死亡陣容的目的。這項武器最佳的上場時間，是在五分到雙位數領先時使用幾分鐘，好擴大差距，長時間擺上這個陣容並非最佳選擇，雖然這不表示這個陣容得在勇士隊在大比數落後時上場幫助球隊追分，但確實不是要用在先發陣容上。這並非柯爾接掌球隊以來的操作手法，不過當下發生的事件逼他出手了。然而這個決定適得其反，且很快就讓勇士全隊在下半場不斷陷入要找回節奏的困擾之中。更令人擔憂的地方，是伊古達拉的背十分緊繃，讓他在上半場打了二十分鐘後，到了下半場只能上場撐個十分鐘。這也澆熄了勇士隊在比賽後段時的反攻氣燄，讓他們不管怎麼做都完全無法拉近比分。這個晚上騎士隊實在太專注、太強大了，以一一五比一〇一獲勝。

詹姆斯再次拿下四十一分與十一次助攻。厄文落入凡間，出手十八次拿下二十三分，不過樂見波格特缺陣的崔斯坦・湯普森投六中六攻得十五分，同時摘下十六籃板。而柯瑞（三十分）與湯普森（二十五分）仍在水準之上，但勇士隊其他球員幾乎沒有什麼貢獻。格林今晚打得十分全面（八分、十籃板、六助攻），但巴恩斯上場十六分鐘八投不中，一分未得。李文斯頓得了三分，伊古達拉也只拿下五分。冠軍衛冕隊現在跟騎士隊站在同一條起跑點上，騎士隊也成了史上第三支（也是自一九六六年洛杉磯湖人隊以來），在一比三落後的情況下，將總冠軍系列戰逼到第七戰的隊伍。

這股失意讓柯瑞在比賽剩下四分二十二秒，而騎士隊領先十二分時打出了火氣。當詹姆斯搶到湯普森罰球不進的籃板球時，柯瑞伸手抄球，打到詹姆斯的右前臂，使得這名勇士隊控衛犯滿離場。柯瑞對於裁判這次判決十分惱火，於是抓著護齒套，在非故意的情況下把護具朝一群坐在場邊的球迷身上扔。柯瑞被驅逐出場，並立刻向那群球迷道歉（這段時間盧一直站在旁邊哈哈大笑），警衛走上前護送這位MVP離開此刻充滿惡意的環境，當柯瑞往場館通道走去途中，全場球迷不斷用刻薄的言語攻擊他。這是柯瑞繼二〇一三年十二月以來首次犯滿離場，也是生涯第一次遭到驅逐出場。

「這件事讓我失態了，但下場比賽的時候我就沒事了，」柯瑞說，「今晚這場比賽打成這樣，讓我想把悶在胸口的東西宣洩出來，所以演變成這樣。」柯爾又更稍微直接地提出他對柯瑞暴走原因的一些想法。「話先說在前頭，我們不是因爲這次吹判才輸的，」柯爾說，「他們在各方面的表現都優於我們，克里夫蘭理應要贏球的。不過這六次犯規中，有三次無論吹在誰身上都是極不合理的，更別說是聯盟MVP了。」

柯爾被問到他是否接受柯瑞在比賽最後幾分鐘的行爲。「哈，他把護齒套丟出去我很高興，」柯爾說，「他應該心煩意亂沒錯。要知道，現在是總冠軍賽，而且每個人都在場上較勁。每一球都有人犯規，這是體能競技。我只是覺得柯瑞和湯普森，我們執行進攻戰術時，我們會不斷跑動，我們會不斷空手切入，我們的攻擊有自己的節奏。如果他們讓克里夫蘭給抓住，且一直被對方擋住空手切入的路徑，然後又要在聯盟MVP身上吹這些鳥犯規造成犯滿離場，我是不認同的。」

勇士隊正在收割他們在前幾個系列賽中所建立的優勢，格林的禁賽與第六戰完全觸底並未讓他們失去希望。接下來快貸球館已經沒有比賽了，這場比賽結束後沒過幾個小時，球場已經在為下個大型活動（二〇一六年共和黨全國大會）做準備了，場館裡所有大螢幕都調成共和黨的紅色。

金州勇士隊在甲骨文球場還有一場比賽，今年他們在這裡的戰績是五十勝四負，誓要拿下勝利並維持冠軍風範。這會是總冠軍賽史上第十九次第七戰，其中客隊只贏過三次。

「在主場贏得NBA榮冠，」柯爾說，「沒有比這更好的事了。」

距離在甲骨文球場第七戰表定開打時間還有四個多小時，NBA正忙亂著將一切準備妥當。正當一大群電視與有線新聞網工作人員聚集在球場四周，確保光線正確和麥克風準備好收音時，一個製作團隊站在球場中央，練習總冠賽後頒發獎盃以及宣布MVP得主流程，這代表他們得準備兩套內容。最有可能的狀況要先排練：詹姆斯拿下MVP，而金州勇士隊贏得總冠軍。此時，大家都能接受，無論今晚哪隊奪冠，詹姆斯都會獲選為MVP這個事實。在詹姆斯之前唯一以落敗隊球員身分贏得這個獎項的球員是勇士隊執行董事會成員威斯特，一九六九年時，儘管湖人隊與塞爾提克隊拚戰七場後落敗，他還是獲選爲MVP。當時威斯特在該系列戰平均攻下三十八分，傳出超過七次助攻。詹姆斯對上勇士隊這兩場比賽，平均拿下三十・二分、十一・三籃板、八・五助攻、二・七抄截，以及二・二火鍋，不過他在這個系列賽造成的整體影響無法估算，勇士隊只希望能盡可能淡化他的影響力。

當然，NBA當局也得爲騎士隊贏得冠軍的情況預先準備。不過這是他們每年都得做的練習，所以看起來工作人員只是在走個過場而已。

這時所有人都感到有些興奮。今天是六月十九日，父親節下午時分（美國的父親節是每年六月的第三個星期日），總冠軍賽第七戰，季後賽打到能打的最後一場。整個籃球世界的注目焦點，如今都因這場NBA史上最令人期待的比賽之一，而聚焦在甲骨文球場。

無論如何，這都是最後了。

季後賽期間瀰漫在甲骨文球場中的緊張氣氛，隨著開球時間越來越近變得更加狂亂，不過柯爾試著保持情緒平靜。他跟助理教練華頓一起做著比賽日早晨例行性的瑜伽運動。首席訓練員蘭恩傳簡訊報告伊古達拉背部狀況，所有跡象都表明他今天可以上場很久。

柯爾選擇讓艾澤里這位眞正的中鋒取代波格特先發出場，而不是讓伊古達拉繼續先發，直接端出死亡陣容。這是一次豪賭，畢竟艾澤里完全沒有貢獻，總冠軍賽前六場只得十四分，抓下十二顆籃板，不過他是柯爾手頭上唯一剩下的天生籃板好手了。伊古達拉也得在比賽後段擔負防守詹姆斯的任務。新的先發陣容，是由柯瑞、湯普森、格林、巴恩斯與艾澤里所組成，全都是勇士隊在二〇〇九到二〇一二年之間從選秀會中選進來的球員，且全都不高過第七順位，如果他們要再拿下一座總冠軍，這群自家培養的人才，這時得要挺身而出才行。

勇士隊使出渾身解數，打完第一節只以二十二比二十三落後，到目前爲止，他們的三分投射（投五中四）幫了大忙。接下來格林在第二節中段爲勇士隊連拿十二分，把原本兩分落後，到這節快結束時扭轉爲領先四分。中場休息時，勇士隊把領先優勢擴大爲四十九比四十二。比賽步調緩慢且沉重，是騎士隊偏好的節奏，不過格林以二十二分、六籃板與五助攻的表現撐起勇士隊，五次三分出手全數命中，勇士隊距離另一座冠軍只有二十四分鐘之遙。

史密斯在第三節一開始展現火燙手感，在不到三分鐘時間裡連得八分。第三節剩下八分五十三秒時，柯爾決定把巴恩斯和艾澤里換下場拉上伊古達拉，搭配替補中鋒瓦拉喬，只是這個調度完全適得其反。接下來四分鐘半勇士隊摘下一顆籃板（騎士隊則是五顆），發生三次失誤並有四次犯規。從平手變成騎士隊領先六分，雖然勇士隊靠著調整過的死亡陣容（用李文斯頓取代湯普森），在進入第四節時將比數扭轉爲一分領先，但他們看起來已露出疲態。

比賽剩下不到七分鐘時，柯瑞在弧頂位置胯下運球晃過崔斯坦．湯普森後，在二十七呎處出手命中，將比賽打成八十三平手。這是他在第四節唯一拿下的分數，但至關重要。下一次進攻，克雷・湯普森在左邊底線投進一球，這球原本應該是三分球，但他在假晃把尙波特騙起來後，沒有把右腳縮回三分線後。接著格林又搶下了柯瑞沒投進的進攻籃板，上籃再添兩分。比賽時間剩下五分三十七秒，金州勇士隊有著四分領先。

不過今晚的艾澤里狀況極差，詹姆斯利用錯位優勢，在側翼三分線處做假動作製造身體接觸，艾澤里被騙起，往詹姆斯身上跳過去被吹了犯規，騎士隊這位球星三罰俱中。隨後柯瑞在下一波進攻時使出背後傳球，原本是想傳給湯普森的，卻傳到場外去了。「這球很不好，而且他也知道，」傑克森在ABC電視網上說道，「差勁的決定。這幾球都是他得避免的，特別是現在比數這麼接近。」下一回合，格林防守詹姆斯時，崔斯坦・湯普森站到高位掩護，結果艾澤里莫名地再次換防守詹姆斯，詹姆斯從容投出三分長射，讓克里夫蘭取得兩分領先，這是詹姆斯今晚唯一的三分球，不過這或許也是他職業生涯中最重要的一次投籃。

克雷・湯普森從弧頂啓動，以漂亮的身手切入籃下，比賽時間剩下四分三十九秒時雙方打成八十九平手。

接下來三分四十六秒，雙方都未能得分。

甲骨文球場內部，對於兩隊接下來六球都沒投進瀰漫一股發自內心的焦慮。因爲兩隊都沒能摘下任何進攻籃板，場上球員都以光速不斷來回奔馳。

當比賽剩下一分五十六秒時伊古達拉摘下厄文沒投進的籃板球，當機立斷直奔前場打算上籃，看起來這次勇士隊的攻勢可能會有好結果，然而詹姆斯就像頭沒吃早餐的野生掠食動物般在後追趕著。當伊古達拉傳球給柯瑞並從中路往籃下拖車跟進時，詹姆斯從弱邊啓動，從伊古達拉左後方盲區朝他衝去。柯瑞回傳給伊古達拉後，詹姆斯飛躍禁區，把球釘在籃板上。伊古達拉上籃時，爲了閃過史密斯的手有拉了一桿，這讓詹姆斯有些許時間做好躍起蓋下這球的準備。這是詹姆斯本場比賽唯一的火鍋，但立刻成爲震撼全世界的代表性一球。

兩隊看起來都沒辦法再次取分。在美式足球中，會稱這個情況爲「消耗時間」，不過這不是因爲打法消極，也不是計算後的策略。勇士隊這段時間曾有四次三分猛攻，只要有一球投進，比賽情勢可能就會有很大不同，不過這個結果並未發生。柯瑞在剩下一分十四秒時的出手甚至連籃框都沒碰到。盧喊了暫停要爲騎士隊下一波進攻設定戰術，這次戰術能夠決定籃球歷史的走向。

盧要厄文切入上籃。在比賽時間剩下六十九秒，且兩隊都陷入投籃低潮下，這個戰術是要讓厄文拉出空間切入籃下，做出命中率較高的投射。盧也希望讓柯瑞（在他目前靈活度明顯有問題的情況下）防守厄文，不過球傳進場後，卻是湯普森防守厄文。於是史密斯跑過來掩護，迫使柯瑞換防去守厄文。騎士隊做出他們想要的布陣，厄文現在可以從容不迫地切過一個體能受限的防守者往籃下進攻，他可能上籃得分，可能要到犯規，不管結果如何，厄文成功的機率都很高。

不過當柯瑞往後退到足以讓厄文有空間可以施展動作後，這位騎士隊控衛，這位曾在不到五年前的選秀會上因爲緊張而與拉各布小聊一下的球員，在右翼直接拔起投出三分。因爲厄文果斷出手，不管是柯瑞自己的健康狀態、進攻時間只剩下個位數，或只因太過震驚等種種原因，柯瑞幾乎沒有跳起，無助地高舉雙手，且離球還有一段距離。柯瑞站在原地回頭看，球就這樣滑入網中。根據後來《華爾街日報》分析得到的結論，若是加上奪冠機率加權，這是NBA史上最關鍵的投籃。

比賽剩下五十三秒，騎士隊領先三分，這可能等同於三十分領先。

柯瑞帶球過前場，這次勇士隊迫使騎士隊錯防。在厄文防守柯瑞的情況下格林上前掩護，迫使勒夫換防柯瑞。此刻聯盟最優秀的長距離射手得到他想要的防守者，不過勒夫如影隨形地貼著他。柯瑞往右切，再往左切，勒夫都保持安全距離，沒被甩掉。

柯瑞把球傳給格林重打一球。格林再回傳。時間剩下三十七秒。進攻時間來到七秒。柯瑞得快點做些事情。場邊觀衆屏息以待。這位MVP運球往左切，往右胯下運球帶一步，並在二十五呎處出手。

六吋有多長？

不太長，不過半呎會對你的人生造成多大影響？

對柯瑞來說，這代表在第七戰追平比數，和肝腸寸斷這種令人作嘔的現實之間的差別。

當他投出的球往右偏了六吋，打到籃框後落到詹姆斯手中時，勇士隊的命運便已決定。格林在剩下十一秒時以閃電般速度拍打詹姆斯犯規，詹姆斯兩罰中一。在幾乎沒剩多少時間下幾次無力的投籃出手後，比賽時間仁慈地爲金州勇士隊歸零。

九十三比八十九，克里夫蘭獲勝。金州勇士沒能完成尋求歷史地位的壯舉。聯盟得分最強的攻擊陣容在這場比賽最後四分三十九秒完全熄火。在二〇一二年三月，嘲笑拉各布遭受兩萬名觀衆噓聲攻擊的不幸事件的勒夫，再次成了最後歡欣大笑的人。

當席佛對驚訝不已的甲骨文球場球迷致詞，恭喜他們目睹了「NBA史上最棒的球賽之一」時，柯爾也在休息室中向他的球員致詞。「我們一起擁有許多快樂的回憶，這就像是，哇，我們這支球隊確實擁有一段悲傷的回憶。」賽後他這樣說道，「這是個很好的提點，首先，贏得一座總冠軍並非容易的事。不過，正如我所說的，這就是人生。事情就是發生了，你得繼續前進。」

格林與伊古達拉關上門後，互相說了一些鼓勵的話，不過整支球隊實在太過震驚，無法消化這一切。湯普森三分球投十中二，回答前四個問題時，只能用各種說法說出「我不知道。」上場十一分鐘一分未得的艾澤里，說了兩次，「只是運氣不好罷了。」

伊古達拉說勇士隊會差那麼一點，是因爲克里夫蘭註定獲勝。大家請他詳細說明爲何他會這樣想。

「因爲這是上帝的旨意。」

騎士隊獻給克里夫蘭五十二年來第一座總冠軍，他們成爲繼一九七八年華盛頓子彈隊以來首支在總冠軍戰第七場獲勝的客場球隊。詹姆斯拿到生涯第三座MVP，成爲首位在單一系列賽中，得分（二〇八）、籃板（七十九）、助攻（六十二）、抄截（十八）與火鍋（十六）全數領先兩隊所有球員的人。詹姆斯的二十七分、十一籃板與十一助攻，讓他成爲第七戰第三位拿下大三元的球員。且在勇士隊剛在西區冠軍賽擊敗雷霆隊，成爲第十支曾在一比三劣勢下逆轉勝的球隊後，現在騎士隊成了第十一支。

「除了你有多以這支球隊爲傲，以及當你勝利時，就有理由可以瘋狂慶祝外，其實沒什麼好說的，因爲這眞的很困難。」柯爾說，「我們走到了最後，但這就是人生。」

格林第七戰的表現（三十二分、十五籃板與九助攻），或許是他生涯最棒的一場比賽，不過他只能看著這優異表現孤芳自賞了。柯瑞總冠軍賽共投進三十二顆三分球，不僅寫下總冠軍賽的紀錄，也平了自己的NBA單次系列賽紀錄，不過他關鍵第七戰只拿下十七分。湯普森四輪季後賽總共投進九十八顆三分球，平了柯瑞去年創下的紀錄，但這場只得十四分。巴恩斯以僅僅十分的平凡表現結束這次季後賽。八十九分是勇士隊整個季後賽得分最低的一場比賽，而他們在季後賽吞下九敗，與他們打了八十二場例行賽拿下的敗場數相同。回到球場上爲騎士隊慶賀前，柯瑞在休息室中，雙手抱頭，試圖克制情緒。「看著他們慶祝感覺很差，但願在場上慶祝的是我們，」他說，「不過在一切結束這天，得恭喜他們完成他們著手去做的事，這對我們來說是個很好的畫面，讓我們整個夏天和下個球季都能牢記此事，讓我們能夠強勢回歸。我們能做的就是如此。」

「我會爲這一切責怪自己，」當被問到在第五戰缺席造成的影響時，格林說道，「我就是這種人。我認爲對於一名領袖來說，這十分重要。嘿，我不是害怕承擔過錯。我確實認爲這是這個系列賽風向轉變的原因，但事情就是發生了。往前走吧……我從中學到教訓，而且我會變得更好。不過我不怕承認這是我的錯，我覺得就是這樣。這不會是你們最後一次在這裡看到我們。」

官方媒體聯訪結束後，我希望能再往勇士隊休息室裡瞧一眼。當我走過親友休息室時，看到場館警衛把一堆酒精飲料和調酒用具用推車運出去，有很多酒瓶還是滿的。

就在我要轉身通過走道前往勇士隊休息室時，一名警衛用手戳了我的胸部一下：「嘿，你要去哪？」

我看到休息室的藍色房門是關著的，附近幾乎沒人聚集。通常會有一群來祝賀的人、經紀人、童年玩伴和家庭成員待在這裡，不過今晚已經全都走人，一片死寂。幾天前似乎確定會舉行的慶祝活動，絕對不會辦了。

「不會有人走出來了，」警衛補充說，「他們離開了。」

CHAPTER 12

獨立紀念日

2016夏天

我們一直處於「測試」的狀態之中。

第七戰結束後走出甲骨文球場，此時距離球迷離場已經過了幾個小時之久，我的心神飄到柯爾在一九八八年最後四強輸給奧克拉荷馬大學，當時他投十三中二的表現，讓亞利桑那大學失去首度打入NCAA冠軍賽出場機會時，在賽後所說的話。

> 我將永遠因爲我們輸掉那場比賽責怪自己。我不會哽咽或哭泣。我只是那天籃子不準。我是名射手，而我的準心在最糟糕的時候跑掉了。
>
> 我會從失敗中重振旗鼓，在更多比這場更重要的比賽中取勝。

我認爲無論勇士隊這支球隊的未來如何，沒有其他教練更能讓他們從這個美國職業運動史上最罕見、最具毀滅性的失敗之一走出來了。從來沒有NBA球隊在總冠軍賽取得三比一領先後遭到逆轉，而且這支七十三勝的勇士隊，隊上還有令他們引以爲榮的史上首位全票MVP，這都是史上首見。

因爲他們以如此微小的差距敗下陣來，讓人很難不去責備柯瑞，即便他只是拿出跟平常差不多的進攻內容，對於這支球隊在追求一座歷史性象徵意義的冠軍金盃上，都會有重大幫助。可惜這位MVP一反常態地低效率，出手十九次只拿下十七分，而且第七戰時柯瑞跟例行賽時相比，幾乎是位完全不同的球員。這位NBA抄截王，拖著受傷的腳，幾乎無法在外圍做好防守，至少這個夏天能讓他喘息一下，接下來他在主持年度兒童夏令營後，會回去接受佩恩的訓練。很快地，下個球季又要來臨，嶄新的爭奪冠軍之旅即將展開。

柯爾想說，自己原本可以做出截然不同的決定，也許他認爲勇士就如同去年面對布拉特領軍的騎士隊一樣，但柯爾面對的是盧這位有適應能力的教練，而且盧的每位球員在每個攻防都試圖找出勝過每一個勇士對位球員的方法。雖然兩支球隊都各有一位好用的綠葉球員，但到了總冠軍系列賽，最後卻起不了作用——金州勇士隊是史貝茲，克里夫蘭則是佛萊，而且勇士隊在第五戰失去先發中鋒波格特後就顯然撐不下去了，縱使柯爾希望瓦拉喬的傳球和艾澤里的籃板能夠補上這位澳洲佬的空缺。總冠軍賽結束後四天，柯爾終於看了第七戰的影片，且心中不斷縈繞著他所看到的景象。比賽後段，勇士隊在禁區完全無計可施，每次進攻都是在外線投籃。這份壓抑讓勇士隊喘不過氣，當比賽陷入膠著時，他們回到最糟糕的習性中，這些柯爾在改寫歷史的例行賽期間沒有點出的錯誤，到最後終於回過頭來啃噬他們。但至少到了訓練營開始時，有時間把這些缺點矯正過來。

到時候，勇士隊看起來會是什麼模樣呢？贏得總冠軍後，他們的球員幾乎沒有更動，不過這次休賽期狀況截然不同。開季時，艾澤里和巴恩斯都拒絕了球隊提出的延長合約，成為受限自由球員，代表勇士隊可以匹配任何報價。巴伯沙等板凳球員，會成為非受限自由球員。波格特進入最後一年合約，柯瑞也是。勇士隊在選秀會上選進瓊斯（Damian Jones）這位來自范德比大學的中鋒，並付給密爾瓦基公鹿隊兩百四十萬美元，拿到公鹿隊第三十八順位的二輪選秀籤，並用這支籤選進麥考（Patrick McCaw）這名內華達大學拉斯維加斯分校出身，六呎七吋的後衛。透過選秀，勇士隊獲得一定程度的補強，不過這支球隊還需要更多。

勇士隊會尋找哪種自由球員，取決於他們在薪資上限下還有多少空間可以運用。在其他年，金州勇士隊可能沒什麼空間可運用，不過他們走了好運，那年夏天薪資上限從七千萬增加至九千四百一十萬美元，這是由於鉅額的電視轉播權利金注入NBA的大水庫。當時ESPN與TNT電視台在二〇一六年二月簽下一紙九年，兩百四十億美元的合約，以延展他們的轉播權，也代表籃球相關收益（BRI）大幅增加。且根據集體談判協議，球員能拿到BRI五成金額。

在增加了這樣的金額之前提下，NBA提高薪資上限，確保一定數量的BRI用在球員薪資上，不過球員工會得決定薪資是否要「和緩地」上升，換句話說，是要隨著時間逐漸增加，或是快速、劇烈地提升總金額？權衡下，工會希望其成員盡快拿到錢，所以和緩上升這個方案就不在討論之中。因此，從二〇一五—一六年球季到一六—一七年球季，薪資上限調升了三四％。

這意味著二〇一六年夏天，所有球隊都突然多出一筆錢可花。且因為每支球隊都需要達到薪資下限，差不多是上限的九〇％，或者是八千四百七十萬，球員薪資以前所未見的方式如火箭般一飛沖天。

拉各布已經準備好無論該怎麼做，都要保持勇士隊的菁英陣容，並決心把第七場吞下敗戰的慘劇，轉化為正向動力。「失敗眞的很重要，」那年秋天，拉各布說道，「你得在某些時間點失敗。你得知道失敗、沒能成功，遭受批評是什麼感覺，感覺有多可怕。然後下次你才能夠承受這種感覺。」總冠軍賽失利讓他崩潰了……一個小時，然後他就開始思考接下來的選秀會，以及（尤其是）有人記得的話，他們之前討論過的，追求球員市場「大物」，也就是所有自由球員中最重要的球星：凱文．杜蘭特。

身為奧克拉荷馬強大（且深具天賦）的大前鋒，杜蘭特九年職業生涯全都待在這支球隊，現在他正式到自由市場試水溫了，而勇士隊相信他們將比其他球隊更有可能延攬他。招募杜蘭特一事，在勇士隊內部已經討論兩年之久，因為金州勇士高層人士認為無論季後賽席位如何變化，他們都會有一席之地。

這個球季打到一半，大家便熱烈討論著杜蘭特會去金州勇士隊這個說法，熱烈到二月初雷霆隊到訪甲骨文球場時，杜蘭特被迫要直接對這項猜測提出看法。「很難知道你們心裡在想什麼，」他在客隊休息室裡說道，「事情接下來會怎樣發展還有很多的不確定，因爲我還沒想到這麼遠，我只是試著專注在打好比賽上。當我全神貫注時，我會試著一天比一天更好，試著上場並幫助隊友，我認爲這就是我的思緒總是能保持專注的原因。時機若對，我會做出決定。」

幾個月後，場上情勢並沒有運作得更好，杜蘭特和勇士隊都在季後賽遭受令他們心碎的結果，不過經濟上轉爲對勇士隊有利，則是純粹的意外。湯普森在二〇一四年簽下頂薪合約，但柯瑞二〇一二年時的延長合約則是對球隊十分友善。格林二〇一五年簽下的合約還不到頂薪，他打了約一千一百萬美元的折扣。所有省下來的錢加起來，加上薪資上限陡升，在自由市場掀起一陣極大的風暴（ESPN記者佩爾頓〔Kevin Pelton〕將這個事件命名爲「歷史性的偶然」）。

杜蘭特加入勇士隊，從而創造出一支現代超級球隊，看似不可行，但似乎說得通。柯瑞執掌球隊這兩年，勇士隊的進攻無比強大，而杜蘭特（補上離隊的巴恩斯的位置）只會放大他們的進攻優勢。死亡陣線中誰要跟柯瑞和湯普森配合擋切戰術呢？把擋人的球員從格林換成杜蘭特，現在你猜防守者要怎樣在一次進攻內防守全NBA最棒的兩位純得分手呢？柯瑞的立定跳投，還是杜蘭特具統治性的單打？還有湯普森的接球後直接投籃、伊古達拉的底角三分，或是格林的空手切入呢？在最佳狀態下，這支擁有四位三十歲以下的全明星球員，以及一名總冠軍賽MVP的勇士隊，無人能擋。這代表著要放掉艾澤里和巴恩斯，並找到願意接收波格特與他那一千兩百萬薪水的球隊。不過ESPN預測（有杜蘭特的）勇士隊會拿下七十六勝，且當杜蘭特坐在家裡，在他的經紀人克萊曼（Rich Kleiman）陪伴下觀看總冠軍戰第七戰時，十分憧憬能站在那個球場上。

勇士隊很清楚要拿到下座冠軍仍有風險，並非理所當然。柯爾準備了一段影片集錦，準備讓杜蘭特看看他有多麼符合柯爾的攻擊戰術。這支球隊與NextVR這個位於南加州，古柏爲其董事會成員的虛擬實境公司合作，製作一段模擬杜蘭特成爲勇士隊一員，從場館通道跑出來，踏上甲骨文球場，在柯爾講解戰術時跟大家圍在一起的影片，背景音樂是加拿大饒舌歌手德瑞克（Drake）的饒舌：

因爲我進到一支眞正強大的球隊/他們需要一些眞正的大戒指/我們剛提到球隊嗎？/喔，你想換邊站嗎？/想跟我一起嗎？

在紐約市度過一晚後，勇士隊衆人前往杜蘭特在漢普頓租下的房子，到訪的八人爲：拉各布與柯克、邁爾斯、柯爾以及死亡陣容的四位全明星球員。杜蘭特這邊，有克萊曼、跟杜蘭特有多年情誼，他十分信任的前NBA球員貝爾（Charlie Bell）以及杜蘭特的父親普拉特（Wayne Pratt）。

大家聊了兩個小時，突然間勇士隊的未來以自由落體的速度下墜，一切充滿了不確定。

邁爾斯認為勇士隊把他們的機會搞砸了。確實，他們在這次自薦會面上把能做的都做了，不過杜蘭特不可能跟他們簽約，這件事就是不會發生。

邁爾斯回到岳父位於南太浩湖的家中後，到了七月四日早上，他在房間裡踱步，腦中不斷重新思考這件事。這次會面並沒有完全照他們計畫的進行，虛擬實境裝備會讓杜蘭特體驗到身為勇士隊的生活嗎？這個計畫從一開始就有問題。後來，克萊曼跳進來掌控情勢：「為什麼你們這些人會想要杜蘭特？」

從這時開始，每個人都改變他們的策略。柯瑞聊說怎麼樣投球更順，以及別去在意是誰吸引了眾人的目光。二〇一二年曾經跟杜蘭特並肩作戰在倫敦拿下奧運金牌的伊古達拉，向杜蘭特強調加入勇士隊也代表迎向他人生中最有趣的生活。正當拉各布坐在杜蘭特父親身旁時，柯爾放了一些賽事影片，讓杜蘭特知道自己會怎麼替他設計進攻戰術。格林告訴杜蘭特不要為了鄉民的反應而感到焦躁不安，這會讓他做起事來綁手綁腳。「只要知道你不是孤軍奮戰就好，」格林說，「你會收到一些反對意見，而我們會跟你一起承擔。」湯普森則反覆強調杜蘭特的到來，會為湯普森創造出前所未有的大空檔，再將話鋒轉回到杜蘭特也會如何因此獲益，當時大家都笑得很開心。杜蘭特的代表問起矽谷的生意機會，勇士隊這邊也給杜蘭特看了新的舊金山體育館設計圖。大家開誠布公地聊了差不多一個小時，球員們又聚在一起聊聊自己的事，又聊了一個小時。杜蘭特事後說看起來好像大家是一起牽著手走進他家客廳的，他能夠感受到大家真摯的友情。

最重要的是，那天下午杜蘭特的話不多。與杜蘭特和他的代表人道別後，邁爾斯在前往球隊專機時，不是真的很清楚該怎麼思考這件事。用信心量表從一到十來看，邁爾斯跟我說他覺得大概是三：「他實在很安靜，他們連一張牌都沒亮出來。」

這場會面是在星期五下午，一直到週末還有幾支球隊會來（雷霆隊在六月三十日時跟杜蘭特面談了五個小時，星期天下午還會再做最後嘗試）。勇士隊衆人飛回西部，拉各布回到他位於蒙大拿的避暑別墅，柯瑞和伊古達拉去芝加哥，邁爾斯去南太浩湖，不過這次招攬行動從未眞正停止，邁爾斯會確保勇士隊會持續追蹤進行所有有助此事發展的方法。

那天晚上，柯瑞傳給杜蘭特一則邁爾斯說是「我見過最棒的文字簡訊。」柯瑞向杜蘭特衷心保證杜蘭特會跟他們很搭，他們眞心想要他加入，沒人會在意外界的看法或是數據上的犧牲，重要的是贏得總冠軍。杜蘭特也接到奈許（他們是認識很久的朋友）和威斯特的電話，兩人跟杜蘭特講了半小時，連聲惋惜他多次在總冠軍賽中失利的事（杜蘭特曾在總冠軍賽輸過一次，是在二〇一二年時對上詹姆斯帶領的邁阿密熱火隊），並跟他說，要他想像被視為一位偉大全能球員的歷史地位，並暗示金州勇士隊能爲他多樣化的技能提供更豐富的資源。

在內部，威斯特會強力推動招募杜蘭特一事，是因爲確信得到杜蘭特能夠解決勇士隊最明顯的問題之一，也就是他們隊上最棒的得分手站上罰球線的次數不夠多。站在外線時他們確實十分致命，不過當打到季後賽後段賽程時，也許身體或精神，或兩者都已經累積了相當程度的疲勞，威斯特知道無論何時，都能靠著往籃下切、製造身體接觸，並靠著站在罰球線後自由投球拿下分數。柯瑞這個球季平均每場比賽罰球數爲四．六次，是NBA史上單場平均得分超過三十分以上球員第二少的數字。第七戰那些處於低潮的時刻，威斯特看到這支勇士隊變成完全靠看天吃飯的三分長射隊伍。而如果有個像杜蘭特這樣的球員，在勇士隊又一次落入這種冒險的策略時，將能扮演球隊的防護罩。

由於以上原因，威斯特敦促杜蘭特隔絕外界的噪音。「杜蘭特，」威斯特說，「就跟著你的心走吧。」威斯特待在勇士隊這五年來所提供的建議，爲球隊帶來數不盡的好處，不過他這天打給杜蘭特這通電話，就是拉各布雇用他時最希望他去做的事。「**無論是在矽谷或是在籃球界，你就是不斷地在招募人**，」在徵招威斯特協助說服杜蘭特一事上，拉各布這樣說，「你會用盡手上所能調度的一切，希望能說服這位當事人加入。」拉各布也在精挑細選下，找了幾個前勇士人打電話給杜蘭特，爲球隊擔保。

邁爾斯在七月三日星期日下午，收到勇士隊可能是得到杜蘭特的幸運兒的第一條線索，當時杜蘭特打給他說想要聊聊。邁爾斯讓杜蘭特在線上稍等，立刻打電話給拉各布，並轉接給他。這位老闆正在他位於蒙大拿別墅外頭的湖上搭著船，不確定接待員能否轉給他。這通電話邁爾斯記得比較清楚的地方是，杜蘭特說了類似「所以等我到了」的話。邁爾斯打給拉各布確認他沒有發神經且聽到相同的內容。在兩邊都無法完全確定的情況下，在這個時間點抱持希望，是一件危險的事，他們已經開始進行應變計畫了。即使星期日晚上陸續傳出杜蘭特傾向加入金州勇士隊的小道消息，邁爾斯還是決定等他們正式來電，而那將是隔天早上了。

最後，七月四日太平洋時區上午八點左右，這天是美國獨立紀念日，在岳父家外頭（距離他二〇一三年時接到確認伊古達拉合約完成電話的地方不到五十呎）來回踱步的邁爾斯，手機響了起來。

是杜蘭特的經紀人克萊曼，「你有時間跟杜蘭特說話嗎？」

「當然。」邁爾斯決定定下心來，等著收到壞消息。

杜蘭特在線上，「我只是想對你說，你們是個一流組織，而我十分感激你和你們所有人所做的這一切，不過」邁爾斯的大腦不斷繞著「不過」兩字打轉。

「喔老兄，揭曉吧，」邁爾斯心想。

「不過，我會加入勇士隊。」

邁爾斯高興到不行！他感謝杜蘭特後，掛上電話，接著又放聲大吼慶祝此事，還讓鄰居跑來問他還好嗎。邁爾斯趕忙在這個消息公開前打給拉各布，當球隊總經理在當地時間上午九點二十分打電話告訴他，勇士隊成功與這位自由球員市場上最大咖的球員簽下複數年合約時，他正坐在他位於蒙大拿的別墅外頭的湖邊庭院。原本拉各布已經打包好行李，準備坐噴射機前往漢普頓，看能不能在杜蘭特猶豫不決時幫上忙。準備好隨時待命的駕駛員，現在可以下機休息了。

「我是在這裡長大的，」邁爾斯說，「我只是無法理解有此才能的球員竟然會選擇我們。我們是一支球員幾乎全由自家培養的隊伍。在我們得到杜蘭特前，柯瑞是選秀會上選進來的；湯普森是選秀會上選進來的；格林和巴恩斯是選秀會上選進來的；伊古達拉是以自由球員身分加入的。我從未想過，我們能夠吸引像他這樣的球員加入，而且在要吸引任何一名自由球員加入都是十分困難的前提下。老實說，『懷疑』可能是最常出現的情緒。」回首二〇一一年，他們還興致勃勃地想簽下像是小喬丹等受限自由球員並提供報價，如今勇士隊已經是大家首要的落腳目標，能夠吸引到最大牌的超級球星。

杜蘭特在與邁爾斯通話後打電話給雷霆隊的總經理普雷斯蒂，告訴他這個消息。對話簡短，但杜蘭特邊說邊落淚。差不多同一時間，貝爾傳簡訊給格林，格林正躺在密西根州一間旅館的床上。「讓我們把它拿下吧。」簡訊語帶玄機地寫道。湯普森正在睡覺，他收到這個消息後開機看了一下，接著又回去補眠。不過全國各地的球迷（與媒體）都瘋狂更新「球星看台」（The Players' Tribune）網站的頁面，這則消息，是在這個網站宣布的。

隨後，新聞發布了。

標題寫著〈我的下一章〉。這則新聞稿甚至出動攝影記者採訪，在漢普頓實地拍攝。這篇新聞稿共三百五十一個字，採用第一人稱角度敘事，而這篇文章，改變了現代ＮＢＡ：「我決定加入金州勇士隊。」太平洋時間上午八點四十分，勇士隊的球員們用祝賀簡訊互相轟炸。聯盟許多球員都開始在推特上發表對此事的看法。在夏威夷，太陽尚未升起，瑪歌特看到這些新聞時把丈夫柯爾踢醒。

隔天邁爾斯就飛回漢普頓待在杜蘭特身旁，多認識一下他和他最親密的親友。邁爾斯的妻子克莉絲汀問他現在要去哪。「這件事有點重要，」邁爾斯說，「我認爲我該走了。」因爲球員無法在這三天內簽約（譯按：每年七月一日後自由球員市場開放，球隊可以開始與球員商談，但七月八日才能正式簽約，在這段期間只能口頭約定），這其中還有些風險在，而邁爾斯後來才意識到，他回去找杜蘭特一事，可能是個讓事情變得更複雜的不必要舉動，但他和杜蘭特相談甚歡，在用餐時聊了很多籃球、他們各自的職業生涯，以及所有他們想到的事情。

當他們飛回奧克蘭簽約，並第一次接受媒體訪問時，邁爾斯問杜蘭特是否知道，他被當時電話裡的那句「不過」折磨得心焦。這位剛加入的勇士人說他可能會嘗試這樣稍微惡作劇看看，但他知道自己有通更麻煩的電話要打（打給雷霆隊的總經理普雷斯蒂），所以其實當下並沒有開玩笑的想法。

七月七日，杜蘭特在勇士隊的訓練設施內與數百位球迷會面，提到他對自己身處一支這麼有潛力的球隊感到十分幸運。柯爾與邁爾斯也跟他一起站在台上，這時杜蘭特過去進入雷霆隊前兩個球季時的防守教練亞當斯，就坐在第一排且笑容滿面。亞當斯離開雷霆隊，先是到公牛隊，再到勇士隊這些年來，他們兩人都保持密切聯繫（西區冠軍賽第七戰結束後，亞當斯把杜蘭特拉到一旁告訴他，他已經成爲一名令自己十分驕傲的球員了）。且在杜蘭特那天上午第一次抵達勇士隊總部時，亞當斯跟平常一樣泰然自若地站在那裡，等著要給杜蘭特來個大大的擁抱。

「重要的是——可長可久的是，這項比賽，這項籃球賽事，」杜蘭特說，「大家以正確的方式進行這項比賽。」早上行程結束，杜蘭特準備換衣服，在設施另一頭封閉不讓人參觀的場地投籃時，拉各布站在另一側接受一群記者提問。我問拉各布還有哪些類似威斯特的優勢，讓他更「接近」確保這次的簽約案成功。拉各布對於我的措詞感到十分憤怒。「這樣說不對，他就是這整個過程的一部分，」拉各布說，「最重要的角色是邁爾斯，他是主導這項任務的人，且在蓋棺定論時，這一切將追溯至他的招募動作，也應當如此。這是他的工作。球員是最重要的資產，而威斯特確實也是幫助球隊的資產。」最終，最重要的就是杜蘭特來到了奧克蘭。經過兩小時的記者招待會，在合約正式簽訂後，勇士隊在官網上賣出超過一千件杜蘭特的球衣。

接下來幾天，批評杜蘭特叛逃的言論持續不斷且無比激烈。無論是退休（米勒、巴克利）或現役（皮爾斯）球員，都認為杜蘭特這麼做是缺少忠誠度的行為。奧克拉荷馬當地媒體更是對杜蘭特毫不仁慈，甚至連NBA主席席佛都為此次爭議提出看法。「就杜蘭特這個事件，我絕對尊重他的決定，一旦他成為自由球員，就能夠選擇手上所有的機會。在這個案例中，他完全按照這個系統的運作方式來進行，金州勇士也是如此，」席佛說，「話雖如此，我確實認為，為了維持我曾討論過的那些原則，創造一個讓每支球隊都有競爭機會的聯盟，我確實認為我們需要重新檢視這個系統之中的一些要素。」（拉各布在隔天出席拉斯維加斯夏季聯盟時，做出簡短回應：「就讓他們說去。」）

自由球員市場開市後不到一天，NBA史上最高的七筆球員合約，就有五筆達成口頭協議，大家對於NBA這種新的經濟現況都有著高度興趣，似乎每個人都有自己的看法。「杜蘭特前往加州的舉動感覺像是某種算計，」《紐約時報》寫道，「矽谷已經重製或是正在重新建立每個爲人所知的產業，所以爲何NBA應該跟其他產業不同呢？」

SB Nation網站有位寫手推斷，某程度來看，杜蘭特的舉動讓詹姆斯成爲眞正的主流：「金州勇士隊現在建立了一個運動界終極邪惡存在的角色，至少可說是支無懈可擊的超級強隊，而在下個球季與之對抗，且最後目標遠遠超過拿下球季總冠軍的任務，就落在能夠阻止他們的詹姆斯身上。除非下個球季，大家大幅扭轉了對勇士隊的看法（不太可能），詹姆斯會發現自己的課題，就是從這支隊伍所代表的意義上，來捍衛籃球這項運動。爲錢打球的球員、科技業那惱人的大筆投資、骯髒的小動作、攻擊下部……這些現在不只是我們的死敵，也是詹姆斯的。」

媒體瘋狂分析杜蘭特的事情，不是現在才發生的。多年來，他早已建立起身爲詹姆斯的陪襯這樣的形象——詹姆斯是個更狂野、更令人血脈賁張的運動員象徵，而杜蘭特（儘管他是華盛頓特區人），則是謙遜、中西區的另類存在。

不過正如記者克拉格斯（Tommy Craggs）於二〇一〇年在《石板》雜誌上所寫的，這類對於杜蘭特的敘述，通常是以虛僞的角度建立的：「他是我所見過最純粹的得分手，而且你可以把他跟NBA歷史上其他擁有個人風格的優秀得分型前鋒，像是丹特利（Adrian Dantley）、金（Bernard King）、英格利許（Alex English），甚至是葛文（George Gervin）相提並論，除了他在二十一歲時，可能就已經比這些球員優秀了以外。跟當代其他球員相比，他確實更憑本能打球。舉例來說，安東尼（Carmelo Anthony）進攻時會刺探步、刺探步再刺探步，就像是在持球進攻時要先醞釀一陣子般。杜蘭特則是觀察、思考，然後攻擊。進攻上，他完全沒有謙遜、低調或親切這種事情。」

不意外，最大聲替杜蘭特辯護的就是新隊友格林，格林總是急著發表意見，不過這次他非常精明地仔細剖析了現代運動員的角色。「有人從蘋果電腦離開轉投效谷歌時，沒有人會抱怨。」格林說，「他們不是競爭公司嗎？某個CEO離開蘋果電腦前往谷歌，沒人會對這件事說些垃圾話。身爲一名籃球員，你就是這個產業裡的CEO。你就是一個生意人。杜蘭特是個大生意人，他就是那門生意的CEO。所以他會爲其他球隊打球，這位CEO決定離開他原本的地方，到其他地方發展。」

「不過聯盟裡有很多人笨到不會這樣思考。他們不會從生意面來思考。這種事情每天都在發生。不過一講到籃球，這就成了問題。如果你替蘋果電腦工作，你白天工作時沒有拚命奮戰嗎？你沒想過要跳到谷歌嗎？在籃球場上這又有什麼不同？這是你的工作，你會想要做對你來說更好的工作。」

此外，這樣做也最符合杜蘭特的利益，他也想贏，想知道站在他從未站上過的至高點的感覺。「我整個人生一直都是第二名，」二〇一三年杜蘭特這樣對《運動畫刊》說，「我在高中是第二棒的球員。我在選秀會上是第二順位。我有三次在MVP票選上排名第二。我在總冠軍賽上得過第二名。我已經，厭倦排名第二了。」

「我不要再勉強接受這些事情了。我受夠了。」

里約奧運即將來臨，杜蘭特無法長時間待在灣區，不過在巴西的三個星期，能讓他跟未來的隊友，像是格林和湯普森並肩作戰，他們早已公開說明他們是如何看待杜蘭特的到來所帶來的改變（「我們都希望彼此合作順利，不過我什麼狗屎都不會犧牲，」杜蘭特對雅虎運動網站說，「因爲我不會改變打法。我仍然會繼續試著進攻籃框、把球投進、上前掩護。我希望每場比賽都能贏球而且打得開心。」）。

感謝幾個月前發生的幾個偶然的變數，美國奧運男籃表演賽有一站會於七月底在甲骨文球場舉行。這時距離那場駭人的總冠軍賽第七戰只有五個星期，距離杜蘭特投奔灣區也只有三個星期。這天晚上球迷聚集在此歡迎他們的新球星，並感覺到六月受到的傷正在癒合。這場比賽前一個星期，提到了第七戰失利時，球隊總裁威爾茨說杜蘭特此次簽約，是「NBA史上最棒的安慰獎」。

下午五點二十四分，杜蘭特在助理教練亞當斯陪同下第一次來到甲骨文球場，不過這次並非穿著藍金相間的勇士隊球衣。柯瑞、伊古達拉與邁爾斯坐在場邊當觀衆，不時忘情地大笑。開賽六秒鐘，杜蘭特就投進這場比賽的第一球，是在左翼接到，嗯，厄文的傳球在三分線外出手。第一節杜蘭特拿下十分，全場拿下十三分，美國隊以五十分差距擊敗中國隊。賽後，有約兩千位球迷圍繞在場邊，只爲了一睹自從總冠軍從手上溜走後，首次公開亮相的柯瑞。

「我不是要說謊，但看到這些球迷像這樣替我打氣，感覺有一點怪怪的，」賽後杜蘭特說道，「畢竟我在某個地方打了這麼久的球，然後又做出了改變，不過這種感覺眞的很棒。我很感謝所有來到這裡並享受我們的比賽的所有球迷。不過，老兄，這樣眞的很酷。這種感覺很不一樣。」

在勇士隊訓練營開幕前兩個月看到杜蘭特在此現身，讓目前的情況有了眞實感，而他會如何融入柯爾的戰術，則是讓所有籃球戰術迷們感到無比興奮。柯瑞與杜蘭特二〇一五－一六年球季時，在眞實命中率與球員效率指標這兩項數據都排在前兩名。過去四個球季，柯瑞、湯普森與杜蘭特在三分球上分別排名第一、第二與第十二名。二〇一五－一六年球季有超過三十次單打機會的球員中，杜蘭特是每回合拿下最多分（一．二三）的球員。在定點投籃項目，柯瑞每回合得分排名第二、湯普森是第二十二，杜蘭特是第三十九。有格林站中鋒策應，以及伊古達拉的多工，死亡陣容會因其優異的無球跑動、反身切入與擋切，成爲籃球界中一股無法阻擋的強大力量，讓對方教練在比賽前一天晚上先嚇出一身冷汗。他們能夠在內線或外線、單打或動態跑動中不斷傳球，直到某人（或者任何人）有空檔爲止。他們能無止盡地換防並且有自信能守住交換後的對手。正如柯瑞所知，這個陣容一個晚上只能上場大概十二到十五分鐘，因爲球員的負擔實在太大（特別是得打中鋒的格林），不過這個史上最令人望而生畏的五人陣容之一，也只占了這些球員上場時間三分之一罷了，無怪乎勇士隊一開季就能打出令對手頭昏眼花的攻勢。

訓練營開幕幾週後，勇士隊獲得史丹佛大學商學院所頒發的「最佳企業獎」（又稱ENCORE獎，先前曾獲獎的公司有蘋果、Google、特斯拉、亞馬遜等）。拉各布那天晚上提到，獲得這個獎項，跟他一年多前拿到總冠軍代表的意義相差不遠：「事實上，**我們不僅僅是一支籃球隊。在如今這個時代，我們不僅止於此，我們是運動、媒體與科技的綜合體。**」兩個星期後，在勇士隊媒體手冊上，你翻到第五頁後可以看到拉各布手上拿著ENCORE獎的照片。

這一年獲得的獎項與成就，來到了幾乎沒有體育團隊經歷過的最高點。除了柯瑞贏得全票MVP；柯爾獲得年度最佳教練的榮譽；勇士隊也在三月時榮獲史隆管理學院運動分析論壇的最佳分析組織獎，肯特．拉各布與傑爾范德前往受獎（正如《運動畫刊》所寫的，「每個討論小組簡報似乎都提到這支球隊，他們產生敬畏就跟產生積分一樣容易。」）勇士隊是NBA線上直播訂閱平台 League Pass 最多人訂閱的球隊，而柯瑞的球衣銷售量也在全美四十八個州排名第一——猜猜看是哪兩州例外？俄亥俄州和奧克拉荷馬州（譯按：俄亥俄州是騎士隊主場所在地，奧克拉荷馬是雷霆隊所在地）。三月時，《財富》（*Fortune*）雜誌發表「全球五十大傑出領袖」名單，柯瑞與柯爾兩人並列第十五名，是除了阿拉巴馬大學美式足球教練薩班（Nick Saban）外，唯一獲得這項榮譽的體育界人士，且只落後U2樂團主唱波諾（Bono）一名。

二〇一六年五月，美國體育商業媒體《運動商業期刊》（*Sports Business Journal*）報導指出，勇士隊的價值，根據部分股權銷售的金額評估，約爲十六億美元，代表拉各布與古柏在**不到六年時間，將球隊的價值，從他們原始購買金額提升了二五六%**。而球隊私人投資，位於舊金山，擁有一萬八千個座位的大通銀行中心體育館（Chase Center），確定會在二〇一七年初破土動工，將於二〇一九年秋天正式啓用。同一個月，這份刊物也在三年內二度將勇士隊選爲他們的年度最佳體育隊伍，選擇標準是看勇士隊在場上獲得的成就，同時還有經營的狀況。**季票續約率達到九九%，當地電視轉播收視率爲全國最高，社群媒體的曝光率在一年內提升超過兩倍，從新企業夥伴獲得的收益也提升二〇%**。無怪乎，拉各布獲選爲年度最佳體育球隊擁有人。

勇士隊，在許多方面，都成了其他職業體育球隊的模範。靠著拉各布的精神喊話，以及古柏的監督，這支勇士隊成功、獲利、深受喜愛且可長可久。他們靠著明智的抉擇與不害怕創新走到這裡。正如古柏本人在二〇一六年三月於史丹佛大學舉行的一次研討會上所說的，「**我們一直處於『測試』的狀態之中**。」只要把這種態度當成最先且最重要的事，金州勇士隊就會保持不只是在體育界，而是在整個商業世界中身爲菁英組織之一的地位（有「ENCORE獎」認證）。在二〇一六—一七年球季即將來臨時，邁爾斯被問到如何讓金州勇士隊保持長期成功，他們是否眞的能夠成爲，像是新世代的聖安東尼奧馬刺隊，總是不斷補充戰力，且無論新趨勢如何興起，似乎都對他們免疫呢？「我認爲我們正朝著正確的方向前進，但得要小心，因爲在體育界，風向眞的轉變得很快，」邁爾斯說，「一次受傷，一次決定——現在看來一切順利，不過風向可能馬上就變了，所以要保持謙遜，繼續做現在做的事，並希望人們意識到你的付出，這就是職業運動。你覺得自己已經搞懂這一切了，隨後，幸運、不幸，什麼都有可能提醒你，我們很容易受到一次低迷的影響。」

「我們都想享受這段旅程，看看我們能走多遠。」

現在是上午十一點，奧克蘭一個下著毛毛雨的早晨。勇士隊正前來此地，爲無盡的休賽期畫下句點。這天是十月二十五日，勇士隊將著手在這年拿下比他們想像中更大的報酬。爲了達成這個目的，所有人保持平常的狀態，持續進行他們賽後投球練習的調整。在遠處角落，格林在新助理教練布朗（Mike Brown）協助下練習中距離跳投，遠離那些聚集在這裡，想報導目前景象的那些瘋狂的記者、電視台人員以及工作人員。在華頓離隊成爲湖人隊總教練後，布朗是後來增加的幾個新面孔之一，不過他也不是大家都得過來跟他打招呼的那種人。

杜蘭特正在另一名新助理教練，剛從NBA退休的後衛格林（Willie Green）協助下練習三分長射，杜蘭特每投一球，他就立刻餵球。格林右邊的籃框，李文斯頓在傑爾范德——勇士隊的分析神童——露出熱切笑容替他撿拾沒投進的籃板球的協助下，練習底角三分球。比較接近媒體聚集的場地，柯瑞在助理教練佛雷澤（事實上是「柯瑞的軍師」）協助下，在弧頂附近進行慣常的三分球訓練，而尤朗（曾在二〇一五年總冠軍賽幫助發想出死亡陣容）則在一旁記錄投進與沒投進的數字。亞當斯與伊古達拉在練習防守，並讓二線搭檔魯尼、麥考和克拉克跟著他，像一群小鴨般往籃框另一側走。一如往常，湯普森在助理教練迪馬科協助下，微調接球後直接投籃的技巧。

以上是勇士隊的賽後練習菜單，他們不太喜歡做太多這樣的練習，特別是在球季初期，但熟悉這些流程可幫助他們減輕新陣容帶來的不確定性。而他們並不是在最佳狀況下結束上個球季的，所以現在他們可以盡量保持舒服的狀態。不過有幾個新面孔得學習這裡的做事方法。離隊的有波格特和巴恩斯（到達拉斯）、巴伯沙（回到鳳凰城）、史貝茲（南下到快艇隊）、洛許（北上到明尼蘇達）以及艾澤里（在波特蘭落腳）；取代他們的人有——威斯特、帕楚利亞（Zaza Pachulia）以及麥基，因爲要熟悉新環境，他們到處串門子。

最後他們各自離開，懶洋洋地朝重訓室前進，背後逐漸出現汗水的痕跡，幾個小時後又重新出現在甲骨文球場。當克里夫蘭騎士隊在東邊兩千五百英哩處接受冠軍戒指時，勇士隊努力保持他們的專注力。球員們三三兩兩走到場上開始進行輕鬆的賽前投籃熱身，他們全都很清楚，這個球季唯一的目標就是總冠軍，這個過去十六個月他們達成了又功虧一簣的榮耀。此刻他們補強了，而大家批評他們這樣的存在摧毀各球隊之間的平衡，損害了籃球比賽的樂趣。他們將成爲體育運動史上最受關注，最受衆人放大檢視的籃球隊，而這是他們無法控制的另一個人生的現實面。

他們能夠主宰的，是怎麼去打每一場比賽，跑快攻、進攻時持續讓對手換防，諸如此類。很快地這些動作會變成本能反應，不過這需要經過一段時間的調整。事情不會從一開始就完美，不過金州勇士隊現在已經表現得夠好了。二十五年來，沒有其他球隊每場平均能夠拿下接近一一六分，然而這對勇士隊來說，看起來完全有可能實現。

先不提遠遠超越世俗標準的天賦，這支球隊也採用一些可能扮演了重要角色的科技方案。現在他們的練習場地已經由兩間不同的新創公司架設了科技裝置，能夠以過去前所未見的方式分析他們的動作。阿拉巴馬州一間叫做Noahlytics 的公司，在籃框上方十三呎處裝設了感應器，以每秒記錄三十次分析球員在三分線附近的投籃，並將數據顯示在旁邊牆壁的螢幕上。五年前，SportVU 被視爲一種革命性的設備，因爲這個多鏡頭攝影追蹤系統，能記錄球員在場上的動作。而Noahlytics則能確實記錄每次投籃的角度，以及球穿過籃框往下掉的確切位置。勇士隊是在二〇一五－一六年球季快結束時，成爲四支嘗試Noahlytics科技的球隊之一，不過他們是首支安裝以色列一間叫做PlaySight的科技新創公司研發的「智慧球場」（SmartCourt）系統的球隊。「智慧球場」能讓勇士隊將練習狀況錄下來，透過線上串流給遠端的球場外工作人員觀看，而且可將標記的動作存在雲端，在當下或之後檢視。邁爾斯非常喜歡這個系統，也在其發展聯盟的聖誕勇士隊練習設施中安裝這個系統。

但就算科技能夠幫助勇士隊，而勇士隊也會運用一切優勢，假使沒能贏球，這一切都沒有意義，總冠軍賽已用他們能想像到最痛苦的方式教會他們這點。一位球員投進超過四百顆三分球？破紀錄的七十三勝？首位全票通過MVP？現在，還簽下了杜蘭特？沒有戒指，這一切都沒有意義。這個夏天，籃球大帝喬丹跟拉各布共進晚餐時曾親口對他說過這句話。這位飛人這樣說道，「七十三勝，什麼狗屎也不是。」

與聖安東尼奧馬刺隊的比賽開始前幾分鐘，甲骨文球場瀰漫著眾人不安的期待。在連續一百九十場客滿下，擠進場館裡的球迷並不真正明白要期待什麼。球員有條不紊地練習跳投、小勾射和上籃，同時伊斯特（Dave East）將肥仔喬（Fat Joe）與蕾咪·瑪（Remy Ma）的〈扶搖直上〉在混音後以震耳欲聾的音量播放著。副歌是這樣唱的——

我正扶搖直上／扶搖直上／誰都擋不住我／我正扶搖直上

聽起來像是某種預言。

無論如何，勇士隊就站在NBA的頂峰，其他二十九支球隊都熱切地想將他們擊倒。五年前同一時刻，金州勇士隊沒有自家培養的全明星球員、奧運金牌、季後賽，以及史上任何紀錄可以引以爲榮。他們在短時間內就走了很遠，但還有很多事要做，不過這個球季，這個他們希望證明在籃球史上地位的球季，已經來了。

當帕楚利亞和蓋索準備在曾在總冠軍賽第七戰吹判的裁判克勞福指示下跳球時，拉各布就站在幾呎遠，緊張地站在他平常坐的場邊席不停踱步。古柏就在他左邊三個位置遠的地方，滿懷期待地站著。柯瑞站在後場，咬著他的護齒套，重綁球褲的綁帶，這時杜蘭特手指天空，越過勇士隊的標誌到他新的老位置，讓球迷再加油一波。

所有球員都準備好後，克勞福把球高高拋向空中。

嶄新的球季，已然展開。

CHAPTER 13

欲戴其冠

2017 NBA總冠軍系列賽

這次割喉戰，會決定誰是NBA霸主。

香檳讓遠在五十呎外的我淚流滿面。前方，慢慢穿過媒體以及牆上掛著一連串過去金州勇士隊優秀球星，像是張伯倫、梅謝里（Tom Meschery）、阿特斯、穆林、貝瑞，最後是瑟蒙德的懷舊相片後，勇士隊隊員在休息室裡又叫又跳的慶祝隊史第五座總冠軍。光酩悅香檳就付了快六位數的帳單，球隊隊職員間也互相傳遞著比利時時代啤酒、藍月與可樂娜的酒瓶。除了球員，還有他們的妻子、孩子與父母。高階制服組主管與教練團們互相擁抱，彷彿永遠也不會鬆手。只有在房間裡頭的這些人真正清楚，要實際在NBA拿下一座總冠軍，整個過程所需要付出的一切代價是什麼。

如果事情沒有很難就好了。確實，勇士隊在例行賽打出六十七勝十五負，跟二〇一五年的戰績相同，當時他們也拿下總冠軍，打出令人回憶再三的表現。十一月對上紐奧良時，柯瑞以單場十三顆三分球寫下NBA新紀錄。十二月對上印第安納時，湯普森在上場時間不到三十分鐘的情況下，拿下生涯新高的六十分。二月對上曼菲斯，格林成為聯盟史上首位用得分以外的數據拿下大三元的球員（十二籃板、十助攻、十抄截）。在任何一個夜晚，都能很輕鬆地看到一些籃球迷從未目睹過的壯舉。

不過這一路上也有犯下一些錯誤。開幕戰聖安東尼奧以二十九分差距給了他們一記痛擊。聖誕節在克里夫蘭，他們在第四節領先十三分的情況下遭到逆轉。杜蘭特在二月底因為膝蓋十字韌帶扭傷休戰後，接下來七場比賽勇士隊輸掉五場，是柯爾擔任總教練三年以來戰績最差的一段時間。距離球季結束還有一個月時，他們在西區的排名掉到第二名。金州勇士隊在十三天內得在全國八個不同城市打八場比賽。他們滿是傷痕、精疲力盡，這個球季突然間陷入曖昧不明狀態。

不過球季尾聲，他們打出一段現代籃球史上最令人震驚的連勝之一，在杜蘭特只歸隊打了最後一場比賽的情況下，拿下十四連勝。接下來本季倒數第二場比賽，在湯普森休兵，且柯爾讓柯瑞和格林第四節休息的情況下，金州勇士隊終於輸掉比賽，敗給猶他爵士隊，不過他們已經穩穩握有季後賽的主場優勢了，這場敗戰不痛不癢。杜蘭特再度恢復健康、第一種子席位已是囊中物，只差十六勝就能讓他們獲得最終救贖，勇士隊誓言要拿回一年前他們認為是被偷走的東西。

這次他們採取不同的做法。在球員不用肩負追求七十三勝的壓力下，柯爾更密切注意訓練員的建議，並更努力管理球員上場時間，並計畫好球員的休兵排程。「每個球季本身的狀況都有所不同，」柯爾在四月十四日輸給猶他的那場比賽前說道，「這個球季有許多地方都讓我回想起，第一個球季時我們剩下幾場比賽要打，不過已經穩穩拿下第一種子席次……今年我們試著要跟那年一樣監控上場時間，並確保球員健康且充分休息。跟兩年前類似，不過會跟去年截然不同。」

只要這個球季的結果跟二〇一六年的結局完全不同就好。

當紅藍相間的彩帶在甲骨文球場如雨般灑落時，柯爾擁抱總經理邁爾斯，眼中閃著淚光，心中充滿喜悅，這次休賽期是他整個NBA生涯最痛苦的一段時間。二〇一五—一六年球季他因為脊髓液外流造成的習慣性疼痛以及偏頭痛，前四十三場比賽全數缺陣，柯爾將比賽時場邊的執教工作交給華頓。不過在他這位名聲暴起的助理教練琵琶別抱，到洛杉磯湖人隊擔任總教練後，柯爾拚命地要在無病無痛的情況下度過八十二場季賽。

柯爾不只是執教了每一場比賽，從頭到尾也只缺席過一次練習。

不過有好事就有壞事。有時候可以看到柯爾站在場邊時沒繫領帶。每當有人詢問他的健康狀況時，柯爾總是顧左右而言他。特別是在客場比賽時，柯爾發現自己會被一群好心人圍在角落，想確認一下他目前的狀況，看看他現在好不好：你現在狀況如何？感覺還好嗎？他總是面帶微笑，緩和對方的擔憂。目前控制得不錯，不過總是有復發的可能。結束折磨人的三月客場之旅返家後，柯爾原本要在球隊訓練設施跟我聊聊的，不過他沒有待這麼久，他約了醫生看診，而且這件事就連球隊的媒體關係部門都不知道。十天後，我向跟柯爾關係很好的線人詢問，爲何他時常看起來很開心且無憂無慮時，他的回答讓我無比震驚：「我不認爲開心可以用來形容現在的柯爾。」

爲何這樣說？「呃，他的健康狀況現在有些難關要過。」

三個星期後，柯爾的背再次出現問題。第一輪對上波特蘭的系列戰，勇士隊在他缺陣的情況下取得二比○領先。詹姆斯年輕時，生涯首度打入總冠軍賽時的總教練，且有多年執教經驗的助理教練布朗，在這段時間擔任執行教練。親切有禮且善於打交道的布朗會被招募進來，有部分原因就是爲了預防柯爾的健康狀況再次下滑，不過這個防護措施卻在這個球季最關鍵的時間點啓用。他們距離總冠軍賽還有十四勝之遙，且接下來比賽的激烈程度只會越來越高。

不過勇士隊還是贏球了，以四場比賽將波特蘭淘汰，接下來也讓猶他遭受相同命運。即使陣中有海伍德（Gordon Hayward）與戈伯特（Rudy Gobert，雖然第一輪受了傷，讓他這時跑動時還有點蹣跚），爵士隊從一開始到最後都毫無招架之力。現在勇士隊在季後賽的戰績來到八勝○負，距離總冠軍只剩下一半距離了，不過聖安東尼奧聳然出現在西區冠軍賽，即使得要處理球員的傷勢問題——帕克因爲股四頭肌腱斷裂確定無法打季後賽，同時MVP候選人雷納德幾天前因爲左腳踝嚴重扭傷，在面對休士頓的關鍵第六戰缺陣，馬刺隊仍有波波維奇掌控全局。這位柯爾尊崇的導師被視爲是這項運動最棒的總教練，不過他面對到的是布朗，一年前布朗還是波波維奇旗下的助理教練。

於是籃球諸神終於給了球迷一個大家盼望多年的系列賽，不過當雷納德的腳踝終於還是出事後，運氣顯然是站在勇士隊這邊的。第一戰第三節，當馬刺隊取得二十五分領先時，雷納德落地時腳踩在隊友李的腳上，這位前勇士隊隊員現在是馬刺隊的板凳球員，這時才剛被派上場。雷納德明顯因爲翻船而十分疼痛，但還是繼續待在場上。幾分鐘後雷納德再次倒地，這次是踩在帕楚利亞的腳上，當雷納德跳投落地時，他非常積極緊貼著雷納德。無論帕楚利亞是否太過魯莽，雷納德的腳踝無法繼續比賽了。勇士隊大逆轉拿下第一戰，並在雷納德穿著便服，只能在馬刺隊板凳席上觀戰的情況下，拿下接下來的三場比賽。

十二場季後賽，十二勝。只剩四場了，而且他們有機會在對上（還有誰呢？）克里夫蘭騎士隊下結束這次季後賽，克里夫蘭以十二勝一負的戰績拿下前三輪季後賽。

三年內第三次交手。這次割喉戰會決定誰是NBA霸主。在兩隊都保持健康且充分休息下（兩支隊伍在每個系列戰都幾乎把對手剃光頭，其中勇士隊在進入總冠軍賽前有九天的休息時間），誰是NBA最佳球隊，這次絕對能有個答案。

在第一戰只送出四次失誤下，勇士隊讓對手見識到他們有多麼危險。勇士隊的三十一次助攻，展示出能肆意地在騎士隊充滿漏洞的防守下傳導球並拿下分數的實力。勇士隊動了起來，以一一三比九十一大勝，他們距離十六勝〇敗，NBA史上第一次無敗季後賽，只剩下三勝。

不過第二戰開打前一小時四十五分，出現了一個震撼消息，讓聚集在一起的媒體人員不斷低語，並移動他們在媒體室的位置。採訪室的後門打開，走進來的並非布朗（他已經連贏十一場比賽了），而是柯爾。在幾乎沒有預先告知的情況下，勇士隊的總教練回到板凳席上，甚至連球員都不知道這件事。

「嗨，大家好，」柯爾笑著說道，「有問題嗎？」

比賽結束的哨聲響起後，杜蘭特不知道要做什麼，不過眼前站著詹姆斯，於是兩人互相擁抱了幾秒鐘。詹姆斯剛成爲第一位在總冠軍賽拿下平均成績大三元的球員，不過眼下大家都忽略了這件事。對上騎士隊的這個系列賽，杜蘭特拿出了統治級表現，平均攻下三十五分、八籃板與五助攻。在第一戰與第二戰，杜蘭特時常切入籃下在無人防守下暴扣。在克里夫蘭舉行的第三戰，杜蘭特在比賽剩下四十五秒時，戲劇性地在詹姆斯面前旱地拔蔥投進三分球，讓勇士隊以十一比〇的攻勢結束比賽，確保系列賽進入毫無翻盤餘地的三比〇。就連第四戰他都拿下三十五分，幫助球隊從二十一分落後，扭轉到較爲體面的微小差距。

不過回到甲骨文球場的第五戰封關戰，杜蘭特完全釋放他的致命能力。在全世界的壓力都壓在肩上的情況下，他拿出無比驚人的表現，二十次出手拿下三十九分，且讓騎士隊狂燥地陷入困境，第四節雙方不斷來回，直到最後一分鐘都沒能決定勝負。

剩下四十五秒左右，柯瑞在左翼三分線外盤球，厄文亦步亦趨跟著。一年前，厄文投進了三分球，讓金州勇士回家放暑假。這一次，今晚比賽終了共攻下三十四分的柯瑞，試圖討回顏面。柯瑞持續晃動，左、右、左、右、再往左晃，尋求一絲空檔。柯瑞終於做出最後一次假動作，觀察角度，在進攻時間剩下六秒鐘時，從二十五呎處讓球展翅高飛。

刷網進球。

柯瑞跑下場，不斷跳著，並與格林空中碰臀慶祝。伊古達拉上場三十八分鐘，拿到了他近三個月以來最高得分（二十分），他看向右方的杜蘭特，杜蘭特歡欣地舉起高達七呎四吋的手臂。多年來在NBA征戰，經過長達一年的批評與嘲弄，杜蘭特終於站在這個最豪華的舞台上了。

於是杜蘭特與詹姆斯擁抱，接著找到母親汪達，也抱了抱她。再來他找到柯瑞，這支球隊無庸置疑地頭號招牌球星，那個承諾把自我與僞裝等一切事情都放在一旁，讓杜蘭特熟悉這個新環境，並幫助他達成贏得總冠軍這個最終目標的人。

對杜蘭特來說，這一切來得並不容易，他的個性跟勇士隊其他球員不太一樣，他的幽默感一般人很難領會，有時他會浮現出令人訝異的敏感。當賽後大家愉快地聊到昂貴的西裝，使得記者說了些無關痛癢的笑話，像是「我們這些窮記者負擔不起這些東西。」時，杜蘭特會很快地回說，「老兄，你根本不知道什麼是窮。」在記者招待會上如果問到一些他覺得「很蠢」的問題時，他也會拒絕回答（不過這滿合理的）。杜蘭特並未表現出柯爾到來後一直提倡的樂天知命態度，不過隨著球季進行，他也越來越自在了。即使季末他因爲膝傷休息了五個多星期，仍然抱持著正面的態度。「我認爲這樣很好，」杜蘭特在打完回歸的第一場比賽後說道，「我只是離開一下，有點像是放了一場心靈上的假。」

在勇士隊進入總冠軍賽時，杜蘭特無疑是股無比卓越的力量，不只是單打能力，他還能替柯瑞、湯普森和其他隊友清出空間。雖然花了一整個球季的時間，但現在杜蘭特已經完全融入柯瑞的擋切進攻戰術，這要拜他的適應力與敬業態度所賜。「你想說什麼盡管說，但沒有人比我更在意比賽，更愛這項運動，或是比我在籃球上下更多功夫。」後來，他站在閃閃發亮的MVP獎盃旁時說道，「我知道在人生中的某些時刻，這些事情終將有回報。所以我就是試著保持這樣的心態，並持續砥礪自己。」

就在我朝球員休息室前進時，每往前踏一步，香檳的味道便不斷熏著我的眼睛，這時杜蘭特出現，臉上洋溢著幸福表情，給了他的生意夥伴克萊曼一個大大的熊抱。在他身後的休息室，滿是狂喜的淚水、地上成了泡沫水池，大家互相擊掌，高興地大笑，大家主要是因爲杜蘭特而開心，此時距離柯瑞簽下NBA史上最大張的兩億零一百萬美元合約還有三個星期。還有邁爾斯，用滑稽方式灌下一大瓶香檳後襯衫已經完全濕透；還有傑爾范德，這個分析神童在休息室裡到處晃來晃去，跟所有碰到面的人握手。

這些人之中，功勞最大的是拉各布，他在場邊看著**勇士隊成爲四十三年來，奧克蘭運動隊伍**

中首支在主場贏得總冠軍的球隊。當他和古柏人生中第一次舉起歐布萊恩金盃時，ESPN記者柏克（Doris Burke）問拉各布，貨真價實地拿到這個冠軍，想感謝誰。

「毫無疑問的，」他平靜地開始說道，「你得承認，最感謝的就是到場的這些傢伙！」在拉各布轉動肩膀，手指向觀眾席各處的同時，球迷全都瘋了，五年前的噓聲，這時只像一件無人在意的虛構事件。「這是支美妙的球隊！你們每個人都是一份子！我愛他們！他們是優秀的球員，柯瑞和格林和所有人！還有杜蘭特，感謝你的到來！」

站在講台下的杜蘭特回說，「是的，長官！」接著杜蘭特親吻了冠軍獎盃，準備在人生中第一次，用他龐大的臂彎，擁抱這座金盃。

後記

王朝

二〇一八年總冠軍賽後，出現了一個特別景象，使我永生難忘。

第四戰在克里夫蘭騎士隊的主場大勝詹姆斯與騎士隊，從而在經歷整個季後賽完成壓倒性與最終的勝利後，金州勇士隊全體在頒獎台旁又跳又叫，如同首次奪冠般慶祝著他們四年來的第三冠。隨著歡慶的氣氛消退，他們開始明白自己的種種成就後，勇士隊五位核心球員靠在一起坐了下來。對於一支其成功大舉仰賴持續跑動以及諸多顛覆NBA慣性元素的球隊，這時刻卻帶著詩意。

最左邊的是伊古達拉，這位資歷十四年的老將因爲受傷緣故，在西區冠軍賽對上火箭隊時有很長一段時間無法上場。沒錯，勇士隊明顯受益於控球後衛保羅在第六戰與第七戰的缺陣，而他的缺席很可能幫助勇士隊，讓勇士從系列戰二比三的劣勢，轉而贏得自一九四八年以來首次第七戰的客場勝。伊古達拉自己也缺席了這個系列賽後面四場，而他堅忍不拔的表現也很難被輕易取代，雖然只是以些微差距過關，但勇士隊不屈不撓努力奮戰並成功晉級。伊古達拉在總冠軍賽於克里夫蘭開打的第三戰回歸，並幫助勇士隊找回他們所需的防守態度。再次強調，我們很難量化他對於球隊的價值，不過伊古達拉在球隊獲得成功上所扮演的角色，跟其他人一樣不可或缺。

伊古達拉左邊坐著湯普森，再來是柯瑞，這對浪花兄弟仍然是NBA最具得分爆發力的後場組合。在兩年間分別在選秀會上被勇士隊選中的兩人，在許多方面都有種互補的概念——柯瑞仍然跟過去一樣和藹可親且受人喜愛，而慵懶的湯普森總是在能力所及的範圍內避開鎂光燈，他們形成一種讓勇士隊永保活力與精確的循環系統。正如同湯普森在二〇一六年西區冠軍賽對上雷霆隊時的表現一樣，這次他再度成爲第六戰的英雄，面對到有機會在睽違二十三年後再度打入總冠軍的火箭隊，這次他投進九顆三分球。對於一名可能在其名人堂職業生涯中寫下一些紀錄的球員，湯普森仍然是勇士隊可以仰賴的最佳安全網，一旦球隊需要，就能拿出貢獻。

不過很少出現特別需要湯普森的時刻，因爲近期柯瑞在場上的優秀表現幾乎沒有衰退跡象。現在柯瑞是史上第八位拿過超過一座MVP，且至少拿下三冠的球員。他在二〇一八年總冠軍賽投進二十二顆三分球，創下單一系列賽只打四場比賽的球員中，投進最多三分球紀錄，所以現在他擁有四場（二十二顆）、五場（十九顆）、六場（二十五顆）和七場（三十二顆）的總冠軍賽三分球紀錄。畢竟這些年來，柯瑞對這支球隊的價值比過去要明顯許多。勇士隊這年例行賽最後十七場比賽，柯瑞缺席了十六場，而且球隊在沒有他壓陣以及具創意的打法，飆外線如同使出魔法般的攻勢下，打得明顯掙扎。柯瑞的缺陣，讓勇士隊在進入季後賽前又多輸六場比賽，雖然球隊在沒有隊上無庸置疑的領袖下仍然堅持奮戰，但這時的他們，只是一個被打碎後再拼湊起來的整體罷了。柯瑞在第二輪對上紐奧良的第二戰強勢回歸，拿出超乎所有人預期的優秀表現（替補上場二十七分鐘，十五投八中拿下二十八分），且隨著季後賽進行，他只是表現得更安適且更有信心。雖然仍未到達最佳狀態，柯瑞在面對休士頓那充滿壓力的系列賽中，七場比賽平均每場攻下二十五分、七籃板、六助攻，且失誤低於三次。當柯瑞在最具壓力的舞台上，料理聯盟最具競爭力的對手時，絕對每一秒鐘都值得專注，因為任何一刻都有可能寫下歷史。

坐在柯瑞左側的格林，雖然已證明自己在季後賽的表現比任何人都容易引起爭議，仍然擁有等同於柯瑞的戲劇性。即使格林在二〇一六年總冠軍賽第七戰打出驚人表現，他在那個系列賽中為人所熟知的，永遠會是第五戰遭到禁賽。且在格林永遠得飽受今日大抵上來說無法確切評估球員在防守上的整體影響力所苦下，他對勇士隊的重要性，其實展現在許多層面上：像是干擾對手防守陣勢的方式，在進攻端能夠執行傳導，持續使用垃圾話與令人難忘的嘲諷效果也能擾亂對手心神。或許聯盟中再也找不到另一個能同時表現出深受主場球迷喜愛，又讓對方球迷無比痛恨的這種主客場觀感極大差距的球員。不過如果有人真的很在意，且調查夠深入的話，其實有數據可循——第二輪對上紐奧良時，格林成爲勇士隊首位在季後賽單一系列賽拿下平均大三元的球員，到此刻，他也成了勇士隊隊史季後賽的籃板、抄截以及火鍋王，助攻則是只比柯瑞少。雖然總是擺出張狂氣勢，但格林仍然是球隊最理智，且思考最具前瞻性的球員。將他一整季每場比賽的賽後評論收集編排後，就能打造出一部無人能出其右的現代籃球大綱。唯一比觀看他打出令人窒息、無比凶悍的防守更棒的事，將會是看著他有一天擔任教練或播報員時講授這些課程。

最後一個必須提到的人是杜蘭特，他在奧克蘭的第二個球季，展現出更自信、更具威脅性的比賽風格，就算到了球季最後依然如此，在爭奪總冠軍賽MVP時，即使面對到詹姆斯，仍將他踢下王位。每個人在二〇一八年總冠軍賽，都目睹了杜蘭特發揮他最致命能力的球季，在所有投籃項目的命中率上（投籃命中率五二．六％、三分球命中率四〇．九％、罰球命中率九六．三％），再再表明他無人能擋的眞正實力。雖然柯瑞與湯普森在這個系列賽移師至伊利湖後略顯疲態，但杜蘭特站了出來，就像他一年多前做的一樣，在膠著的第三戰氣勢漸弱時，以一記銳利的三分球擊倒對手。從三十三呎處出手，杜蘭特再次於對手主場讓克里夫蘭人心碎，使得充滿嘈雜噪音的快貸中心球場再次一片肅靜。杜蘭特可能永遠不會像那天晚上坐在他旁邊的隊友一樣廣受灣區球迷愛戴，但是他在籃壇上的傳奇地位，會因爲完成了這項運動史上數一數二優秀的職業生涯而無比穩固。

剩下的勇士隊球員，都在這幾輪季後賽中貢獻一己之力，特別是在面對騎士隊時——光是總冠軍賽，李文斯頓、麥基、魯尼與新秀貝爾，這四個人總共投五十六中四十四，拿出令人無比訝異的七八．六％命中率，不過這也是由於這支球隊收攏了全明星球員的天賦，這五名全都有資格進入名人堂的球員，在不朽的籃球之光照耀下肩並肩坐在一起，而這些勇士隊的成員，將被牢牢記住。這些世界上最棒的球員，他們的打球風格、他們的持續力、他們那絕對的統治力，在未來數十年將不斷被討論、分析與欣賞。

這支勇士隊打起籃球，看起來比任何人打都要輕鬆寫意，而這樣的表現，到了一定時機，最終可能會成爲他們最偉大的成就。

有一天柯爾將決定從教練一職退下，理由可能會是他意識到這個工作的壓力和磨難不值得他繼續待下去了。或者是他把問題歸咎於三年前那個不成功的背部手術造成長期頭痛。或是他認爲三十年來做爲球員、高階主管、教練與播報員的職業籃球生涯已經小有成就，可以退下了。這些理由都非常有道理，不過我們也要承認，四年前柯爾拒絕加入紐約尼克隊，來到西部著手進行他等待許久的教練生涯後，他造成的影響或許再也沒人能夠複製。沒有一支NBA球隊能在四年間拿下比他更多場勝利，這段期間勇士隊的勝率（包含季後賽）接近八〇％。光是季後賽，過去四年加起來他們等於打了其他球隊的一整個例行賽。那戰績呢？是絢麗的六十三勝二十負。

此刻，堅信當時在西區冠軍賽以二比三落後休士頓，面臨淘汰危機的勇士隊會成功拿下接下來六場比賽，以及不只是連續四年打入總冠軍賽，還將克里夫蘭剃光頭的柯爾，成了聯盟史上唯一以球員和總教練身分至少拿下三次冠軍的人。擁有這項運動最卓越與坦率等特質的柯爾，會一次又一次繼續，迫使NBA在每年的紀錄中，都會出現他的名字。

「我們已經連續四年試圖打進總冠軍賽了，從這一點來看絕對是無比艱難。」柯瑞如此告解，他從未吝於討論年復一年在精神與體能上進行高水準的對抗下，球員與教練會付出什麼樣的代價。「我還記得三年前坐在這個（記者招待會）房間裡的事，當時就像做了一場夢。這次感覺比較眞實了。」

一九九七年三月某個星期，喬丹與公牛隊正要在這個球季拿下六十九勝以及他們七年內的第五座冠軍（以柯爾在總冠軍第六戰結束前的跳投畫下句點），《運動畫刊》封面標題如同預言般寫著，「這支如此優秀的公牛隊，對NBA來說是件壞事嗎？」或許這項質疑當成酒吧裡的談資更有意思，不過時間證明了這樣的顧慮全然是無稽之談罷了。喬丹的登基昭示了NBA露出新的曙光，從這時起聯盟開始從商品銷售與電視轉播合約上賺得大筆現金，且在全球的熱度遠遠超越其競爭對手。職業美式足球在經歷球員多次發生大腦創傷與診斷出慢性傷害性大腦損傷後，看起來就像是個正在死亡的運動。美國職棒大聯盟似乎沒有能力用更緊鑼密鼓或更適切的方式來行銷他們的球星，其餘的運動聯盟則僅僅是一直在打比賽罷了。NBA在其橫跨八十年歷史的種種傳奇中，從未像這個時期一般如此健康、令人樂在其中，或者說是無法預測。

確實，思考到金州勇士與克里夫蘭騎士連續四年在總冠軍賽對決，這種發展有點違反常理，不過充滿智慧的籃球迷會知道，這個對戰組合絕對不是他們一開始預想的結果。看到結果，再根據這個事實去修改歷史十分誘人，但每個範例的過程總是伴隨著潛在的陷阱。這四年來，勇士隊在這一路上幾乎該有的挑戰都遇過了，但這不代表這些挑戰者是毫無價值或者只是來跑龍套的而已（有個相關的事例：在二〇一六年總冠軍賽的超展開後，就知道所有比賽結果都不應被視爲預先決定好的了吧）。

勇士隊在二〇一七—一八年球季看起來像落入凡間，不過他們也適應了新的現實。他們理解到追求西區第一種子，這個在過去幾年來說是固定且優先的目標，不再是他們優先考慮的事了，要在季後賽獲得成功，適當休息跟保持健康遠比那些事情重要。於是當休士頓以六十五勝拋開他們拿下主場優勢，金州勇士隊只是寫意地拿下五十八勝，鎖定第二種子席次，並滿意地獲得兩軍在五月交鋒的機會。

勇士隊內部也強調是正確的分析讓他們走到這裡的。再次說明，這件事的中心人物是傑爾范德這位留著鬍子、戴著眼鏡的數據分析專家，他在多年前與總經理助理柯克結識，並妥善扮演他身爲教練與球員之間深具價值的協調者角色。傑爾范德時常強調，如果勇士隊要打出他們最好的比賽內容，每場比賽傳球次數要保持在三百次以上。傑克森擔任總教練最後一年，勇士隊每場傳球次數是聯盟最低的二四三．八次。自從柯爾就任後，勇士隊每年平均傳球次數都落在三〇六到三二四次之間。打出這樣的結果，是由於柯爾以擋切爲基礎的進攻戰術，但也是因爲聽從像是傑爾范德這些人的意見，並看到他們提出這些觀點的價值。「我知道自己想看到更多球的流動，我想打得像馬刺隊那樣，不過那時我們沒有取得那些數據。」柯爾對一名記者說，「那時我們沒有傑爾范德。」

現在，許多NBA球隊都有了自己的傑爾范德，原因可歸咎於柯爾、總經理邁爾斯與其他管理階層身上，他們都盡其所能地要保持比聯盟其他球隊領先一步，這代表必須擁抱一開始看起來可能有點愚蠢的新趨勢與優勢。這代表得持續投資在矽谷推出的一連串新科技上。這也代表得跟深具價值的員工道別，因爲其他球隊會因爲尋找學習勇士隊成功法的切入點，將他們招攬過去。二〇一七年夏天，席列克成爲亞特蘭大老鷹隊新任總經理，同時威斯特回到洛杉磯負責向快艇隊提出建言。上個休賽期，勇士隊也跟首席體能治療師蘭恩道別，她收到席列克提出的一份她無法拒絕的報價，傑爾范德也被底特律活塞隊雇用（另一個值得一提的損失：沃克，球隊長期以來的警衛中堅分子，時常擔負在緊張時刻保護柯瑞與其他球星的任務，他決定退休了）。更重要的是，失去這些人代表勇士隊得仍然要毫不畏懼地面對那些人們曾憤怒地說勇士隊因犯下毀滅NBA的錯，如今正因所犯下的罪行而逐漸死去的嘲笑。

沒人能說未來會如何，但勇士隊很清楚，**彈性與前瞻思考的作法就是使團隊達到如此崇高地位的原因**，他們也很清楚，這是要保持目前地位唯一能夠寄望的方法。

在無人（甚至連現存最樂觀的勇士迷都無法）能夠預見勇士隊如此快速成爲NBA強權時，試圖去預測這一切將會如何往下演變與發展，當然是愚蠢行徑。超級球隊在當下總是有無人能敵之感，但在掉回中等球隊前，這支隊伍會快速燃燒，發出明亮光芒，從而替尋找榮耀的聯盟頂級強隊創造空間。費城七六人隊似乎正蓄勢待發尋求成功。休士頓火箭隊，只要哈登持續發揮超群表現，就永遠是爭冠的有力隊伍。安吉與史蒂文斯已經準備好在未來幾年讓波士頓塞爾提克隊保持在東區強權之林。無論哪支球隊能夠打著詹姆斯與雷納德的招牌（這兩名超級球星於二〇一八—一九年球季分別在洛杉磯湖人與多倫多暴龍有新的開始），將永遠值得納入六月時可能登上至高無上寶座的討論之中。

不過勇士隊也沒有任何要落入凡間的意圖。是的，他們的核心球員年紀都即將突破三十大關，而且長期以來傷痛問題都可能在無預警的情況下出現，並爲球隊帶來厄運。目前讓這些球員能夠繼續一起打球的薪資成本（要感謝原本用意是要抑制菁英球員組隊而設的集體談判協議），其花在球員薪資的總金額，可能很快就會比美國史上所有職業運動隊伍都要高了。投入數十億私人資金搭建，位於舊金山教會灣附近的大通銀行中心體育館即將在二〇一九年秋天正式啓用，這也讓兩位球隊共同擁有者拉各布與古柏在歷史性的連霸之路上，在必須面對越來越多不確定性的情況下，肩負著不能把事情搞砸的無比壓力。

這些問題將不斷被提出並研究，來決定歷史最終會如何記錄金州勇士隊這段豐功偉業。然而，無可置疑地，是他們脫離了灣區在地籃球隊的標籤，躍升爲全美國，以及全球知名的隊伍。勇士隊已經確立該隊在歷史上的地位，並影響一個世代的球員與球迷消費與分析這項運動的方式。他們的統治可能會令人悲歎，不過在接下來幾十年，也將成爲廣爲人知且不斷被挖掘出來的衆多故事的基礎。他們會成爲定義這個世代的球隊，他們並未刻意追求，但隨著時間，他們會全心全意地擁抱這份榮耀。

然而，我們很難徹底搞懂，當柯瑞新秀球季才過了幾個星期時，他待在奧克蘭那個功能失調的休息室中對全世界發了一則推文，文中寫下傲慢的承諾，說他和他的球隊「如果有最不可能達成的目標，那他們將會想辦法實現」，而這則推文，距今僅僅只過了九年。

從那則簡短卻有力的發文至今，勇士隊獲得許多榮譽、創下許多歷史、許多深深烙印在全世界球迷集體意識中，令人難以忘懷的回憶。而且，仍然有許多事情尚未發生。

致謝

像這樣的一本書，沒有超級球星等級的幕後協力陣容，是不可能寫成的。

當我在二〇一六年初把這本書的想法寄給經紀人富蓋特時，我完全不知道他是忠實的勇士迷，不過他的熱情從一開始就引領著我，幫助我把腦中模糊的概念轉換為實際。

Atria Books的優秀編輯杭特，在文字產出前支持這個想法，隨後在內容完成前保持整件事運作順暢。在他無盡的耐心下，讓我這個第一次出書的作者，感覺自己在踏出每一步時都充滿信心、無比幹練，「像是一切都有可能。」（這句是我抄襲賈奈特的話）。

過去四年來，勇士隊的媒體關係部門獲頒三次由職業籃球作家協會所頒發的媒體關係獎，這個獎項是頒給「最能體現專業標準與卓越態度」的球隊工作人員，這是他們當之無愧的榮譽，容我說明原因。馬丁尼茲、溫克勒、內什涅拉、阿拉塔、古德溫以及團隊的其他成員，都是第一流的專業人士，且總是樂於在截稿期伸出手幫助一名絕望的記者。他們受人尊敬的領導者里德，是我無比敬重的人，當我告訴他，我可能會廣泛且深入解析他的雇主時，我知道他可能會有些受到驚嚇，不過里德回說，「我們不會因此讓你難做事」，讓我在記者生涯的關鍵時刻鬆了一口氣，他是真正的專業人士，且（在他手下員工無數次的協助下）讓我工作起來比任何時刻都要輕鬆。

感謝勇士隊的教練與助理團隊，近年來待過這支球隊的球員們、球隊高階主管，以及其他許多人員，他們一直支撐著勇士隊，讓我們這些記者像是從事一件夢想般的工作。我還要特別感謝勇士隊總教練柯爾，他是運動界中每個人都希望遇到的，那種真正最善良、最親切的人之一。

感謝過去幾年支持著負責勇士隊的灣區記者與專欄作家的作家協會，沒有他們，這本書根本不會存在。我要感謝川上、巴拉德、史特勞斯、西蒙斯、湯普森二世、布蘭區、拉托、奇里昂、普勒、阿密克、梁戴蒙、史雷特、勒托諾、珀迪、威爾納、布朗、史都華、麥考利、巴柏、史皮爾斯、佛利曼、帕瑪、柏曼、勒盧克斯、鄧肯、克朗寧、布契克、華勒斯、科庫、瓊斯、劉安迪與其他人。我也要感謝全國各地曾經運用其強大的寫作天賦，讓勇士隊因而受益的作家們：麥卡倫、洛威、艾布拉姆斯、佩爾頓、托瑞、阿諾維茲、謝布爾涅、潘特普斯、卡修拉、詹金斯、科漢、沃納羅斯基、阿拉頓、蓋、哈伯斯楚歐、貝克、丁凱文、傅利曼、李、哥利佛、佛蘭納里、霍爾姆斯、亞伯特、哈波、摩爾、賀伯特、赫寧、西蒙斯以及貝克。

書中收錄許多其他世代從未報導過的數據分析。如雨後春筍般大量出現的數據處理網站，讓新世代的籃球專欄寫作虧欠他們許多。就我而言，不可或缺的網站包括：Basketball Reference、Synergy Sports、nbawowy!、Nylon Calculus、StatMuse、PopcornMachine.net、NBA Miner，以及Stats.NBA.com.。

就像抓到投球節奏的射手一樣，這本書通常單靠鼓勵與自信維持繼續寫作的動力，而當我陷入低潮時，也少不了朋友們的支持鼓勵。感謝阿德勒、巴恩威爾、布瑞斯比、法崗、佛格森、加因斯、古特、格林、格林威爾、甘迺迪、科里、奈特、利奇、馬德里加、米勒、米斯凱莉、諾蘭德、菲力普、瑞克曼、盧奇歐、夏哈、蕭、西格、席佛曼、泰勒、瑟姆、小納塔、沃茲以及齊茲瑪，再多感謝也不夠。

我非常榮幸能夠與許多細心且卓越的編輯共事，他們將我粗略的文字轉變成好上數倍的內容。誠摯感謝克拉格斯、史科卡、摩爾、瑪西絲莉萊、肯德兒、蒙哥馬利、史塔爾、麥可斯、賈倫堤、特倫查德以及蘇利文所付出的辛勞與努力。

一九九八年我一踏進波士頓大學的校園，就知道自己想成爲一名運動作家，但還不太知道要怎樣才能辦到。這段日子裡，我受到許多優秀教授的鼓勵與指導，特別是萊切塞教授，從那時起我就一直謹記他的幽默與觀點，以及已故的法拉與布魯德諾。這四年來，有無數的夜晚我都待在《每日自由新聞報》，這份獨立學生報允許我犯錯，並從中學習，最後讓我知道自己可以朝著夢想前進。

我二十一歲時搬到灣區，這時我才剛畢業沒幾個月，工作還沒有著落。距離第一期學生貸款帳單截止日期剩下兩個星期時，我回覆了舊金山《連線》雜誌在Craigslist上刊登的訊息。我不知道當中請這個研究性實習職位（薪水一小時十美元）時，會大舉改變我的職業生涯。待在這份雜誌的八年多時光裡，其中七年擔任眞實性查核的工作，我在《連線》的同事讓我看到最高品質的新聞寫作方式，對一個菜鳥來說是多麼神奇，他們也成爲我最親近的朋友之一，我感謝他們無盡的智慧與友情，特別是皮爾斯坦、馬克拉斯基、羅傑斯、拉米瑞茲、斯沃比、華特卡特、艾倫伯格、費倫、傑威爾、坦茲、瓦斯克、羅坡爾、羅賓森、科恩、魯賓、卡普斯、以薩克、特溫尼、米勒、梅森、克魯齊奧拉、卡洛雷以及達迪奇。

家中有個專用的工作區對任何寫手來說都是不錯的環境，不過有時候你需要外出到一個寧靜、沒有讓你分心之事，且持續供應空調的場所。我要感謝麥特歐先生與伯林格姆公立圖書館。

感謝我的父母麥克與茱蒂，以及我的兄弟姊妹們，克利斯丁與詹姆斯，感謝你們讓我成爲現在的自己，灌注我對於這個世界的好奇心，並幫助我了解到體育活動能對我們每個人造成何等影響。

最重要的是，感謝我的妻子貝卡以及我的兒子湯瑪士，感謝你們無條件的愛與奉獻，並且在時間一點一滴流逝時扮演著關鍵角色。當壓力上身時，對我來說也毫不艱困。感謝你們，永遠相信我。

國家圖書館出版品預行編目 (CIP) 資料

金球 : 矽谷創投與 NBA 冠軍 , 金州勇士如何改寫歷史 / 艾瑞克 . 馬林諾斯基 (Erik Malinowski) 著 ;
威治譯 . -- 初版 . -- 新北市 : 一起來 , 遠足文化 , 2019.04
面 ; 公分 . -- (一起來思 ; 14)
譯自 : Betaball : how Silicon Valley and science built one of the greatest basketball teams in history
ISBN 978-986-96627-8-9(平裝)
1. 職業籃球 2. 美國

528.952 108001527

一起來　思 014

金球

矽谷創投與ＮＢＡ冠軍，金州勇士如何改寫歷史

Betaball: How silicon valley and science built one of the greatest basketball teams in history

作　　者　艾瑞克・馬林諾斯基 Erik Malinowski
譯　　者　威　治
責任編輯　許訓彰
編輯協力　林子揚
封面設計　白日設計
排　　版　Mr. 蒙布朗
總 編 輯　陳旭華
電　　郵　steve@bookrep.com.tw
社　　長　郭重興
發行人兼出版總監　曾大福
出　　版　一起來出版
發　　行　遠足文化事業股份有限公司
地　　址　23141 新北市新店區民權路 108-2 號 9 樓
電　　話　02-22181417
傳　　真　02-86671851
郵撥帳號　19504465
戶　　名　遠足文化事業股份有限公司
法律顧問　華洋法律事務所　蘇文生律師

初版一刷　2019 年 4 月
定　　價　480 元